संघ सेवा,
समृद्धि और समाज

संघ सेवा, समृद्धि और समाज

संतोष मिश्रा

GenNext Publication

भारत में सन् 2025 में प्रकाशित

जेन्नेकस्ट पब्लिकेशन
5, अंसारी रोड, दरियागंज,
नई दिल्ली-110002
ई-मेल: gennextpublication/hotmail.com

Distribution Network
gyanbooks.com
India, USA, Canada, UK, Australia, France

संघ सेवा, समृद्धि और समाज

ISBN: 978-93-5663-263-9 (PB)

मुद्रित: ज्ञान प्रेस, दिल्ली

अनुक्रमणिका

खंड 'ग'

स्वयंसेवकों से जुड़े विभिन्न संगठन

खंड 'घ'

स्वयंसेवकों की छह गतिविधियाँ

भूमिका

वैसे तो विश्व स्तर पर कई संगठन बनें और उजड़े हैं, लेकिन भारत का प्राचीन संगठन राष्ट्रीय स्वयंसेवक संघ अपने आरम्भ से ही दिनों-दिन प्रगति के पथ पर अग्रसर है। यह भारत का ऐसा संगठन है जिसका उद्देश्य समाज-कल्याण और भारतवर्ष का उत्थान है। सामाजिक संगठन को भारतीय समाज से परिचित कराना अति आवश्यक हो जाता है। राष्ट्रीय स्वयंसेवक संघ एक हिन्दू राष्ट्रवादी संगठन है जिसके सिद्धान्त हिन्दुत्व में निहित और आधारित हैं। यह राष्ट्रीय स्वयंसेवक संघ, संघ या आर.एस.एस. के नाम से सर्वत्र प्रसिद्ध है। भारतीय समाज-व्यवस्था में संगठन का मूल तत्त्व है परिवार-भावना। इसलिए कोई भी संगठन जबतक एकजुट नहीं होगा या उस में आपस में परिवार की भावना नहीं होगी तब तक वह फल-फूल नहीं सकता है।

परस्पर एकता व संगठन के माध्यम से राष्ट्र का संरचनात्मक विकास किया जा सकता है। संरचनात्मक विकास और संगठन के लिए विचारधाराएं अत्यंत महत्त्वपूर्ण होती हैं क्योंकि विचारधारा के अभाव में राष्ट्र निर्माण को निश्चित दिशा नहीं दी जा सकती। सत्य है कि प्राचीन काल से ही विचारध ाराओं ने राष्ट्र निर्माण की संकल्पना को ठोस आधार प्रदान किया है। प्राचीन विचारधारों से प्रेरित विचारों ने राष्ट्रीय स्वयंसेवक संघ के उद्‌भव में योगदान दिया है। ध्यातव्य है कि संघ केवल दूसरे सामाजिक या राजनीतिक विचारों के लिए प्रतिक्रिया नहीं है। यह वास्तविक राष्ट्रवाद और इस देश की सदियों पुरानी परंपरा में निहित विचारों और कार्यों के एक कोष का प्रतिनिधित्व करता है। संघ ने परंपरा से जुड़े लोगों को अपनी ओर आकर्षित

करता है। जिसका परिणाम यह हुआ कि संघ से जुड़े कार्यकर्ताओं ने सामाजिक कार्य को अपने जीवन का लक्ष्य निर्धारित कर लिया है।

संघ का एक लक्ष्य सांस्कृतिक विकास भी है। यहाँ सांस्कृतिक विकास से मतलब रुचि परिष्कार से है। संघ राष्ट्र के लिए समर्पित संगठन है। ऐसे में सिर्फ सामाजिक कार्यों के प्रति अपनी प्रतिबद्धता से ही मुक्त नहीं हो सकता है? कार्यकर्त्ता विकास वर्ग में बौद्धिक सत्र कार्यकर्त्ताओं की बौद्धिक प्रतिबद्दता के साथ उनके रुचि परिष्कार का कार्य भी किया जाता है। रुचि परिष्कार से तात्पर्य यह है कि व्यक्ति को राष्ट्र के हित में खड़े होने के लिए तैयार करना। राष्ट्रहित यहाँ भाषा, साहित्य, कला, आस्था, संस्कृति आदि के प्रति लगाव से जुड़ा है। जब सांस्कृतिक विकास की बात आती है तब रुचि परिष्कार के श्रेष्ठतम संदर्भ जोड़े जाते हैं, जैसे- अपने परिवार को समय देते हुए मूल्यगत विकास पर बात करनी, समाज और संस्कृति के मूल्यगत पक्षों पर बात, राष्ट्रीय जड़ताओं और पूर्वग्रहों से खुद को लोगों को दूर रखना, नकारात्मक बाहरी प्रभावों से अपनी संस्कृति और सभ्यता को बचाना, जाति-पाति के बंधनों से मुक्त होना, प्रेम व बंधुता जैसे मूल्यों की स्थापना, क्षेत्रवाद जैसी समस्याओं से ऊपर उठना आदि।

संघ के सांस्कृतिक विकास का वृहत्तर लक्ष्य एक ऐसी स्वस्थ राष्ट्रवादी मानसिकता का निर्माण है जो देश को उत्तरोत्तर सकारात्मक रूप से आगे बढ़ाए। देश की सांस्कृतिक विरासत और ज्ञान परंपरा में विश्वास रखते हुए उसे आगे बढ़ाए, उसके संरक्षण का प्रयास किया जाए। देश की सांस्कृतिक धरोहरकेसंरक्षण की पहल और रख-रखाव का ध्यान रखना, देश के गौरव का सम्मान करना, स्थापत्य कला आदि के संरक्षण और सम्मान का ध्यान रखते हुए एक ऐसा नागरिक तैयार करना जो राष्ट्रीय स्वत्व के जागरण का निरंतर प्रयास करे।

सामाजिक-सांस्कृतिक विकास का एक और वृहत्तर संदर्भ राष्ट्रीय एकीकरण व राष्ट्रीय सुरक्षा में जन-सहयोग व भागीदारी से भी जुड़ा है। बाहर प्रभाव या बाहरी शक्तियाँ देश की आंतरिक सुरक्षा और एकीकरण को अक्सर तोड़ने का प्रयास करती हैं, ऐसे में भारतीय नागरिकों को सचेत व जागरूक रहने की आवश्यकता है। इसके लिए बाहरी प्रभावों व शक्तियों

को पहचानने की क्षमता के साथ उनकी रणनीतियों को समझने की क्षमता भी होनी चाहिए, फलतः एक जागरूकता अभियान 'रुचि परिष्कार'के व्यापक संदर्भों में चलाने की आवश्यकता है। सरकारों ने भारतीय विकास के भौतिक पहलुओं पर ध्यान तो दिया परंतु इस पहलू पर किसी ने ध्यान नहीं दिया है। बाजारवाद, लोकप्रिय संस्कृति, भूमंडलीकरण के इस दौर में संस्कृति, सभ्यता, कला, राष्ट्रीय एवं सांस्कृतिक मूल्यों को 'वस्तु' बनाकर उनका पण्यीकरण किया जा रहा हौ, जो कि किसी भी देश के लिए संकट की स्थिति है। दरअसल यह वही स्थिति है जहां व्यक्ति को उसके देश के बाजार के माध्यम से दूर किया जाता है और उसे पता भी नहीं चलता। इसी स्थिति का पता लगाकर उससे देशवासियों को परिचित कराना और अपनी संस्कृति से लगाव के लिए रुचि जगाना सांस्कृतिक जागरण के अंदर आता है।

सांस्कृतिक जागरण के लिए रुचि परिष्कार आवश्यक है। 'रुचि परिष्कार' बाहरी प्रभावों के कारण भारतीय जनता में अपनी ही सामाजिक-सांस्कृतिक-राष्ट्रीय मूल्यों के प्रति उदासीनता के भावों को सकारात्मक संवेदनशीलदृष्टिकोण देने से जुड़ा है। दूसरा यह राष्ट्रीय सरोकारों को प्राथमिकता देने से जुड़ा है। ऐसे में इसके लिए की जाने वाली पहल भी व्यापक और राष्ट्रीय स्तर पर होनी चाहिए। इसके अलग अलग पहलू हैं; एक- यह प्रयास शिक्षा के माध्यम से हो, जन संचार माध्यमों से हो, सामुदायिक केन्द्रों से या नई पीढ़ी को दी जाने वाली नैतिक शिक्षा,कहानियों के माध्यम से इसकी पहल की जा सकती है। भावी संकटों को देखते हुए देश हित के संदर्भ में यह पहल कि जानी आवश्यक हो जाती है। यह भी निश्चित है कि सरकार पूरी तरह से इसपर ध्यान नहीं दे सकती तो ऐसे में संगठनात्मक प्रयास होने चाहिए जो संघ कर रहा है।

संघ पिछले 99 वर्षों लगातार यह भागीरथ प्रयास कर रहा है। वर्ष 2025 में इसे 100 वर्ष हो जाएंगे। आज संघ के कई संगठन इस दिशा में लगातार प्रयासरत हैं। 'रुचि परिष्कार' में बौद्धिक विभाग की भूमिका अत्यधिक बढ़ जाती है। इसलिए शाखाओं से लेकर विभिन्न संगठनों तक समय-समय पर बौद्धिक गतिविधियां की जाती हैं जिससे स्वयंसेवक

अपने-अपने कार्यक्षेत्र में जाकर सांस्कृतिक जागरण और राष्ट्रीय स्वत्त्व का यह कार्य कर सकें। यह एक दीर्घकालिक प्रक्रिया है इसलिए इसका असर भी बाद में दिखेगा, लेकिन प्रयास लगातार जारी रहेगा।

राष्ट्रीय स्वयंसेवक संघ की स्थापना के उद्देश्य को स्पष्ट रूप से समझने के लिए डॉक्टर केशवराव बलिराम हेडगेवार के चिंतन व दर्शन को समझना भी आवश्यक है। डॉ. हेडगेवार ने भारतीय राष्ट्रीयता के मूल प्रश्न पर गहन विचार किया। राष्ट्रीय जीवन में व्याप्त मूल्य रहित व्यवहार, पद एवं प्रतिष्ठा के लिए राष्ट्रीय हितों का बलिदान एवं व्यक्ति के समक्ष राष्ट्र को गौण समझने की प्रवृत्ति को वह भारतीय जीवन और राष्ट्र की अधोगति का कारण मानते हैं। कोई भाषणों से सफल नहीं हो सकता। इसके लिए व्यक्ति के भीतर राष्ट्रीयता व देशभक्ति के भाव का संचार होना जरूरी है। डॉ. हेडगेवार ने इसी कमी को पहचान कर उसे पूरा करने का प्रयास किया। राष्ट्रीय स्वयंसेवक संघ की स्थापना उसी प्रयास का परिणाम है। एक स्वस्थ, सुविकसित, व्यापक बन्धुभाव की परिधि समूचे राष्ट्रीय समाज तक विस्तृत करने की योजना डॉ. हेडगेवार ने राष्ट्रीय स्वयंसेवक संघ के माध्यम से की। डॉ. हेडगेवार ने उन लोगों को संगठित करने का मार्ग चुना जो इस देश में स्वयं को भारत भूमि की सन्तान मानते हैं। यदि राष्ट्रीय समाज संगठित और बलशाली होगा तो सभी समुदायों के स्वयं ही उसके साथ मेल करने की इच्छा होगी। संघ-स्थापना में यह सकारात्मक दृष्टि रही है।

राष्ट्रीय स्वयंसेवक संघ मुख्य रूप से चार प्रशिक्षण कार्यक्रम स्थायी रूप से स्वयंसेवकों के लिए आयोजित करता है। शाखा की कार्य-पद्धति सरल है यहाँ स्वयंसेवक बनना भी बहुत सरलहै। यदि आप भारतको अपनी मातृभूमि और पुण्यभूमि मानते हैं तथा भारतीय संस्कृति में आस्था रखतेहैं तो शाखा के समय निस्संकोच संघ-स्थान पर चले जाइए और वहां के अनुशासन एवं निर्देशों का पालन करते हुए शाखा के कार्यक्रमों में भागलीजिए। संघ मुख्य रूप से आपसी भाई चारा बनाए रखने के लिए विभिन्न उत्सवों का भी आयोजन करता है जिसे पूर्ण भावना से मनाता भी है। राष्ट्रीय स्वयंसेवक संघ की रीढ़ प्रचारकहै। डॉ. केशवराव बलिराम हेडगेवार ने ही संघ में प्रचारक की परम्परा का प्रारंभ किया था। प्रचारक,

पारिवारिक दायित्व से मुक्तरहकर अपने जीवन की समस्त गतिविधियां संघ के लिए ही अर्पित करने का संकल्पलेता है। प्रचारक का जीवन संत के समान होता है जो जीवन के सभी संघर्ष और कठिनाईयों का सामना कर के आगे बढ़ता है। ये धार्मिक दृष्टि से सन्यासी नहीं होते; परन्तु राष्ट्र-कार्य में जरा भी बाधा न आए इसलिए परिवार नहीं रखते हैं। ये राष्ट्र को समर्पित होते है।

शाखा में व्यायाम, खेल, योगासन, लाठीचालन, पथ-संचालन इत्यादि विविधप्रकार के शारीरिक प्रशिक्षण, चर्चा औरप्रश्नोत्तर इत्यादि के माध्यम से बौद्धिक प्रशिक्षण तो स्वयं सेवकों को प्राप्त होता ही है, कुछ अधिक दक्षता के लिए तीन दिन से लेकरअधिकतम एक सप्ताह तक के "प्राथमिक शिक्षा वर्ग" भी लगाए जाते हैं। प्रशिक्षणोपरान्त शारीरिक और बौद्धिक, दोनों प्रकार की परीक्षाएं भी ली जाती है।यज्ञ-वेदी की अग्नि-ज्वाला के रंग का भगवा ध्वज अर्पण वत्याग का प्रतीक है। इसी कारण यह युग-युग से भारतीय संस्कृति के उच्च आदर्शोंका प्रतीक रहा है। भगवा ध्वज की इस महत्ता को देखते हुए संघ में उसे गुरु कास्थान दिया गया है और प्रतिवर्ष व्यास-पूर्णिमा के दिन उसकी पूजा की जाती है।उस दिन स्वयंसेवक श्रद्धापूर्वक अपनी भेंट ध्वज के आगे अर्पित करते हैं।इसे गुरु-दक्षिणा कहा जाता है। वर्ष में एक बार स्वयंसेवकों की गुरुदक्षिणा के अतिरिक्त अन्य कोईधन अपने खर्च के लिए संघ स्वीकार नहीं करता।संघ की अपनी एक प्रार्थना भी है। संघ सामाजिक हित में जितने भी कार्य करता है वें सभी संगठन के माध्यम से करता है। एक प्रकार से राष्ट्रीय स्वयंसेवक संघ समाज-संगठन और व्यक्ति-निर्माण काकार्य करता है तथा उस भावना से प्रेरित कोई व्यक्ति (स्वयंसेवक) राष्ट्र ख्र जीवनके विविध क्षेत्रों में संघ का सन्देश लेकर जाते हैं और उन क्षेत्रों से सम्बद्ध सभीलोगों को सहयोगी बनाकर राष्ट्रीय वैभव के पुनर्निमाण की योजना को साकारकरने में जुट जाते हैं।

विश्व कल्याण के लिए चलने वाला संघ धर्म को आधार मानकर विश्व कल्याण के लिए कार्य करता है। भारत के लोग आपसी भाईचारे का भाव भूल गएइसीलिए समाज का विखंडन हुआ और भाषा,जाति-पाति के

स्तर पर भेद का चलन हुआ। समाज स्वत्व भूल गया है इसलिए ज्ञान वैभव भी नष्ट हो गया है। समाज में पुनः स्वत्व पैदा करने की आवश्यकता है। इसीलिए संघ के स्वयंसेवकों ने सामाजिक समरसता, धर्म जागरण, ग्राम विकास, कुटुंब प्रबोधन औरगौरक्षा की गतिविधियां समाज में प्रारंभ की है।

इस पुस्तक का उद्देश्य पाठकों और जिज्ञासुओं के उन प्रश्नों को हल करना है जिनकी सम्पूर्ण जानकारी कहीं व्यवस्थित ढंग से एकत्रित नहीं है। प्रायः देखा जाता है कि संघ की अपूर्ण जानकारी लिए लोग संघ के प्रति एकांगी दृष्टिकोण निर्मित कर लेते हैं उस एकांगी दृष्टिकोण के छद्म को तोड़ने के लिए उसकी सम्पूर्ण जानकारी आवश्यक हो जाती है जिसे इस पुस्तक के माध्यम से सहेजने का प्रयास किया गया है। इसमें संघ के निर्माण काल से लेकर अब तक की व्यवस्थित जानकारी दी गई है।

पुस्तक में दिए गए आंकड़े, तिथियाँ, तथ्य व प्रिंटिंग में भिन्नता हो सकती है, इसके लिए मैं क्षमा प्रार्थी हूँ। पुस्तक के माध्यम से किसी को ठेस पहुंचाना या किसी की आलोचना करना मेरा उद्देश्य नहीं है। पुस्तक संबंध में कॉपी राइट किसी तरह की अनियमिता पाई जाती है तो इस संबंध में किसी भी प्रकार के विवाद की समाधान दिल्ली के उच्च न्यायालय में की जायेगी। किसी को ठेस पहुँचाना या किसी की आलोचना करना मेरा उद्देश्य नहीं है इसलिये इसमें यदि कोई त्रुटि हो तो उसके लिए आपके विचार और सुझाव आंमत्रित है।

संतोष मिश्रा

खंड 'क'

संघ परिचय

1. वैचारिक पृष्ठभूमि

संघ-संस्थापक डॉ. हेडगेवार पर बचपन से ही छत्रपति शिवाजी का बहुत गहरा प्रभाव पड़ा था। ऐसा ही एक प्रसंग इस प्रकार है: शिवाजी के पिता शाहजी भौंसले एक जागीरदार (छोटे राजा) थे और बीजापुर के आदिलशाही दरबार में दरबारी के रूप में कार्य करते थे। बालक शिवाजी अपनी माता जिजाबाई के पास पुणे में रहते थे जहाँ दादाजी कौण्डदेव की देख-रेख में उन्हें शिक्षा दी जा रही थी और स्वाधीनता के संस्कार प्राप्त हो रहे थे। पिता से मिलने शिवाजी बीजापुर गये तो शिष्टाचार के नाते उनके पिता पुत्र को भी आदिलशाही दरबार में ले गये। वहाँ पहुँचकर दरबार की प्रथानुसार शाहजी ने बालक शिवाजी से आदिलशाह के सम्मुख सिर झुकाकर अभिवादन करने को कहा तो बालक शिवाजी ने जवाब दिया कि मैं अपने देश पर अनाधिकार आधिपत्य जमा हुए किसी विदेशी को न तो अपना राजा मान सकता और न ही उसका अभिवादन कर सकता। यह सुनकर शाहजी अपने पुत्र का बचाव करने के बालक शिवाजी को तुरन्त बाहर ले गये जिससे वह आदिलशाह का कोपभाजन न बन जाये। शिवाजी के भावी जीवन का यह दिशा-संकेत था। साथ ही देशभक्तों की भावी पीढ़ियों के लिए दीपस्तम्भ भी था। उन्नीसवीं शताब्दी के अन्त में नागपुर में जन्मे बालक केशव की चेतना को शिवाजी के जीवन के इसी प्रकार के प्रसंगों ने उन्हें चेतनासंपन्न बनाया और इसी कारण उन्होंने विदेशी को देश का शासक न स्वीकार करने का संकल्प लिया। परन्तु इसके साथ ही

विदेशियों के बारे में सक्रिय हुआ केशव का मन-मस्तिष्क एक गम्भीर प्रश्न से व्यग्र हो उठा। बचपन में सुनी गई पूर्वजों की शूर-वीरता की कहानियों से उनका मन यह सोचकर व्यथित हो उठा कि शूर-वीरों से भरे इतने बड़े देश में विदेश से आये मुट्ठी भर आक्रमणकारी आधिपत्य स्थापित कैसे कर पाये? उस समय किसी का भी उत्तर उन्हें सन्तुष्ट नहीं कर सका। उस समय भले ही उन्हें अपने प्रश्न का समुचित उत्तर नहीं मिला। फिर भी उसने अपने जीवन को विचार की एक ऐसी दिशा में मोड़ दिया जिससे बाल्यावस्था से ही वे स्वाधीनता-संघर्ष के प्रायः सभी रूपों और प्रयत्नों से जुड़ते चले गये। वे क्रान्तिकारी भी बने और फिर आन्दोलनकारी बनकर कारागार भी गये," देश की गुलामी का वह प्रश्न उनके दिमाग से कभी गया ही नहीं और अन्ततः उन्होंने उसका निदान-समाधान ढूँढ लिया। भारत में 1947 के पश्चात् जन्मे लोगों ने बेशक आजाद देश में आँख खोली हो, लेकिन उससे पहले लगभग एक सहस्र वर्षों तक इस देश के न्यूनाधिक भागों को गुलामी की यातना भोगनी पड़ी। धर्म-ध्वंसी इस्लामी आक्रमणकारियों के एक के बाद एक आने वाले रेवड़ों के साथ शताब्दियों तक युद्ध करने के पश्चात् पूर्ण स्वतन्त्रता के लिए परिस्थिति अनुकूल-सी बनती दिखाई देने लगी थी कि अंग्रेजी धूर्तता ने उस सम्भावना को भी खत्म कर दिया। पराधीनता का समय और विस्तृत हो गया। अन्तर इतना ही पड़ा कि बर्बरता की जगह विधानपरक (कानून बनाकर) शोषण ने ले ली। उस पराधीनता के खिलाफ देशप्रेमी भारतीयों के संघर्ष की गाथा इतिहास का एक स्वर्णिम अध्याय है; लेकिन यदि वैसी राष्ट्र-चेतना सभी देशवासियों में होती, तो देश कभी पराधीनता की राह ही न जाता। स्वाधीनता-संघर्ष में गहरे उतरने के साथ-साथ डॉ. केशवराव हेडगेवार का मस्तिष्क उस समस्या का निवारण ढूँढने में भी लिप्त था जो देश की पराधीनता के लिए जिम्मेदार था। उनके इसी विचार-विमर्श का प्रतिफल है राष्ट्रीय स्वयंसेवक संघ। डॉ. हेडगेवार सभाओं में लोगों से प्रश्न करते थे- "हमारा इतना प्राचीन और महान राष्ट्र उत्तम गुणों से सम्पन्न होते हुए भी बार-बार पराधीन कैसे होता रहा? मुट्ठी भर विदेशी इतने बड़े देश पर अपनी सत्ता थोप कैसे पाये?" श्रोताओं की चेतना को झकझोरते हुए वे कहते- "हमारे देश में बल, बुद्धि, धन, धर्म,

संस्कृति, किसी बात की कमी नहीं थी, फिर भी देश पराधीन हुआ, इसका कारण है कि हममें राष्ट्र-प्रेम भावना नहीं रह गयी थी। हम अपने गौरवपूर्ण इतिहास को भूल गए और हमारी बुद्धि, धन, बल और श्रम का उपयोग विदेशियों ने किया और हमें अपना दास बना लिया। आखिर भारत में अंग्रेजों के प्रशासन को चलाता कौन है?" हमारे ही भाइयों के हाथों में लाठी देकर विदेशियों ने हमारे सिर फुड़वाये। क्यों हुआ यह सब? कारण सीधा सा है- समाज में संगठन का अभाव और आपसी कलह। इसका लाभ विदेशियों ने उठाया। शूरवीरों और महारथियों से संपन्न देश विदेशी आक्रमण के समय एक बड़ी-सी सुसंगठित सेना नहीं जुटा पाता था। अपने समाज, अपने राष्ट्र में अपनापन और परस्पर बन्धुभाव रखा नहीं, अतः जब भी आक्रमण हुआ, हमें कोई न दिखा जिसे अपना कह सकते, जो संकट के समय हमारी सहायता के लिए आता। परिणाम यह हुआ कि बारी-बारी से, अलग-अलग, प्रायः सभी पिटे। भयानक अत्याचार हुए, बलपूर्वक लोगों का धर्म छीनकर उन्हें विधर्मी बनाया गया; और विडम्बना यह कि उन्हीं की अगली पीढ़ियाँ विदेशियों की ही आक्रामक भंगिमा तिवर) लिए सामने खड़ी थीं, विदेशी आक्रामकों द्वारा राष्ट्रीय मान-बिन्दुओं को ध्वस्त करके खड़े किये गये अपराध के ढाँचों को अपनी बाबरी मस्जिद या औरंगजेबी मस्जिद कह रही थीं! अत्यंत उन्नत, अति प्राचीन संस्कृति वाले एक महान् राष्ट्र की ऐसी दुरवस्था हुई क्योंकि दीर्घकाल तक विश्व में अद्वितीय स्थिति में रहते हुए धीरे-धीरे हमने अपने सामाजिक संगठन की उपेक्षा कर दी, कालक्रम से उसमें आ गयी विसंगतियों को सुधारने पर समुचित ध्यान नहीं दिया, "संगच्छध्वं संवदध्व" (मिलकर चलें, मिलकर बोलें) की वैदिक समुदाय-भावना व्यक्तिवादी आग्रहों से छिन्न-भिन्न हो गयी और तब एकता एवं संगठन-बल के अभाव में बर्बर आक्रामकों के सामने हम असहाय दिखाई दिए। अतएव स्वाधीनता-संघर्ष के अनेकानेक अनुभवों के पश्चात् परिस्थिति के गहन विश्लेषण और सोच-विचार के पश्चात् डा. हेडगेवार ने भारत की स्वाधीनता के लिए प्रयास के साथ-साथ उस स्वातंत्र्य को स्थायित्व प्रदान करने तथा भारत को परम वैभव-संपन्न अजेय राष्ट्र में परिणत करने के लिए यहाँ के राष्ट्रीय समाज को संगठित करने का दायित्व

हाथ में लिया। संगठन क्या है? इसे स्पष्ट करते हुए डॉ. हेडगेवार ने कहा– "किसी भी राष्ट्र का सामर्थ्य उसके संगठन के आधार पर निर्मित होता है। बिखरा हुआ छिन्न–भिन्न समाज तो एक जमघट मात्र है। 'जमघट' और 'संघटन' दोनों शब्द यद्यपि समूहवाचक हैं, फिर भी दोनों का अर्थ भिन्न है। जमावड़े में अलग–अलग वृत्ति के और परस्पर कुछ भी सम्बन्ध न रखने वाले लोग होते हैं, किन्तु नियमों और अनुशासन को मानने वाला समूह संगठन कहलाता है। संगठन के परमाणु (इकाई घटक) अनुशासन, अपनत्व और समाज–हित के सम्बन्ध–सूत्र से बंधे रहते हैं, उनमें अत्यधिक स्नेहाकर्षण होता है। प्रस्तर–शैल (चट्टान) भारी, अटूट, सुदृढ़ इतना होता है, क्योंकि उसके सब अणु–परमाणु एक दूसरे को दृढ़ता से पकड़े रहते हैं। भारी हथौड़े से भी उसके किसी हिस्से को अलग करना सरल नहीं होता। परन्तु जिस पदार्थ के अणु–परमाणु संगठित नहीं होते, उसका नाश शीघ्र होता है (जैसे भुरभुरी मिट्टी या उड़ती धूल)। यह सीधे–सरल तत्त्व ध्यान में रखकर समाज को संगठित, अभेद्य और बलशाली बनाने के लिए संघ की उत्पत्ति हुई। डॉक्टर जी कहते हैं– "दुर्बल को सबल से छिपकर रहना पड़ता है अथवा उसके चंगुल में फँसकर उसका दास (गुलाम) बनकर जीवन बिताना पड़ता है तो इसके लिए सबल को दोष देने का कोई अर्थ नहीं (कोई लाभ नहीं)। जब सभी शक्तिशाली होंगे तो कोई किसी पर भी आधिपत्य की नहीं सोचेगा। स्वतंत्रता के पश्चात भारत ने भी परमाणु क्षमता इसी कारण प्राप्त की। शक्तिवान् और महत्त्वाकांक्षी को आक्रामक बनने की प्रेरणा उसे अपने बल से मिलती है। तो यह विश्व शान्तिपूर्वक चलेगा। विश्व के ऊपर मंडराने वाली सब विपत्तियों को टालने के लिए समाज बलिष्ठ व संघटित हों, यही वह उपाय है जिससे हम सुरक्षित हो सकते हैं। आज तक संगठन के अभाव के कारण लोगों को हम पर अत्याचार करने का साहस हुआ है। उसी दुस्साहस को दूर करने के लिए हमारी यह संघटना है। आक्रमण रूपी महामारी के लिए संगठन एक रोग–निवारक टीका है यदि अन्य समाज हमारे ऊपर आक्रमण नहीं करेंगे तो हमारी शक्ति से उन्हें कोई बाधा नहीं पहुंचेगी।"

अतः संघ का ध्येय अपने धर्म, अपने समाज और अपनी संस्कृति की रक्षा के लिए हिन्दुओं (भारत को अपनी मातृभूमि, पितृभूमि और पुण्यभूमि मानने वालों) का सक्षम संगठन करना है। उससे खोया आत्मविश्वास पुनः जाग्रत होगा और उसके सामर्थ्य के सामने आक्रामकों की उद्दण्ड प्रकृति ढीली पड़ेगी, वे आक्रमण करने का फिर सोच भी नहीं पायेंगे।

2. संगठन के कार्य

भारतीय समाज-व्यवस्था में समाज-संगठन का मूल तत्त्व है परिवार-भावना। परिवार-भावना जितनी ही विकसित और व्यापक होगी, उतना ही सुसंगठित समाज होगा क्योंकि सारा समाज मनुष्य का विशाल परिवार ही तो है। लेकिन कुछ लोगों की मान्यता है कि मनुष्य की एकांगी सोच और संकीर्ण बुद्धि उसे स्वार्थी बना देती है क्योंकि स्वार्थ के कारण वह समाज के प्रति अपने कर्तव्य को भूलकर परिवार के हित-सम्पादन में ही उलझा रहता है। वास्तव में परिवार व्यष्टि (व्यक्ति) से समष्टि की ओर यात्रा का प्रथम पड़ाव है। उस ध्येय की प्राप्ति में व्यवधान तब आता है जब व्यक्ति अपनी यात्रा के प्रथम पड़ाव को ही अन्तिम लक्ष्य मान बैठता है। उसकी इस भूल में सुधार कर उसे आगे बढ़ाना पूरे समाज और मानवता के हित के बारे में भी परिवार की ही भाँति सोचने के लिए प्रवृत्त करना-यही संगठन कार्य है। दूसरों के लिए त्याग करने की और अपनेपन की भावना तो उसमें शुरू से है, जरुरत है उस भावना को और व्यापक बनाने की, साथ ही उसमें जो आत्मीयता अपने सीमित परिवार के लोगों के प्रति है, उसे विस्तार देकर समाज और सभी देशवासियों तक बढ़ाने की आवश्यकता है। डॉ. हेडगेवार ने राष्ट्रीय स्वयंसेवक संघ के माध्यम से स्वस्थ, सुविकसित, व्यापक बन्धुभाव की परिधि समूचे राष्ट्रीय समाज तक विस्तृत करने की योजना की। देशभूमि के प्रति श्रद्धा व मातृभाव और उसकी सन्तानों के प्रति आत्मीय बन्धुत्व का भाव सब के मन में हो। राष्ट्रीय स्वयंसेवक संघ की पृष्ठभूमि एवं कार्य पद्धति में विकसित कर हर स्थिति का सामना करना ही समाज-संगठन है। यही संघ-कार्य है। डॉ. हेडगेवार ने कहा है कि "यह काम एक-दो या पाँच-दस अथवा पच्चीस-पचास साल का नहीं है। मनुष्य कितना भी कर्तृव्यवान्, कर्मशील और शक्तिमान है, उसकी शक्ति की

सीमा होती है। पूरे राष्ट्र का काम वह अकेले के सिर पर नहीं ले सकता। इस काम के लिए पूरे राष्ट्र के अन्तःकरण का तिल-तिल टूट पड़ना चाहिए। जे शक्तिहीन है वह धर्म की रक्षा नहीं कर सकता। इसीलिए सारे समाज को संगठित कर बलशाली बनाने का काम संघ ने अपने हाथ में लिया है। यही हमारा आज का धर्माचरण है।

प्रचार विभागः-

वैसे प्रचार की आवश्यकता नहीं थी। संघ कार्य बढ़ने के साथ-साथ संघ के विरोधियों द्वारा आलोचना व दुष्प्रचार भी अधिक होने लगा। इन सबकी जवाबदेही के लिए कई प्रकार के जन-जागरण अभियान, पत्रक वितरण, घर-घर संपर्क, लेख-लेखन व प्रकाशन आदि व सार्वजनिक कार्यक्रमों का आयोजन किया जाने लगा। सन् 1994 में "प्रचार विभाग" का विधिवत कार्य प्रारम्भ हुआ। डॉक्टर हेडगेवार द्वारा भी संकल्प व स्वातंत्र्य पत्रों का संपादन किया गया। गुरुजी के समय पांचजन्य, आर्जगेनाइजर, राष्ट्रधर्म आदि पत्रिकाओ का प्रकाशन शुरू हुआ। आज भी देश भर में दर्जनों प्रकाशन व विभिन्न भाषाओं में सैंकड़ों पत्र-पत्रिकाएँ व प्रान्त-प्रान्त में सैकड़ों जागरण पत्रक छप रहे हैं।

समाज में विरोधियों के द्वारा बनाई गई संघ की छवि तथा वास्तविक छवि में अंतर स्पष्ट करना प्रचार विभाग का प्रमुख उद्देश्य है। प्रचार माध्यम (मीडिया) समाज का विवेक जाग्रत करते हुए राष्ट्रहित के पोषक बने ऐसी उनसे अपेक्षा की जाती है। स्वयंसेवकों में व्यक्ति निर्माण के कार्य के साथ-साथ प्रचार माध्यम के कला कौशल की समझ पैदा करना तथा इसका ठीक उपयोग करने का व्यवहार सीखाना भी अतिआवश्यक है। संघ के कार्य तथा विचार का प्रचार हो सके इसके निमित्त यह विभाग कार्य करता है।

प्रचार विभाग के कार्यः-

राष्ट्रीय विचारों का प्रचार-प्रसार, जिला केंद्रों पर प्रचार विभाग की सक्रिय व सक्षम टोली खड़ी करना इत्यादि प्रचार विभाग के प्रमुख कार्य हैं। इसके अतिरिक्त वैचारिक अधिष्ठान की दृढ़ता हेतु साहित्य छापना तथा

वितरण करना, जागरण पत्रों का प्रकाशन करना व उनको गाँव-गाँव पहुँचाना, अपने विचार-परिवार के पत्र-पत्रिकाओं की संख्या बढ़ाना, वर्ष में दो बार राष्ट्रीय साहित्य बेचने का अभियान चलाना, प्रचार माध्यमों में समाज की सहभागिता तथा सक्रियता बढ़ाना, इलेक्ट्रॉनिक और प्रिंट मीडिया की समीक्षा के लिए विभाग स्तर पर मंच बनाना, शाखाओं में समाचार समीक्षा हेतु योग्य समाचारों का चयन करने में बौद्धिक विभाग का सहयोग करना, स्वयंसेवकों की पत्रकारिता में रुचि जगाने हेतु पत्रकारिता के प्रशिक्षण वर्ग लगाना, प्रचार माध्यमों में कार्य करने वालों को सही जानकारी देना, पत्रकारों से वर्ष में दो बार प्रस्तावों तथा सरसंघचालक जी के विजयादशमी के बौद्धिक वर्ग के निमित्त संपर्क करना, पत्रकारिता के छात्रों तथा अध्यापक/प्राध्यापकों की बैठक कराना, संघ के सार्वजनिक कार्यक्रमों में वार्षिकोत्सवों में पत्रकारों को बुलाने की योग्य व्यवस्था बनाना, संघ के विशेष प्रकल्पों एवं सेवा कार्यों को पत्रकारों को दिखाने के लिए योग्य व्यवस्था करना, विभिन्न पत्र-पत्रिकाओं के संपादकों से अधिकारियों की अनौपचारिक भेंट-वार्ता कराना, महापुरुषों की जयंतियों अथवा पुण्यतिथियों व विशेष प्रसंगों पर लेख लिखकर समाचार पन्नों में छपवाना, विभिन्न भाषाओं के हिंदुत्व समर्थक तथा विरोधी साहित्य एवं पत्र पत्रिकाओं के पठन हेतु विशेष प्रकोष्ठ गठन करना और पत्रकारों की श्रेणियाँ बनाकर प्रचार विभाग के लिए सहयोग प्राप्त करना आदि कार्य किये जाते है। तीन वर्ष की योजना बनाकर सभी गाँवों तक जागरण पत्रिका का वितरण कराया जाता है और जागरण पत्रिका की टोल खड़ी करके जागरण पत्रिका के पाठकों के सम्मेलन कर प्रतिसूचना भी ली जाती है। ई-मेल, पते एकत्र कर उनके माध्यम से अच्छे लेख लोगों को भेजना, एस.एम.एस करने वालों की टोली खड़ी करना, सभी विभिन्न हिंदुत्व समर्थक तथा विरोधी वेबसाइट देखना तथा प्रत्युत्तर देना आदि कार्य सम्पादित किये जाते है।

संपर्क विभागः-

सम्पर्क विभाग का उद्देश्य क्षेत्र के ऐसे व्यक्तियों (पुरुष और महिलाओं) से संपर्क बनाना है जो समाज के विभिन्न व्यवसाय, पंथ, क्षेत्र, जाति व शिक्षा आदि के क्षेत्र में विशिष्ट स्थान रखते हैं।

समाज के ऐसे व्यक्ति जो स्वयंसेवक नहीं है किन्तु समाज में प्रभावी हैं तथा समाज निर्माण का कार्य करते हैं, ऐसे लोगों से मिलकर उनको अपने साथ कार्य करना संपर्क विभाग का कार्य है। संपर्क विभाग सन् 1994 में प्रारम्भ किया गया। उपरोक्त प्रकार के महिला, पुरुषों की वर्गानुसार सूची बनाकर उन्हें अपने कार्य का परिचय देते हुए कार्य के अनुकूल और सहयोगी बनाने हेतु व्यवस्था की दृष्टि से वर्गों की रचना की जाती है। धार्मिक वर्ग में संत समाज, प्रवचनकर्ता, पांथिक (सम्प्रदायशः) नेतृत्व, भजनीक, कथावाचक, पूजक-अर्चक, पुरोहित आदि स्थान पाते हैं। साहित्यिक वर्ग में- ग्रन्थकार, लेखक, पत्रकार, कवि, संपादक के नाम पत्र लेखक, व्यंग्य चित्रकार आदि स्थान पाते हैं। शैक्षिक वर्ग में अध्यापक, प्राध्यापक, विभिन्न विधाओं में शास्त्रों के ज्ञाताव्यक्ति, छात्र नेतृत्वकर्ता, शिक्षाशास्त्री, शोधछात्र, शिक्षा क्षेत्र में कार्यरत अन्य सभी प्रकार के बन्धु और भगिनी आदि स्थास्न पाते हैं। व्यावसायिक वर्ग में चिकित्सक, अधिवक्ता, अभियन्ता, अंकेक्षक, बीमाकर्मी आदि स्थान पाते हैं।। आर्थिक वर्ग में उद्योगपति, व्यापारी, श्रमिक, कृषक, वित्तीय संसाधनों से संबद्ध व्यक्ति प्रशासनिक वर्ग में पुलिस, प्रशासन व सेना के अधिकारी स्थान पाते हैं। सामाजिक वर्ग में महिला, जाति-बिरादरी के मुखिया, अन्यान्य सामाजिक व धार्मिक संगठनों के नेतृत्वकर्त्ता, झुग्गी-झोपड़ी, पिछड़े वर्गों, वंचित वर्गों के मुखिया आदि व्यक्तियों को सम्मिलित किया जाता है।

विविध वर्ग में खिलाड़ी, व्यायामशालाओं के संचालन में विभिन्न प्रकार के प्रशिक्षक, चित्रकार, कलाकार, गीतकार, संगीतकार, शिल्पकार आदि व्यक्तियों को सम्मिलित किया जाता है।

संपर्क योजना के लिए नगर, जिला व विभाग स्तर पर एक संपर्क प्रकोष्ठ बनाया गया है, जिसमें संघचालक, संपर्क प्रमुख, प्रचार प्रमुख, सेवा प्रमुख सम्मिलित किए गये है। इनके अलावा उसी योग्यता क्षमता के चार-पाँच ऐसे कार्यकर्ताओं को सम्मिलित किया गया है जिन पर किसी प्रकार की जिम्मेदारी न हो लेकिन उनमें समाज को प्रभावित लोगों से संपर्क व संवाद करने की क्षमता तथा समय देने की मानसिकता अवश्य हो। संपर्क योजना का क्रियान्वयन करने के लिए जिला तथा जिला केंद्रों में नगर स्तर

पर बड़ी टोली बनाना तथा उनकी पाक्षिक या मासिक बैठक करना भी संपर्क विभाग के अंतर्गत ही आता है।

सम्पर्क विभाग के कार्यः-

संपर्क सूची तैयार करना सम्पर्क विभाग का मुख्य कार्य है। इसके बाद सूचीबद्ध लोगों को उपयोगी साहित्य अखिल भारतीय बैठकों के प्रस्ताव को समसामयिक विषयों पर वरिष्ठ अधिकारियों द्वारा लिखी पुस्तकें, समाचार पत्र पत्रिकाओं में प्रकाशित अच्छे लेख आदि पहुँचाना भी संपर्क विभाग का कार्य है। उन्हें अपने अनुभवी कार्यकर्ताओं से मिलाना, समय-समय पर सम-सामयिक विषयों पर गोष्ठियाँ करना, इन सम्पर्कित व्यक्तियों को समय-समय पर आयोजित कार्यक्रमों में दर्शक/श्रोता/वक्ता/अध्यक्ष आदि के रूप में लाने का प्रयास करते रहना और जानकारी बढ़ाने वाले ऑडियो-वीडियो माध्यम भी प्रयोग करना आदि कार्य भी संपर्क विभाग द्वारा किये जाते हे।

3. संघ स्थापना की आवश्यकता

राष्ट्रीय स्वयंसेवक संघ की स्थापना से पूर्व डॉ. केशव बलिराम हेडगेवार अपनी किशोर और तरुणावस्था में महाराष्ट्र तथा बंगाल के क्रान्तिकारी संगठनों के सदस्य थे। तत्पश्चात् युवावस्था में भारतीय राष्ट्रीय कांग्रेस के सक्रिय कार्यकर्ता एवं प्रान्तीय स्तर के नेता के रूप में देश के स्वातन्त्रय आंदोलन में उन्होंने प्रखर भूमिका निभायी। इतना होते हुए भी उन्हें एक नवीन संगठन के गठन की आवश्यकता अनुभूत हुई उसका मूलकारण यही है डॉ. हेडगेवार का समस्या की मूल का चिन्तन। जिस प्रकार, मार्क्सवाद में माना जाता है कि मानव-समाज की सब समस्याओं का मूल कारण आर्थिक है, आर्थिक विषमता दूर होते ही समाज और व्यक्ति के जीवन के सभी पक्ष स्वयं ठीक हो जायेंगे, उसी प्रकार उन दिनों भारतीय स्वाधीनता आंदोलन के अधिकतर नेताओं का मानना था कि हमारी सभी समस्याओं का कारण पराधीनता है, स्वतन्त्र होते ही ये समस्याएँ स्वतः ही हल हो जाएगी। जबकि डॉ. हेडगेवार का विचार कुछ भिन्न था। उनका स्वातंत्र्य विचार आंदोलनकारी नेताओं से कहीं अधिक आगे का था, क्योंकि वे स्वयं उग्र क्रान्ति-मार्ग के पथिक रह चुके थे।

4. संघ की कार्य पद्धति

क्रान्तिकारियों से डॉ. हेडगेवार का सहयोग-सम्बन्ध रहा, उनका मानना था कि हमारी सारी समस्याओं का एकमात्र कारण केवल हमारी पराधीनता ही नहीं है। इसके विपरीत, हमारे समाज-जीवन में आयी कुछ भीतरी कमियों के कारण हम पराधीन हुए उन्हें खत्म करना आवश्यक है अन्यथा हम अपनी स्वतन्त्रता को दोबारा खो सकते हैं। इसके विपरीत, यदि हम में स्वतन्त्र रहने की पात्रता आ जाए तो फिर हमें परतन्त्र रखने की किसी की हिम्मत नहीं होगी। अतः स्वतन्त्र होने के लिए प्रयत्न करने के साथ-साथ स्वतन्त्र रह सकने की क्षमता अर्जित करना और भी आवश्यक है तथा यह क्षमता सारे राष्ट्र को एक संगठन-सूत्र में पिरोने और अपनी संस्कृति, आदर्शों एवं जीवन-मूल्यों के लिए गौरव-बोध जागृत करने से ही आ सकती है। स्वाभिमान से जीने के लिए डॉ. हेडगेवार की बातें आवश्यक हैं- अपने आदर्शों की रक्षा के लिए प्राण भी अर्पित करने की तत्परता और संगठित एकता का बल। इसलिए डॉ. हेडगेवार ने उन लोगों को संगठित करने का मार्ग चुना जो इस देश में स्वयं को इस भूमि की सन्तान मानते हैं। यदि राष्ट्रीय समाज संगठित और बलशाली होगा तो सभी समुदायों के संगठन भी स्वयं ही उसके साथ मेल करने की इच्छा रखेंगे। संघ-स्थापना में यह सकारात्मक दृष्टि रही है।

संघ की कार्य विधिः-

संघ की कार्य विधि के अंतर्गत सर्वप्रथम् महाविद्यालय, छात्रावास अथवा विद्यार्थी समूह के रहने वाले स्थानों को चिन्हित एवं सूचीबद्ध किया जाता है। इसका कारण है कि लंबे समय तक विद्यालय एवं विद्यार्थी अधिक उपयोगी सिद्ध होते हैं। इसके लिए चयनित विद्यालयों में नियमित आना-जाना प्रारम्भ किया जाता है। उस विद्यालय में पढ़ने वाले विद्यार्थी, कार्यकर्ता अथवा किसी पुराने स्वयंसेवक या परिचित को साथ लेकर संपर्क करना (विद्यालय के परिचित अध्यापक अधिक उपयोगी) और वहाँ मैदान या जलपान ग्रहण के बाद अनौपचारिक मिलने की प्रक्रिया प्रारम्भ की जाती है। कुछ स्वयंसेवक मिल जाने अथवा अनुकूलता दिखने पर वहाँ विधिवत्

मासिक, पाक्षिक अथवा साप्ताहिक बैठक प्रारम्भ किया जाता है। इसके लिए विद्यालय के प्रारम्भ होने, मध्यावकाश, रिक्त कालांश अथवा छुट्टी होने का समय अधिक उपयोगी रहता है। विद्यालय, छात्रावासों, कक्षाओं व संकायों के प्रमुख बनाकर नियमित कार्य प्रारम्भ किया जाता है।

बाल कार्य का महत्व और कार्य विधि

किसी भी संगठन की जीवंतता के लिए उसमें निरंतर नई पीढी का प्रवेश होना आवश्यक है। शाखाओं में शिशु, बाल एवं किशोर अधिक संख्या में आते है। साय शाखा संघ वृक्ष की जड़ है। साय शाखा द्वारा संघ की गतिविधियाँ चलती हुई दिखाई देती है। बालक कच्चे घड़े के समान होते है। उसकी शिशु अवस्था में उसके मन पर सरलतापूर्वक कुछ भी अंकित करना तथा उसको मनचाहा आकार देना संभव व आसान होता है। बाल मन पर संस्कार स्थाई होते हैं। संघ के अनेक प्रमुख केंद्रीय अधिकारी प्रारम्भ में बाल स्वयंसेवक ही रहे हैं।

बालक का स्वभाव अत्यधिक जिज्ञासु, ग्रहणशील, निष्कपट व अनुकरणशील होता है। इसके अतिरिक्त उनमें शक्ति तथा प्रतियोगी भाव भी अत्यधिक होता है। बालप्रमुख बनाकर बाल गठों की रचना खड़ी करना, बालकों के लिए यथासंभव बालोपयोगी कार्यक्रम की रचना करना, कार्यालयों पर बालोपयोगी साहित्य उपलब्ध कराना, बालकों को भाग दौड़ व साधन के खेल कराए जाते हैं। उनको भावयुक्त सरल गीत सुभाषित आदि कण्ठस्थ कराए जाते हैं और रोचक कहानियाँ भी सुनाई जाती है। अभिभावक मिलन, सहभोज, चन्दन आदि कार्यक्रमों की रचना भी की जाती है। उनकी पढ़ाई पर भी ध्यान दिया जाता है। डॉक्टर हेडगेवार ने भी मोहितो के बाड़े की शाखा के "कुश पथक" पर अधिक ध्यान केन्द्रित किया है। बालकों से डॉक्टर हेडगेवार का संबंध अनौपचारिक होता था। शाखा में बालकों का अलग से गण होता है। उनको छोटे-छोटे दायित्व यथा गीत प्रमुख, प्रार्थना प्रमुख, ध्वज प्रमुख जैसे दायित्व दिये जाते हैं। इस संदर्भ में संघ कार्य में बाल स्वयंसेवकों का बहुत महत्व होता है। इसका ज्ञान पंडित नेहरू को भी भली-भांति था। फिर भी उन्होंने प्रथम् प्रतिबंध हटाने के लिए वार्ता में

बालकों के संघ (शाखा) में न आने की शर्त रखी थी, परंतु इस शर्त को श्री गुरुजी ने अस्वीकार कर दिया।

किसी भी संगठन का आधार एवं उसके सपनों को साकार करने वाली तरूण पीढ़ी ही होती है, क्योंकि इसमें ही असीमित सामर्थ्य तथा समर्पण की सिद्धता रहती है। सीखने, आगे बढ़कर नेतृत्व करने की इच्छा व क्षमता के कारण ही भारत तथा विदेशों में विभिन्न क्रान्तियाँ व सामाजिक परिवर्तनों का नेतृत्व तरूण पीढ़ी ने ही किया है। आचार्य चाणक्य के तरुण विद्यार्थियों ने ही पूर्वकाल में ऐतिहासिक भूमिका निभाई। संघ कार्य विस्तार में भी तरूण विद्यार्थियों की महत्त्वपूर्ण भूमिका रही है। प्रारम्भ में विभिन्न महाविद्यालय के तरुण ही देश के भिन्न-भिन्न क्षेत्रों में शाखा लगाने के लिए निकले थे। एक स्थान पर एक साथ अनेक तरुणों का मिलना विद्यालयों अथवा छात्रावासों में ही संभव है। संघ की प्रेरणा से देश व समाज के उन्नयन के लिए चलाए गए विभिन्न आंदोलन तरुण पीढ़ी की सहभागिता के कारण ही सफल हुए।

सभी क्षेत्रों (भौगोलिक इकाइयों) में कार्य होने से ही राष्ट्र की सर्वागीण उन्नति संभव हो सकती है। डॉक्टर हेडगेवार ने कहा था "जहाँ-जहाँ हिन्दू रहता है वहाँ-वहाँ संघ पहुंचना चाहिए।" इसका अर्थ है कि प्रत्येक जिले, तहसील, खण्ड, नगर, न्याय पंचायत, ग्रामसभा, गाँव तथा गाँव के सभी परिवारों, मौहल्लों व बस्तियों-उपबस्तियों के सभी परिवारों में स्वयंसेवक हो। ग्राम तथा मौहल्ले की शाखाओं में सभी गलियों से स्वयंसेवक आने चाहिए। एक तिहाई बस्तियों में कार्य ही नहीं था। धीरे-धीरे पूर्ण जिला, पूर्ण तहसील, पूर्ण खण्ड, पूर्ण मण्डल व पूर्ण नगर और पूर्ण बस्ती की ओर बढ़ा। इसके बाद मण्डल के सभी गाँव में शाखा, पूर्ण नगर अर्थात् नगर की सभी बस्तियों में शाखा लगाई जाने लगी। हिन्दू समाज का संगठन समाज के सभी वर्गों, जाति-बिरादरी, मत-पनन्थ सम्प्रदायों को अपने कार्य के अन्तर्गत लाने से ही संभव है। इसलिए हिन्दू समाज के सभी वर्गों जाति-बिरादरी, मत-पंथ-सम्प्रदायों, उपपन्थों व सभी दलों के बन्धुओं को शाखा में लाने का प्रयास प्रारंभ किए गए। सभी आयु

वर्ग के, सभी प्रकार की प्रतिभाओं व विभिन्न व्यवसाय करने वाले बन्धुओं को भी शाखा से जोड़ा गया। श्रेणीशः बैठकों का भी उपयोग किया गया। सेवा बस्तियों पर विशेष ध्यान दिया गया। हिन्दू समाज "में" संगठन के स्थान पर हिन्दू समाज "का" संगठन जोर दिया गया।

5. प्रचारक

संघ के सम्पूर्ण तन्त्र की रीढ़ की हड्डी प्रचारक होता है। जब डॉ. केशवराव बलिराम हेडगेवार ने संघ की स्थापना की थी वे अविवाहित थे। उन्होंने ही संघ में प्रचारक की परम्परा का प्रारंभ किया था। प्रचारक, पारिवारिक दायित्त्वों से मुक्त रहकर अपने जीवन की समस्त गतिविधियां संघ के लिए ही अर्पित करने का संकल्प लेता है। संत के समान प्रचारक का जीवन होता है जो जीवन के तमाम संघर्ष और कठिनाईयों से होकर आगे बढ़ता है। ये धार्मिक रूप से सन्यासी नहीं होते; परन्तु राष्ट्र-कार्य में जरा भी बाधा न आए इसलिए परिवार नहीं रखते हैं। ये राष्ट्र को समर्पित होते है। वैसे प्रचारक का दायित्त्व होता है व्यक्ति-व्यक्ति के मन में स्वदेश, स्वराष्ट्र और अपने समाज के लिए प्रेम जगाकर उसे संगठन के साथ जोड़ना और राष्ट्र-कार्य में लगने के लिए प्रेरित करना आदि। संघ के प्रचारक राजनीतिक नेताओं की तरह जन-सभा और प्रचार-प्रसार माध्यमों के माध्यम से चर्चा में बने रहने का कार्य नहीं करते हैं और न ही उस तरह महात्माओं की प्रवचन देते हैं। संघ के प्रचारक वस्तुतः संगठनकर्ता हैं। आजीवन प्रचारकों के अतिरिक्त, कुछ लोग जीवन के कुछ वर्ष सम्पूर्णतः संघकार्य के लिए समर्पित करते हैं। उस अवधि में वे प्रचारक ही कहलाते हैं। उसके पश्चात् जब वे सामान्य गृहस्थ जीवन अपना लेते हैं तो अन्य स्वयंसेवक की तरह ही पर्याप्त समय संघ-कार्य के लिए देते हैं। शेष अधिसंख्य स्वयंसेवक औपचारिक रूप से प्रचारक न होते हुए भी निष्ठा में किसी प्रकार से कम नहीं होते। वे अधिक से अधिक समय और श्रम का अर्पण इस संगठन के माध्यम से राष्ट्र के चरणों में करते हैं। त्याग भाव ही राष्ट्रीय स्वयंसेवक संघ की शक्ति है। इस दृष्टि से राष्ट्रीय स्वयंसेवक संघ में प्रचारक की महत्त्वपूर्ण भूमिका होती है।

6. भगवा ध्वज और गुरु दक्षिणा

यज्ञ-वेदी की अग्नि-ज्वाला के रंग का भगवा ध्वज अर्पण (आहुति देने) अर्थात् त्याग का प्रतीक है। इसी कारण यह युग-युग से भारतीय संस्कृति के उच्च आदर्शों का प्रतीक रहा है। भगवा ध्वज की इस महत्ता को देखते हुए संघ में उसे गुरु का स्थान दिया गया है और प्रतिवर्ष व्यास-पूर्णिमा के दिन उसकी पूजा की जाती है।" उस दिन स्वयंसेवक श्रद्धापूर्वक अपनी भेंट ध्वज के आगे अर्पित करते हैं? इसे गुरु-दक्षिणा कहा जाता है।' सघ स्वावलम्बी संगठन है और उसके सभी खर्च इसी राशि से चलते हैं। वर्ष में एक बार स्वयंसेवकों की गुरुदक्षिणा के अतिरिक्त अन्य कोई धन अपने खर्च के लिए संघ स्वीकार नहीं करता। इस व्रत का पालन करते हुए यह संगठन अपने कार्यकर्ताओं को मितव्ययी जीवन जीने का अभ्यस्त बनाता है। व्यक्ति स्खलनशील है पूर्ण नहीं। अतः व्यक्ति के स्थान पर तत्व के प्रतीक भगवा ध्वज को ही संघ ने गुरु स्वीकार किया।' इस प्रकार संघ व्यक्तिनिष्ठ न होकर तत्त्वनिष्ठ रहे, इसीलिए गुरु के पद पर किसी व्यक्ति को आसीन न करके निर्मल आदर्शों के प्रतीक भगवा ध्वज को यह सम्मान दिया गया। यह ध्वज चिरकाल से भारत के उन्नत गौरव का भी प्रतीक रहा है। हमारे तपोबली, ज्ञानजयी ऋषि-मुनियों से लेकर चक्रवर्ती सम्राटों तथा विश्वविजयी योद्धाओं तक ने इसी ध्वज को आगे रखकर अपनी विजय-यात्राओं से हमारे महान् राष्ट्र का गौरव विश्व में सर्वोपरि रखा। संघ की शाखाओं में प्रतेदिन नियमित रूप से भगवा ध्वज फहराकर उसकी वन्दना की जाती है।

7. प्रार्थना का इतिहास

संघ की प्रार्थना की रूपरेखा को सर्वप्रथम फरवरी 1939 में नागपुर के पास सिन्दी में की गई बैठक में तैयार किया गया। प्रार्थना बैठक में संघ के आद्य सरसंघचालक डॉक्टर केशव राव बलिराम हेडगेवार, श्री गुरूजी, बाबा साहब आपटे, बालासाहब देवरस, अप्पाजी जोशी व श्री नानासाहब टालाटुले जैसे प्रमुख लोग सम्मिलित थे। प्रारम्भ में प्रार्थना आधी मराठी व आधी हिन्दी भाषा में रचित की गई, परन्तु सारे देश में एक स्वरूप एवं एक भाषा

में प्रार्थना के विचार से करके देश की सर्वमान्य संस्कृत भाषा में इसका अनुवाद किया गया एवं संशोधित किया गया। प्रार्थना के अन्त में 'भारत माता की जय' हिन्दी में रखा गया।

प्रार्थना का संस्कृत में अनुवाद पुणे के नरहरि नारायण भिड़े द्वारा किया गया। यह प्रार्थना को सर्वप्रथम 23 अप्रैल 1940 को पुणे के संघ शिक्षा वर्ग में यादव राव जोशी ने वर्तमान बोली जाने वाली लय में गाया।

संघ की पूरी प्रार्थना संस्कृत में है जबकि प्रार्थना की आखिरी पंक्ति हिन्दी में है और लड़कियों/स्त्रियों की शाखा "राष्ट्र सेविका समिति" और विदेशों में लगने वाली हिन्दू स्वयंसेवक संघ की प्रार्थना अलग है। संघ की शाखा व अन्य कार्यक्रमों में इस प्रार्थना को अनिवार्यतः गाया जाता है और ध्वज को नमन किया जाता है। संघ की प्रार्थना निम्नलिखित है-

संघ की प्रार्थना

नमस्ते सदा वत्सले मातृभूमे
त्वया हिन्दुभूमे सुखं वर्धितोऽहम्।
महामड़गले पुण्यभूमे त्वदर्थे
पतत्वेष कायो नमस्ते नमस्ते ।।1।।

प्रभो शक्तिमन् हिन्दुराष्ट्राड़गभूता
इमे सादरं त्वां नमामो वयम्
त्वदीयाय कार्याय बद्धा कटीयम्
शुभामाशिषं देहि तत्पूर्तये।

अजय्यां च विश्वस्य देहीश शक्तिम्
सुशीलं जगद्येन नम्रं भवेत्
श्रुतं चौव यत्कण्टकाकीर्णमार्गम्
स्वयं स्वीकृतं नः सुगंकारयेत् ।।2।।

समुत्कर्ष निःश्रेयसस्यैकमुग्रम्
परं साधनं नाम वीरव्रतम्

तदन्तः स्फुरत्वक्षया ध्येयनिष्ठा
हृदन्तः प्रजागर्तु तीव्राऽनिशम्।

विजेत्री च नः संहता कार्यशक्ति
विधायास्य धर्मस्य संरक्षणम्
परं वैभवं नेतुमेतत् स्वराष्ट्रम्
समर्था भवत्वाशिषा ते भृशम् ।।3।।
।। भारत माता की जय ।।

प्रार्थना का हिन्दी में अर्थ

हे वात्सल्मयी मातृभूमि, तुम्हें सदा प्रणाम! इस मातृभूति ने हमें अपने बच्चों की तरह स्नेह और ममता दी है। इस हिन्दू भूमि पर सुखपूर्वक मैं बड़ा हुआ हूँ। यह भूमि महा मंगलमय और पुण्यभूमि है। इस भूमि की रक्षा के लिए मैं यह नश्वर शरीर मातृभूमि को अर्पण करते हुए इस भूमि को बार-बार प्रणाम करता हूँ। हे सर्व शक्तिमान परमेंश्वर, इस हिन्दू राष्ट्र के घटक के रूप में मैं तुमको सादर प्रणाम करता हूँ। आपके ही कार्य के लिए हम कटिबद्ध हुए हैं। हमें इस कार्य को पूरा करने के लिए आशीर्वाद दें। हमें ऐसी अजेय शक्ति दीजिये कि सारे विश्व में हमें कोई न जीत सकें और ऐसी नम्रता दें कि पूरा विश्व हमारी विनयशीलता के सामने नतमस्तक हो। यह रास्ता काटों से भरा है, इस कार्य को हमने स्वयं स्वीकार किया है और इसे सुगम कर कांटों रहित करेंगे ऐसा उच्च आध्यात्मिक सुख और ऐसी महान् ऐहिक समृद्धि को प्राप्त करने की भावना हमारे अन्दर सदैव जलती रहे। तीव्र और अखण्ड ध्येय निष्ठा की भावना हमारे अंतःकरण में जलती रहे। आपकी असीम कृपा से हमारी यह विजयशालिनी संघठित कार्यशक्ति हमारे धर्म का संरक्षण कर इस राष्ट्र को परम वैभव पर ले जाने में समर्थ हो।

।। भारत माता की जय ।।

8. संघ द्वारा मनाए जाने वाले उत्सव

संघ के उत्सवः-

हमारे समाज में अनेक सामाजिक, सांस्कृतिक, ऐतिहासिक एवं राष्ट्रीय महत्व के प्रसंग होते है। इन प्रसंगों से हमारा समाज प्रेरणा लेकर अग्रसर होता है। डॉक्टर हेडगेवार ने समाज में जिन गुणों की आवश्यकता अनुभव की, उन्हीं के अनुरूप संघ उत्सवों की योजना की गई है। इसमें हर उत्सव किसी विशेष गुण की ओर ध्यान केंद्रित करता है। जैसे गुरु पूर्णिमा -आत्म निवेदन एवं समर्पण भाव, रक्षाबंधन के द्वारा समरसता एवं समानता का प्रकटीकरण, विजयादशमी, वर्ष प्रतिपदा एवं हिन्दू साम्राज्य दिवस के द्वारा विजिगीषु वृत्ति, पुरुषार्थ, राष्ट्रभाव एवं आत्मगौरव वृत्ति जागरण, पराभूत मानसिकता में परिवर्तन एवं मकर सक्रांति द्वारा सही दिशा में सम्यक क्रांति एवं संगठन का भाव निर्माण करना। उत्सवों के द्वारा सामाजिक बोध का जागरण किया जाता है। इसके अतिरिक्त उत्सवों के माध्यम से सुप्तस्फूर्ति केंद्रों का पुनर्जागरण, अखिल भारतीय राष्ट्रीय दृष्टि का निर्माण, समाज द्वारा संघ को सूक्ष्म रूप से देखने व समझने का अवसर व समाज में संघ के लिए पोषक वायुमंडल का निर्माण होता है। नये व्यक्तियों को संगठन से जोड़ने का अवसर व स्वयंसेवक प्रशिक्षण में सहयोग भी प्राप्त होता है।

संघ की उत्सव मनाने की विधिः-

उत्सव के लिए स्वयंसेवकों को व्यवस्थाओं जैसे स्वच्छता, चित्र, माला, सुगंधित वातावरण, ध्वज, रेखांकन, गीत, अमृत वचन, वक्ता, अध्यक्ष निर्धारण आदि का दायित्व दिया जाता है। एक प्रकार से संघ के उत्सव समाज के ही उत्सव के रूप में मनाए जाते है। सभी को उचित एवं योग्य रीति से सूचना देनी होती है। आवश्यक सामग्री की पूर्व एवं पूर्ण व्यवस्था, कार्यक्रम की रूपरेखा कागज पर लिखकर रखना। कार्यक्रम के पश्चात मूल्यांकन-आकलन तथा कार्यक्रम से उपलब्धि आदि विषयों की समीक्षा करना भी सम्मिलित है।

वर्ष प्रतिपदा चौत्र शुक्ल प्रतिपदा “भारतीय काल गणना” का प्रथम दिन, नवरात्रों का प्रारम्भ, नववर्ष प्रारम्भ दिवस, राष्ट्रीय विजय का प्रतीक,

स्वामी दयानंद द्वारा आर्य समाज की स्थापना। विक्रमादित्य द्वारा शकों पर पूर्ण विजय प्राप्त करने के उपलक्ष में विक्रमी संवत प्रारम्भ। नये वर्ष में अधिक कार्य करने का संकल्प करना। वर्ष प्रतिपदा के दिन संघ संस्थापक डॉक्टर केशव राव बलिराम हेडगेवार जी का जन्म भी हुआ था। अतः संघ के स्वयंसेवकों के लिए यह दिन अधिक महत्त्वपूर्ण है इसलिए संघ का उत्सव वर्ष प्रतिपदा के दिन ही किया जाता है। गणवेश तथा समय का ध्यान रखना अपेक्षित है। नागरिक सहभागिता के लिए "नववर्ष महोत्सव" कार्यक्रम भी किया जाता है।

हिन्दू साम्राज्य दिवस-जेष्ठ शुक्ल त्रयोदशी विक्रमी सम्वत् 1731 (1674 ईस्वी) के दिन ही छत्रपति शिवाजी महाराज का राज्याभिषेक तथा हिन्दू पद पादशाही की स्थापना हुई, जिसने हिन्दुराज्य नहीं बन सकता जैसी हीनभाव का अंत किया। छत्रपति शिवाजी महाराज ने सिद्ध किया कि हिन्दू सभी दृष्टि से श्रेष्ठ, स्वतंत्र व स्वयं शासक बनने योग्य व क्षमतावान है। विजय ही हमारा उद्देश्य है। उन्होंने 1276 युद्ध लड़े और सभी में विजयी, व्यक्ति निर्माण के आदर्श, सामान्य व्यक्तियों में असाधारण प्रतिभा जगाकर उन्हें राष्ट्र का कुशल नेता बनाया। उनके माध्यम से शुद्धि तथा परावर्तन की परंपरा का आरंभ हुआ। उन्होंने सभी हिन्दू शक्तियों को एकत्रित करने का प्रयास किया। वे नई रणनीति अर्थात् गुरिल्ला युद्ध पद्धति व विश्वप्रसिद्ध जल सेना के अविष्कारक व निर्माता है। उन्होंने अखिल भारतीय दृष्टि व हिन्दवी स्वराज्य की स्थापना की। उन्होंने ही साधारण जनता, किसान, मावरललों को नेतृत्व करने योग्य बनाया और हिन्दू सामाज में आत्मविश्वास, विजिगीषु भाव जाग्रत किया।

श्री गुरु पूर्णिमा- संघ में भगवा ध्वज को ही गुरु माना गया है। यह दिन गुरु के प्रति श्रद्धा भाव जागरण का दिन होता है। यह उत्सव आषाढ़ पूर्णिमा के दिन मनाया जाता है। गुरु व्यक्ति के साथ-साथ स्वयंसेवक के भी संपूर्ण जीवन का निर्माता होता है। गुरु का महत्व व्यक्तिगत और राष्ट्रीय जीवन में अधिक होता है। नैतिक शक्ति का प्रतीक जो कि आर्थिक सत्ता तथा शासन सत्ता को नियंत्रित करने वाला है, ध्वज ज्ञान, त्याग, पविजत्रता, पराक्रम आदि का द्योतक है। समाज के प्रति समर्पण भाव जाग्रत करने वाला

है। संघ में श्री गुरु दक्षिणा का चलन स्वयंसेवकों के लिए है। इस उत्सव में माता-बहनों का समर्पण अपेक्षित नहीं है।

रक्षाबंधन- श्रावणी पूर्णिमा को यह उत्सव मनाया जाता है। इसके द्वारा समाज में व्याप्त बुराइयों जैसे जाति वर्ग आदि भेदों को मिटाकर समानता, समरसता युक्त समाज निर्मित करने का प्रयास किया जाता है। समाज में व्यापक संपर्क करते हुए रक्षाबंधन पर्व मनाया जाता है। इसके द्वारा समाज की रक्षा जागरण का भाव स्वयंसेवकों में जाग्रत किया जाता है। रक्षाबंधन के पर्व पर समाज के दुर्बल, पिछड़ी व उपेक्षित बस्तियों में जाकर उनको राखी बांधी जाती है। सर्वप्रथम राष्ट्र के प्रतीक ध्वज को राखी बांधकर उसकी हर प्रकार की रक्षा का भार स्वीकार करना यथा "धर्मो रक्षति रक्षितः" संघ में किया जाता है।

विजयादशमी- नवरात्रि तथा विजयादशमी अश्विन शुक्ल दशमी को मनाई जाती है। यह दिन शक्ति उपासना का माना जाता है। इसी दिन शक्ति की उपासना, विजिगीषु वृत्ति का जागरण, शस्त्र पूजन व संघ स्थापना की गई थी। भगवान श्रीराम ने आमजन को एकत्रित कर इसी दिन अत्याचारी रावण पर विजय प्राप्त की थी। विजय की आकांक्षा से युक्त संगठित हिन्दू समाज सभी समस्याओं पर विजय प्राप्त कर सकेगा, इस प्रकार के भाव जागरण के दिन को स्वयंसेवकों के द्वारा गणवेश में कार्यक्रम व पथ संचलन किया जाता है। इसके द्वारा संघशक्ति तथा अनुशासन का प्रदर्शन होता है।

मकर सक्रांति- वैसे तो सभी उत्सव चंद्रमास गणना के अनुसार मनाए जाते है, लेकिन यह उत्सव सौरमास गणना के अनुसार मनाया जाता है। यह सामान्यतः 14 या 15 जनवरी को होता है। इसी दिन सूर्य मकर राशि में संक्रमण कर दक्षिणायन से उत्तरायण में प्रवेश करता है। इसके द्वारा सामाजिक समरसता भाव जागरण तथा समाज का सशक्तिकरण होता है। सूर्य की किरणों में तेज व उष्णता, अंधकार से प्रकाश की ओर व अकर्मण्यता से कर्मठता की ओर, का चिंतन किया जाता है। तिल, गुड़ व खिचड़ी का वितरण प्रसाद के रूप में स्वयंसेवकों द्वारा किया जाता है। इसके साथ ही उड़द की दाल की खिचड़ी का सामूहिक भोज, अस्पृश्यता

आदि कुरीतियों को दूर करने का संकल्प किया जाता है। सक्रांति का अर्थ है सम्यक क्रान्ति, परिपूर्ण क्रान्ति अर्थात् सही दिशा में किया गया परिवर्तन। गुड़ की तरह सबको अपने से चिपकाने या अपने में समाहित करने का भाव स्वयंसेवकों में होता है। तिल का स्नेह तथा गुड़ की मिठास स्वयंसेवक अपने व्यवहार में लाए। उत्सवों में आमंत्रित व उपस्थित भाई–बहनों को पुनः संपर्क कर उनकी प्रतिक्रिया पूछी जाती है और उनसे सतत् संपर्क रखा जाता है।

9. संघ का उद्देश्य

विश्व के सम्पूर्ण हिन्दू समाज को संगठित कर शक्तिशाली बनाना एवं राष्ट्र की सर्वांगीण उन्नत्ति करना संघ का उद्देश्य है। हिन्दू समाज को संगठित कर इस प्रकार संस्कारित करना कि प्रत्येक हिन्दू दुनिया के सामने अपने आचार–व्यवहार से "हिन्दू चिन्तन" प्रस्तुत कर सके। वसुधैव कुटुम्बकम, स्वदेशो भ्रुवनत्रयम्, सर्वे भवन्तु खुखिनः, सर्वभूतहितेरताः, आत्मवत् सर्व भ्रूतेषु, विश्व कल्याण हो, जीओ और जीने दो, विविधता में एकता, त्याग और कर्तव्य भावना जागृत करना ही संघ का लक्ष्य (उद्देश्य) है। स्वामी विवेकानन्द ने कहा था कि "आध्यात्मिकता ही भारत की आत्मा है, भारत का प्राण है। यह भारत की आध्यात्मिकता यहाँ के समाज जीवन के प्रत्येक अंग में प्रकट हो, ऐसा एक सर्वांगीण उन्नत समाज हम निर्माण करना चाहते हैं।

समाज कैसा हो? इसका स्वरूप दुनिया के समक्ष लाना जिससे सबको यह लगे कि अपने समाज को भी ऐसा बनाने के लिए राष्ट्रीय स्वयंसेवक संघ जैसा संगठन बनाना चाहिए। आधुनिक काल में मानव जाति के सामने जो समस्याएं हैं उनका निवारण हिन्दू चिन्तन के आधार पर प्रस्तुत करना।

असहिष्णुता व हिंसा से मुक्ति पाना व 'असहिष्णुता' के स्थान पर 'सहिष्णुता' और 'समादर भी' के स्थान पर 'समादर ही' और "संघर्ष" के स्थान पर 'समन्वय' की मानसिकता बनाना संघ का उद्देश्य है। पर्यावरण सुरक्षा की दृष्टि से सृष्टि के प्रति आदर का भाव जाग्रत करना और "सृष्टि विजय नहीं सृष्टि दर्शन" का भाव पैदा करना तथा सृष्टि से केवल आवश्यकताएं पूर्ण करना आकांक्षाएं नहीं। विकास के सही मार्ग के लिए

"धर्म" को आधुनिक संदर्भों में परिभाषित करते हुए, धर्माधारित विकास-पथ विश्व को बताना। भारत को सर्वप्रथम उस पथ पर चलते हुए सर्वांगीण उन्नति करनी चाहिए तभी वह विश्व के लिए उदाहरण बन पाएगा। इसके अलावा आध्यात्मिक मनोवृत्ति और अच्छी परिवार व्यवस्था स्थापित करना भी संघ का उद्देश्य है।

10. दीप से दीप प्रज्ज्वलन संघ सूत्र

दीप से दीप जलाने की संघ की संगठन पद्धति है। डॉ. हेडगेवार ने संघ में दीप जलाने की पद्धति को रूप दिया जिसमें व्यक्ति संपर्क महत्त्वपूर्ण है। इससे एक से दस, दस से सौ, सौ से सहस्र होती स्वयंसेवकों की संख्या बढ़ती चली गयी। स्वयंसेवक बढ़े, शाखाएं बढ़ीं, संघ-कार्य का विस्तार करने वाले कार्यकर्ता बढ़े और संघ का संगठन-प्रवाह नागपुर में डॉ. हेडगेवार के घर की बैठक से प्रादुर्भूत होकर व्यायामशाला और फिर मैदानों के मार्ग से पूरे नागपुर नगर, जिले, समूचे विदर्भ, महाराष्ट्र और मध्यभारत में फैलते हुए देश में दूर-दूर उत्तर प्रदेश, बंगाल, पंजाब इत्यादि तक पहुँच गया जो डॉक्टर जी के पश्चात् श्री गुरुजी के योग्य मार्गदर्शन में देशव्यापी बना।

11. संघ की रीति-नीति

संघ की कुछ अपनी परम्पराएं हैं। इनको ही संघ की रीति-नीति कहा जाता है। इनका संगठन के लिए बहुत महत्व है। परम्पराये, अनुभूत प्रयोगों से निर्मित होती है, व अनुयायी उनको आगे बढ़ाते हैं। संघ कार्य पारिवारिक है, तद्नुरूप व्यवहार भी होता है। कार्य को हर स्थिति में पूरा करना, जहाँ अपेक्षित हो वहाँ उपस्थित होना संघ के स्वयंसेवक का कर्तव्य है। शुद्ध सात्विक प्रेम अपने कार्य का आधार है शेषाद्री जी द्वारा डॉक्टर हेडगेवार के समय के कार्यकर्ताओं से नागपुर में वार्ता के समय उस समय के स्वयंसेवकों द्वारा बताना कि "डॉक्टर हेडगेवार की एक ही बात याद है कि वह हमें अत्यधिक प्रेम करते थे।" कहते हुए आंखों से आंसू निकल आना। गुणों की चर्चा सर्वत्र, न्यूनताओं व अवगुणों की चर्चा सार्वजनिक नहीं उनकी चर्चा ऊपर के सक्षम अधिकारी से करने की पद्धति संघ में प्रचलित है। जीवन-शैली, वेशभूषा, खान-पान तथा व्यय करने में सादगी व

मितव्ययता होती है। समय पालन का स्वभाव तथा स्वदेशी का आग्रह संघ में होता है। कार्यक्रमों की शैली में समय पालन, ताली न बजाना, बीच में से नहीं उठना, धूम्रपान न करना, आमन्त्रित बंधुओं को आत्मीयता व आदर देना आदि सम्मिलित है। इसके अतिरिक्त स्वयंसेवक व समाज के सुख-दुःख में सम्मिलित होना, सहयोग एवं उदारता का भाव सभी के लिए रखना, आडम्बर रहित व्यवस्थाएँ और मौन संस्कार की पद्धति का अनुसरण करते हुए संघ आचरण के आधार पर चलना भी संघ की रीति-नीति के अंतर्गत ही आता है। इसके लिए धन और चरित्र की प्रमाणिकता भी आवश्यक होती है। संघ में कोई भी कोरम नहीं होता है। संघ में सभी व्यक्ति अपेक्षित होते हैं। स्वयंसेवकों के भाषणों में प्रयुक्त होने वाले शब्दों पर संयम भी रहता है। शुचिता, पारदर्शिता एवं प्रमाणिकता का प्रदर्शन भी होता है। अन्तिम तथा सामूहिक निर्णय सभी को स्वीकार होता है। "निर्णय किसी एक का नहीं अपितु हम सबका" इस भाव के साथ सभी स्वयंसेवक अपने दायित्व का निर्वहन करते हैं। संघ में अधिकारी की इच्छा को ही पूर्ण रूप से आज्ञा माना जाता है। विवाद में न पड़कर मन पर विजय प्राप्त करना ही स्वयंसेवकों का आचरण होता है। इसमें पुरस्कार के लोभ से नहीं कर्तव्य भाव से कार्य करना होता है। स्वयं अधिकाधिक कार्य करने का श्रेय दूसरों को देते है। प्रवास काल में अधिकारियों को घरों में ठहराना तथा उनके लिए उच्च व्यवस्था करना भी स्वयंसेवकों का ही दायित्व होता है।

खंड 'ख'

स्वयंसेवक एवं संघ प्रशिक्षण

1. शाखा और स्वयंसेवक

संघ-कार्य की इकाई उसकी शाखा अर्थात् दैनिक मिलन का कार्यक्रम है। संघ की गतिविधियों में निष्ठापूर्वक भाग लेने वाला प्रत्येक सदस्य स्वयंसेवक कहलाता है। स्वयंस्फूर्ति से राष्ट्र, समाज, देश, धर्म तथा संस्कृति की सेवा करने वाले, उसकी रक्षा करने वाले और उनकी अभिवृद्धि के लिए प्रामाणिकता तथा निःस्वार्थ बुद्धि से कार्य करने वाले को संघ की दृष्टि से स्वयंसेवक कहते हैं। जबकि सामान्य लोक व्यवहार में "वालंटियर" केवल बालचरों या नेताओं के सेवकों के समान कार्य करता है। संघ द्वारा "स्वयंसेवक" शब्द के अर्थ को नया ही रूप मिला है जो मातृभूमि भारत या हिन्दू राष्ट्र की सेवा बिना किसी प्रतिदान या पुरस्कार की इच्छा के अनुशासनपूर्वक निर्धारित पद्धति से निरन्तर योजनाबद्ध रूप में करे उसे स्वयंसेवक कहते हैं। स्वयंसेवक की यह कल्पना संघ की अनुपम देन है। स्वयंसेवक से यह अपेक्षा की जाती है कि वह अपनी सामान्य दिनचर्या में से प्रतिदिन कम से कम एक घण्टा संघ-शाखा में जाए। शाखा नित्य नियम से एक नियत स्थान पर लगती है, जिसे संघ स्थान कहते हैं। किसी मैदान या अन्य सुविधाजनक स्थान पर प्रतिदिन प्रातःकाल या सायंकाल में आस-पास के स्वयंसेवक एकत्र होते हैं, भगवा ध्वज का आरोहरण कर उसका वन्दन और फिर कुछ व्यायाम या शारीरिक प्रशिक्षण, खेल, राष्ट्र या समाज से सम्बन्धित कोई चर्चा, प्रश्नोत्तरी अथवा देशभक्ति-गीत का सस्वर गायन इत्यादि सहज भाव से किन्तु अनुशासनपूर्वक सम्पन्न होता है और अन्त में मातृभूमि तथा ईश्वर

की वन्दना करते हुए प्रार्थना करके शाखा का विसर्जन होता है। राष्ट्र-कार्य में सहभागी बनने के लिए यह न्यूनतम है जिसकी स्वयंसेवक से अपेक्षा की जाती है। यहां खेल-खेल में और सहज चर्चाओं में ही संगठन, अनुशासन और देशभक्ति के पाठ तो स्वयंसेवक सहजता से सीख ही जाता है, साथ ही आदर्श नागरिकों के जो संस्कार उनके मन पर पड़ते हैं उनसे उसका मनोबौद्धिक स्तर भी उन्नत, परिष्कृत और उदात्त बनता चला जाता है। स्वदेश के लिए मातृभूमि (माता) का भाव और साथी स्वयंसेवकों के प्रति बन्धुभाव एवं प्रेम उसके हृदय में अंकुरित होता है। उनके तथा उनके परिवारों के सुख-दुःख में सहभागी होने, समूचे संगठन और पूरे राष्ट्रीय समाज को अपना बड़ा परिवार अनुभव करने तथा अपने राष्ट्र पर सब कुछ न्यौछावर कर देने के लिए तत्पर रहने का जो स्वभाव उसमें इस विशिष्ट संगति के परिणामस्वरूप विकसित होता है, उससे वह मानो एक नया ही व्यक्ति बनकर उभरता है। उसके जीवन को एक उच्च ध्येय प्राप्त हो जाता है। यही संघ द्वारा व्यक्ति-निर्माण या चरित्र-निर्माण की प्रक्रिया है। स्वयंसेवकों में स्वावलम्बी स्वभाव निर्मित करने और समानता का भाव जगाने के लिए उन्हें अपना काम स्वयं करने की आदत डाली जाती है। शिविरों या शिक्षा-वर्गों में वे भोजन बनाने और परोसने जैसे कार्यों में बारी-बारी से हाथ बटाते हैं तथा अपने जूठे बर्तन स्वयं मांजते हैं। इससे सामूहिक रूप से कार्य करने का अभ्यास पड़ता है, समय पड़ने पर स्वयंसेवक किसी भी काम से भागते नहीं हैं और न ही मिथ्या बड़प्पन दिखाते हैं। धनवान हो या निर्धन, उच्चाधिकारी हो या जन-साधारण, स्वयंसेवकों का प्रेमपूर्वक एक ही पंक्ति में बैठकर भोजन करना संघ में नित्य-व्यवहार की सामान्य बात है। जाति या वर्ण के भेद की तो यहां कल्पना तक नहीं है। यही देखकर महात्मा गांधी ने उद्‌गार व्यक्त किया था कि मैं जो करना चाहता था वह संघ ने चुपचाप कर दिखाया है। डॉ. भीमराव अम्बेडकर भी इसी कारण संघ की ओर आशाभरी दृष्टि से देखते थे। समाज-सेवा के कार्यों में संघ-स्वयंसेवक सदैव अग्रणी रहे हैं, परंतु इससे यदि किन्ही राजनीतिक दलों के नेताओं को कभी यह भ्रम हो गया कि उनके सभा-सम्मेलनों में दरी या मेंज-कुर्सी बिछाने के लिए उनके

"वालंटियर" बन सकते हैं तो उन्हें निराशा ही हाथ लगी। डॉ. हेडगेवार ऐसी मांग करने वाले नेताओं को स्पष्ट शब्द में "नहीं" कह देते थे। इस प्रकार संघ-स्वयंसेवक को उन्होंने आरम्भ से ही राष्ट्रीय कार्य की गरिमा प्रदान की।

शाखा प्रारम्भ करने की पद्धतिः-

शाखा प्रारम्भ करने के लिए सर्वप्रथम ग्राम अथवा बस्ती का चयन किया जाता है। उसके उपरांत चयनित स्थान का समग्र विचार यथा - जनसंख्या, सामाजिक व भौगोलिक स्थिति, दृष्टिकोण, संपर्क सूत्र, आने-जाने के साधन, जाने वाले कार्यकर्ता का नाम व उसकी उपलब्धता, अनुकूलता, प्रतिकूलता, संघस्थान की उपलब्धता आदि का विचार किया जाता है। फिर निकट की शाखा के योग्य व सक्षम कार्यकर्ता को विस्तार सहायक या पालक निश्चित किया जाता है। विस्तार सहायक या पालक द्वारा संपर्क सूत्र के माध्यम से संपर्क, संवाद, वार्ता, बैठक इत्यादि करे जाती है। संपर्क सूत्र-हिंन्दुवादी विचारधारा के बन्धुओं, परिचित, सहपाठी, मित्र, सम्बन्धी, विविध संगठनों अथवा उस स्थान पर रहने वाले अथवा बाहर से आये स्वयंसेवक या पुराने कार्यकर्ता से संपर्क बनाया जाता है। सम्भव हो तो एक अथवा चार/छः गाँवों/बस्तियों का संघ परिचय वर्ग भी लगाया जाता है। चयनित स्थानों पर प्रारम्भ में संघ के सभी उत्सव मनाए जाते है। उत्सवों के द्वारा एकत्रित स्थानीय बंधुओं को संघ के विचारों से अवगत कराया जाता है। एकत्रित बन्धुओं में से अनुकूल बन्धुओं को सूचीबद्ध कर उनमें से 3-4 सक्षम, सक्रिय उत्साही बन्धुओं के माध्यम से संघ मंडली तथा बाद में साप्ताहिक मिलन प्रारम्भ किया जाता है। इन्हीं बन्धुओं को निकट की शाखा के एकत्रीकरण या निपुण्य वर्ग में भी बुलाया जाता है। धीरे-धीरे इन्हीं में से उनकी योग्यता एवं क्षमता के अनुरूप उनको शाखा कार्यवाह, मुख्य शिक्षक व शाखा टोली के अन्य दायित्व सौंप दिए जाते है। फिर उनके द्वारा शाखा लगाई जाती है। नई शाखा चलती रहे इस हेतु इसी शाखा पर निकट की शाखा को सम्मिलित भी किया जाता है। निश्चित समय अन्तराल के बाद समारोहपूर्वक शाखा को "ध्वज" प्रदान किया जाता है। योग्य समय पर शाखा टोली के कार्यकर्ताओं को प्राथमिक व अन्य प्रशिक्षण

वर्ग कराया जाता है। वैचारिक अनुकूलता व दृढ़ता के लिए संघ साहित्य भी उपलब्ध कराया जाता है।

संघ के कार्य में परिचय का सर्वाधिक महत्व है। परिचय के कारण ही आत्मीयता, घनिष्ठता, पारिवारिक भावनायें, श्रद्धा, आदरभाव आदि का प्रकटीकरण होता है। परिचय आत्मीयता के लिए पहला चरण है और पारिवारिक भाव ही संघ कार्य का आधार है। परिचय होने पर नाम के उच्चारण मात्र से ही आत्मीयता की भावना की अनुभूति होती है। परिचय होने पर ही निकटता भी आती है। अपने प्रारम्भकाल में संघ का न कोई संविधान था और न ही कोई लेखा-जोखा था। केवल परस्पर परिचय के कारण ही संघ देशव्यापी हुआ।

बौद्धिक शिक्षण योजनाः-

इसका उद्देश्य देश व समाज के प्रति भक्ति एवं आत्मीय भाव जागरण करना, सिद्धान्तों की स्पष्टता, अभिव्यक्ति क्षमता का विकास, दायित्व बोध, कार्य करने की क्षमता व समर्पण भाव (अधिकाधिक समय देने की खसजिद्धता) में वृद्धि, अपने पूर्वजों, वीर पुरुषों, संत महात्माओं के कार्य तथा इतिहास के विषय में नई-नई जानकारियों की प्राप्ति करना है। इसके अन्तर्गत प्रतिदिन शाखा पर गण-गीत, सुभाषित अथवा अमृत वचन का अभ्यास तथा बोध कथा (सप्ताह में एकदिन) आदि कार्यक्रम शाखा कार्यकर्ताओं के द्वारा करवाये जाते है। सप्ताह में एक दिन शाखा का "बौद्धिक दिवस" निश्चित होता है। यह शाखा अथवा जिला स्तर पर भी निश्चित किया जा सकता है। महीने में एक बौद्धिक दिवस पर चर्चा, एक पर बौद्धिक वर्ग, एक पर दीर्घ कथा/कहानी, एक पर समाचार समीक्षा अथवा जिज्ञासा समाधान आदि कार्यक्रमों में से एक-एक कार्यक्रम प्रति सप्ताह बौद्धिक दिवस पर करना होता है, इस दिन शारीरिक कार्यक्रमों में केवल शारीरिक अनिवार्य कार्यक्रम ही होते है। ये बौद्धिक कार्यक्रम 30 मिनट के होते हैं। शाखा में पुस्तकों का संचय भी होता है। उसमें डॉक्टर हेडगेवार, गुरुजी (मा.स.गो), महाराणा प्रताप, शिवाजी, गुरु गोविंद सिंह, स्वामी विवेकानन्द जैसे महापुरुषों की जीवनियाँ तथा विचारात्मक पुस्तक

भी होती है। वरिष्ठ अधिकारियों के प्रवास में जिज्ञासा समाधान के कार्यक्रम करवाये जाते हैं जिससे कार्य के दौरान आई किसी भी प्रकार की समस्या का निवारण हो सके। गीत प्रतियोगिता, प्रश्न मंच, अंत्याक्षरी, प्रतिभा प्रकटीकरण जैसे कार्यक्रम भी होते हैं। नैपुण्य वर्ग, प्राथमिक शिक्षा वर्ग, संघ शिक्षा वर्ग आदि प्रशिक्षण वर्गों में उपर्युक्त कार्यक्रमों का अच्छा अभ्यास कराया जाता है। वन विहार, नैपुण्य वर्ग, शिविर तथा विशेष बैठकों में एकात्मता मंत्र कराया जाना अपेक्षित होता है। शिशु, बाल, तरुण तथा प्रौढ़ स्वयंसेवकों को लक्ष्य मानकर भी अलग से बौद्धिक योजना बनायी जाती है।

सेवा शिक्षणः-

संघ का हिन्दू समाज के संगठन का लक्ष्य है परंतु समाज के दुर्लभ, पीड़ित, शोषित, वंचित समाज को वैसा ही रखकर शेष समाज को संगठित कर राष्ट्र को वैभव संपन्न बनाना असंभव होता है। अतः ऐसे दुर्बल वर्गों को सब के साथ बराबरी पर लाने के लिए सेवा कार्य किए जाते हैं। समाज को जोड़ने के लिए संघ की कार्यपद्धति का एक विशेष आयाम होता है। विकासशील कार्य पद्धति में समग्र हिन्दू समाज को जोड़ने की दृष्टि से कई बार आवश्यक परिवर्तन किये गये है। सेवा कार्य संघ कार्य का व्यवहारिक दर्शन है। स्वयंसेवकों में सेवा दृष्टि, सेवावृत्ति व सेवा संस्कार निर्माण करने के लिए शाखा द्वारा सेवा कार्य करवाए जाते हैं। "सभी हिन्दू समाज के अंगभूत?" यह भावना उत्पन्न करना सेवा कार्यों का उद्देश्य है। सवर्ग-असवर्ग के बीच आई दूरी को समाप्त करना, सामाजिक समरसता निर्माण करना। "यदि दुनिया में छुआछूत पाप नहीं तो और कुछ भी पाप नहीं।"

सेवाकार्य उपेक्षित व वंचित बन्धुओं से संपर्क करने का सशक्त व महत्त्वपूर्ण माध्यम है। सेवा कार्य सामाजिक परिवर्तन का माध्यम, कुरीतियों का परिमार्जन, स्वावलम्बन भाव का जागरण, "समाज से सदैव लेने के स्थान पर उनको मैं भी कुछ दूँ" इस भाव का जागरण करना है। सेवाकार्य संघ कार्य ही है। संघ संविधान के अधिकरण आठ में कार्यक्रमों में सेवाकार्यों का उल्लेख मिलता है अतः स्वयंसेवकों के द्वारा सेवाकार्य स्वयं ही चलाया जाता है।

सेवा की मानसिकता निर्माण करने के लिए सेवा कार्य किया जाता है। शाखा पर सेवा अवधारणा पर चर्चा की जाती है। सप्ताह में एक बार शाखा पश्चात् स्वयंसेवकों द्वारा बस्ती संपर्क किया जाता है। शाखा में महीने में एक बार सेवा दिवस पर 20 मिनट किसी एक सेवा प्रकल्प की चर्चा करना अपेक्षित होता है। सेवा के छोटे-छोटे उपक्रम प्रारम्भ करना। (उदाहरण चिकित्सा सेवा, रक्तदान शिविर, पौधा रोपण आदि)। सेवा की सेवादिवस पर श्रम साधना करना दृश्यानुभूति से मन में संवेदना जगाना। महापुरुषों के उदाहरण- गौतम बुद्ध, स्वामी अखण्डानन्द, रामकृष्ण परमहंस, विवेकानंद, गुरुजी के मन में दृश्य देखकर ही संवेदना का जागरण हुआ। स्वयंसेवक परिवार तथा हितैषी बंधुओं को सपरिवार किसी सेवा प्रकल्प (कुष्ठ निवारण संघ (चाम्पा), दिव्य प्रेम सेवा मिशन (हरिद्वार आदि) के दर्शन कराना।

सेवा कार्यकर्ता का व्यवहार होता है प्रेम से जीतना तथा बहस नहीं करना और मन:स्थिति को समझना, सुनने का धैर्य रखना, मान-अपमान से ऊपर उठकर आत्मीयता का भाव रखना, विनम्रता एवं सहिष्णुता रखना और सेवित लोगों के साथ आदरयुक्त व्यवहार करना आदि। दया अथवा उपकार का भाव नहीं अपितु सभी अपने ही समाज के अंग है इसलिए उनके प्रति कर्तव्य भाव रखना ही सेवादृष्टि है। हिन्दूत्व, समरसता, स्वावलम्बन एवं स्वाभिमान का भाव जाग्रत करना, सेवा बस्ती का चयन करना, वहाँ के निवासियों की आवश्यकता समझने के लिए सर्वेक्षण, सर्वेक्षण के आधार पर सेवा कार्य का निर्धारण करना, ऐसे सेवा कार्यकर्ता का चयन करना जिसमे लोगों की समस्याएं दूर करने का सामर्थ्य तथा स्नेह हो तथा नि:स्वार्थ भाव से कार्य करने का भाव जाग्रत किया जाता है। सामाजिक समरसता निर्माण करने के लिए विभिन्न कार्यक्रमों के आयोजन की रूपरेखा तैयार की जाती है। महर्षि वाल्मीकि, संत रविदास, डॉ. अंबेडकर, डॉ. हेडगेवार, स्वामी विवेकानंद, स्वामी नारायण गुरु, ज्योतिबा फुले, छत्रपति शाढडूजी महाराज आदि महापुरुषों की जयंतियाँ मनाना, रक्षाबंधन, होली मिलन, मकर सक्रांति, सहभोज आदि के कार्यक्रम आयोजित किये जाते है। सेवा बस्ती को सभी सेवा गतिविधियों का केंद्र बनाकर कार्यक्रम में आए हुए सभी बन्धुओं का संपर्क सेवा बस्ती के बन्धुओं से करवाना, सेवा बस्ती में जलपान, भोजन आदि के कार्यक्रम भी रखना, प्रवासी

कार्यकर्ताओं का सेवा केंद्रों एवं बस्तियों में अनिवार्यतः प्रवास रखा जाता है। प्रान्त द्वारा घोषित सेवादिवस पर सभी कार्यकर्ता सेवा बस्तियों में जाते हैं। सेवा बस्तियों में धर्म जागरण का कार्य मुख्य रूप से किया जाता है।

गट पद्धतिः-

गटनायक अत्यन्त महत्त्वपूर्ण कार्यकर्ता होता है। गटनायक द्वारा लोक संपर्क व लोक संग्रह किया जाता है। चूल्हे तक संपर्क, स्नेह, आत्मीयता व सहयोग वृद्धि कार्यकर्ता बनने की प्रथम सीढ़ी होती है। गट रचना संघ-स्थान के बाहर की व्यवस्था होती है। शाखा का भौगोलिक क्षेत्र गटों में विभाजित होता है। गणनायक का उस भौगोलिक क्षेत्र के सभी लोगों से संपर्क रहता है तथा वह उस भौगोलिक क्षेत्र का नेतृत्व करने वाला होता है। उस क्षेत्र में रहने वाले स्वयंसेवकों से गणनायक के स्नेह पूर्ण संबंध होते हैं। वे संघ के अच्छे कार्यकर्ता बने, इस दृष्टि से उसके प्रयास रहते हैं। व्यक्तिगत संवाद से संघ के स्वयंसेवकों की वैचारिक स्पष्टता और अधिक स्पष्ट होती है और उनकी समझ बढ़ती है, उनका व्यवहार संघानुकूल होता है। गटनायक के पास गट के स्वयंसेवक की सूची होती है। गटनायक का मूल कार्य घरों में जाकर स्वयंसेवकों से मिलना है। स्वयंसेवकों के घरों में सभी सदस्यों से भी गटनायक के आत्मीयतापूर्ण सम्बन्ध होते हैं। उसके व्यवहार के कारण सभी परिवारजन संघानुकूल होते हैं। शाखा प्रारम्भ करने से पहले गटनायक अपने गट के स्वयंसेवकों से मिलकर उनको शाखा में उन्हें आमंत्रित कर उन्हें संघ का सुयोग्य परिचय देता है। प्रथम् प्रतिबन्ध के समय पुलिस की दृष्टि में गटनायक सर्वाधिक महत्त्वपूर्ण होता था। अतः पुलिस द्वार गटनायक को रोककर शेष सभी को छोड़ दिया जाता था। संकट के समय संघ ही समाज की त्वरित सहायता करता है। इसका आधार संघ की गट व्यवस्था ही है।

गण पद्धतिः-

डॉक्टर हेडगेवार ने सर्वप्रथम शाखा में गण पद्धति का निर्माण किया था। एक प्रसिद्ध गण था 'कुश पथक'। यह संघस्थान की व्यवस्था है। यदि यह रचना स्थाई है तो वह शाखा, उत्तम शाखा कहलाती है। गण रचना आयु

वर्ग के अनुसार होती है, जैसे- प्रौढ़, तरूण, किशोर, बाल और शिशु। स्वयंसेवकों का विकास योग्य प्रशिक्षण से ही संभव हो पाता है। गणपद्धति स्वयंसेवकों की निपुणता, योग्यता, शारीरिक क्षमता और उत्साह बढ़ाने का आधार है। इसके द्वारा लोक संस्कार मिलते हैं तथा पूर्वनियोजित कार्यक्रमों की रचना होती है। गण शिक्षक के अपने गण के स्वयंसेवकों से घनिष्ठ व आत्मीय सम्बन्ध होते हैं। स्वयंसेवकों के मन में गण के प्रति स्वाभिमान का भाव रहता है। गणशः अन्य कार्यक्रम- गीत, खेल, विभिन्न प्रतियोगिताएं आदि भी आवश्यक है। गटपद्धत्ति से व्यक्तिगत विकास, गणपद्धक्ति से सामूहिक विकास तथा गट एवं गण पद्धत्ति दोनों के माध्यम से संगठनात्मक विकास की व्यवस्था है।

शारीरिक शिक्षण योजना का उद्देश्य स्वयंसेवकों को शारीरिक विकास, सुदृढ़ता व आत्मविश्वास, संघर्ष क्षमता, योजकता आदि की गुण वृद्धि के लिए शाखा में शारीरिक प्रशिक्षण दिया जाता है। शाखा में कुछ कार्यक्रम ऐसे हैं जिनको अनिवार्य रूप से करवाया जाता है जिनमें प्रतिदिन तरूण बालों को मंत्र सहित तेरह सूर्य नमस्कार, तरूणों के लिए प्रतिदिन दंड के 25 प्रहार, सभी के लिए पाँच मिनट संचालन या समता का अभ्यास, शाखा में आचार विभाग का पालन व सभी शारीरिक कार्यक्रम सीठदी का प्रयोग करते हुए होते हैं। सप्ताह में कुछ दिन निश्चित करके बाल स्वयंसेवकों के लिए योगचाप, पदविन्यास, खेल आदि करवाये जाते हैं। तरुण के लिए दंड, नियुद्ध, खेल आदि करवाये जाते है। प्रौढ़ के लिए योगासन, व्यायाम योग, प्राणायाम जैसे कार्यक्रम कार्य भी करवाये जाते है। इन सब कार्यक्रमों का उद्देश्य है शारीरिक दृढ़ता के साथ-साथ अनुशासन, सामूहिकता आदि गुणों का विकास स्वयंसेवकों में करना। वर्ष में एक बार शाखा का वार्षिकोत्सव और पथ-संचलन कार्यक्रम तथा महिने में एक दिन गणवेश दिवस व नगरों में साप्ताहिक तथा ग्रामीण क्षेत्रों में मासिक नैपुण्य वर्ग भी अपेक्षित होता है।

शाखाओं का वर्गीकरण

संघ की शाखाओं का निम्न प्रकार से वर्गीकरण किया गया है:

व्यवसायी शाखा

तरुण व्यवसायी शाखा

प्रौढ व्यवसायी शाखा

संयुक्त व्यवसायी (तरुण व प्रौढ़) शाखा

विद्यार्थी शाखा

बाल, किशोर व महाविद्यालयी विद्यार्थी शाखा

संयुक्त शाखा

प्रभात एवं रात्रि शाखायुवा/प्रौढ़ व्यवसायी, किसान, अमिक आदि वर्ग के लिए लगाई जाने वाली शाखा है। संघ का समाज में व्यापक आधार बनाने के लिए, समाज की कुरीतियों को दूर करने व लोगों को बुरी आदतों से दूर करने, समाज तथा राष्ट्रविरोधी शक्तियों के विरुद्ध जुझारू तरुण खड़े करने हेतु यह शाखा लगाई जाती है।

सायं शाखा (विद्यार्थी शाखाएँ) शिशुओं व बालकों तथा तरुण विद्यार्थियों को सुसंस्कारित करने हेतु अधिक उपयुक्त हैं। अगली पीढ़ी के कार्यकर्ता इन्हीं शाखाओं में तैयार होते हैं। इसलिए संघ कार्य की रीढ़ विद्यार्थी शाखाएं ही है।

महाविद्यालयी विद्यार्थी शाखा तरुण विद्यार्थियों के लिए जरूरी होती हैं। शारीरिक बौद्धिक कार्यक्रमों की योजना, रचना एवं क्रियान्वयन हो सके इस दृष्टि से यह शाखाएँ अलग से भी लगाई जाती हैं। नये तरुण कार्यकर्ता (विस्तारक व प्रचारक) भी इन्हीं शाखाओं में से अधिक संख्या में निकलते हैं।

स्वस्थ एवं संस्कारित समाज राष्ट्रीय पुननिर्माण के लिए आवश्यकता होता है। ऐसे समाज का निर्माण उपक्रमशील शाखा द्वारा ही संभव हो सकता है। उपक्रमशील शाखा द्वारा ही सामाजिक समरसता व समाज परिवर्तन के विभिन्न प्रयोग सम्भव हैं। शाखा द्वारा समाज हित में किये गये सभी कार्यों को "उपक्रम" कहते हैं। जैसे- पौधारोपण, स्वच्छता, शिक्षा व संस्कारों के विभिन्न प्रयोग। शिक्षा/संस्कार, समरसता, सुरक्षा व सामाजिक न्याय, स्वावलम्बन, स्वास्थ्य, स्वाभिमान जागरण। उपक्रमशील शाखा से परिवर्तन की अपेक्षा की जाती है। शाखा हिन्दू समाज का शक्ति केंद्र बने।

शाखा के कारण समाज में अभिष्ट परिवर्तन दिखाई दे। यही उपक्रमशील शाखा का उद्देश्य है। स्वयंसेवकत्व शाखा तक सीमित नहीं रहता, स्वयंसेवक परिवार, गाँव, मौहल्ले, व्यापारिक तथा सेवा आदि क्षेत्रों में आपस में जोड़ने वाले स्वभाव व श्रेष्ठ व्यवहार को अपने आचरण में उतार कर दिखाते हैं और इस स्वभाव के कारण परिवर्तन भी होते हैं। हिन्दू समाज में आत्मविश्वास व आत्मीय भाव का प्रकटीकरण होता है। शराब, जुआ आदि दुर्व्यसनों से मुक्ति, दहेज, कन्या भ्रूण हत्या आदि कुरीतियों की समाप्ति स्वतः ही हो जाती है। अस्पृश्यता तथा जातिभेद आदि सामाजिक भेदभाव समाप्त हो जाते हैं, ग्राम के संसाधनों में स्वास्थ्य, शिक्षा, संस्कार, स्वावलम्बन की योग्य व्यवस्था की जाती है तथा मेलों, उत्सवों आदि की समुचित व्यवस्था की जाती है। मठ, मन्दिर, पानी के स्रोत, श्मशान भ्रूमि आदि का उपयोग बिना किसी भेदभाव के होना आदि। समाज हित के कार्यों में सभी प्रकार का सहयोग व समाज विरोधी गतिविधियों के विरोध में एकजुटता। अपनी उपस्थिति के कारण सार्वजनिक संस्थाओं का संचालन योग्य प्रकार से हो व समाज हित के कार्यों में उनका उपयोग हो। स्वयंसेवक घर से शाखा और शाखा से घर तक ही सीमित ना रहे। अपने शाखा क्षेत्र की समस्याओं व अभावों आदि को समझकर आवश्यक उपक्रम प्रारम्भ करना। बड़े-बड़े उपक्रमों में आर्थिक सहयोग भी आवश्यक होता है। राजनीतिक गुटबाजी में प्रकल्प न फंसे इसका भी ध्यान रखा जाता है।

मंडलीः-

स्वयंसेवक अथवा कार्यकर्ता विहीन नये स्थानों पर मंडली करना आवश्यक है। यह स्थान नये, समर्पित अथवा पूर्व शाखा स्थान भी हो सकते हैं। महीने में कम से कम एक बार, निश्चित दिन, निश्चित समय और निश्चित स्थान पर एकत्रीकरण होता है। इसमें संघ मण्डली का प्रमुख का दायित्व भी निर्मित किया जाता है। संघ मंडली में ध्वज व प्रार्थना आवश्यक नहीं है। संघ मंडली में शारीरिक, बौद्धिक अथवा हिंदुत्व जागरण के कोई भी कार्यक्रम हो सकते हैं। संघ मंडली में आने वाले बन्धुओं की आयु, स्वास्थ्य, स्वभाव, मौसम एवं संघ स्थान के अनुरूप कार्यक्रम किये जाते है और कुछ समय बाद मण्डली को मिलन में परिवर्तित किया जाता है।

मिलनः-

मण्डली व शाखा के स्थान पर साप्ताहिक मिलन प्रारम्भ किया गया है। साप्ताहिक मिलन का दिन, स्थान, समय व मिलन प्रमुख निश्चित होता है। निकटस्थ शाखा से साप्ताहिक मिलन का "मिलन पालक" निश्चित होता है तथा इसमें प्रार्थना अनिवार्य होती है, लेकिन ध्वज अनिवार्य नहीं होता है। मिलन को धीरे-धीरे शाखा में परिवर्तित करने का प्रयास रहता है। मिलन, मण्डली प्रमुखों तथा पालकों का नियमित प्रशिक्षण होता है एवं आयु, स्वास्थ्य, स्तर आदि देखकर योग्य बौद्धिक व शारीरिक कार्यक्रमों का आयोजन भी इसमें आवश्यक है।

शाखा पालक से अपेक्षाये-

स्वयंसेवकों संस्कारित करना, शाखा कार्यकर्ताओं को निरंतर शाखा चलाने में सहायता करना, प्रतिदिन उपस्थित रहना, शाखा अपेक्षा के अनुरूप चलती रहे, ऐसा प्रयास करना, विद्यार्थी स्वयंसेवक छोटे होते हैं, समव्यस्क होते हैं, इसलिए उनमें आपसी विवाद न हो, इसके लिए आपसी स्नेह का वातावरण बनाये रखना, स्वयंसेवकों को कहानियाँ सुनाना, उनके लिए 'झोला पुस्तकालय' जैसे उपक्रम चलाना, शाखा कार्य में व्यवधान डालने वालों को संपर्क व संवाद के माध्यम से अनुकूल बनाना, स्वयंसेवकों के अभिभावकों (माता, पिता, भाई, बहन, दादा, दादी आदि) से मिलकर उन्हें भी संघानुकूल बनाना, स्वास्थ्य आदि के बारे में मार्गदर्शन तथा सहयोग करना, जीवन संघानुकूल बनाने हेतु व्यक्तिगत, औपचारिक-अनौपचारिक वार्ता करना, कभी-कभी समूह में भी वार्ता करना। पालक स्वयं शाखा का संचालन नहीं करते इसके लिए नये स्वयंसेवकों से संचालन करवाया जाता है। नये-नये लोगों से संपर्क करने की प्रेरणा देना, शाखा के नये छोटे कार्यकर्ताओं को साथ लेकर स्वयं नये-नये लोगों के घर जाना, सम्पर्क करना ताकि उन कार्यकर्ताओं को भी सम्पर्क व संवाद आदि का प्रशिक्षण हो।

शाखा की कार्य योजनाः-

कार्य की योजना बनाने, कार्यकर्ताओं के ग्रुणात्मक विकास, वैचारिक स्पष्टता, सिद्धता, प्रखरता एवं दृढ़ता निर्माण करने तथा सामूहिक निर्णय

हेतु, निश्चित व निर्धारित समय-समय पर विभिन्न स्तरों पर बैठकें होती है। विचारधारा की स्पष्ट कल्पना देने के लिए, कार्यकर्ताओं की सक्रियता एवं गुणवत्ता बढ़ाने के लिए, शाखा की उपस्थिति एवं कार्यक्रमों पर विचार-विमर्श हेतु, कार्यक्रमों को सुसंचालित करने व कार्यकर्ताओं के मानसिक सिद्धता हेतु व योजनापक्ष पर विचार करने हेतु इन बैठकों का आयोजन किया जाता है। संघ की बैठकें योजनात्मक, ग्रुणात्मक, नियमित, साप्ताहिक, पाक्षिक, मासिक, त्रैमासिक, वार्षिक व कार्यकताओं के स्तर के अनुसार होती हैं। किसी विशेष कार्यक्रम की तैयारी व उत्सव के लिए, बाद में मूल्यांकन व समीक्षा हेतु भी बैठकें आयोजित की जाती हैं। बैठक का उद्देश्य निश्चित करना, पर्याप्त समय पूर्व अपेक्षित कार्यकर्ताओं की सूची, स्थान, समय, दिन व दिनांक निश्चित करना तथा सूचना देने के लिए सूची का विभाजन करना आदि की पूर्व तैयारी बैठकों में की जाती है।

दैनिक कार्यः-

शाखा में प्रतिदिन होने वाले कार्यक्रमों को दैनिक कार्यक्रमों की श्रेणी में रखा जाता है। जैसे- खेल, सूर्य नमस्कार, दण्ड-प्रहार, समता, व्यायाम-योग, नियुद्ध आदि शरीरिक कार्यक्रम इत्यादि। गण-गीत, सुभाषित, अमृत वचन, चर्चा व बौद्धिक वर्ग आदि बौद्धिक कार्यक्रमों की श्रेणी में रखा जाता है। समता से अनुशासन, सूर्य नमस्कार से आरोग्य, दण्ड व नियुद्ध से शौर्य (वीरता) तथा आत्मरक्षा का भाव, खेलों से व्यक्तित्व निर्माण, गणगीत से देशभक्ति, अमृत वचन से विचार संस्कार आदि विभिन्न प्रकार के संस्कार स्वयंसेवकों में धीरे-धीरे विकसित होते हैं व उनमें सद्गुणों का विकास होता है। शाखा का उद्देश्य राष्ट्रकार्यों को समर्पित एक श्रेष्ठ स्वयंसेवक (कार्यकर्ता) का निर्माण करना है। संघ के सभी कार्यक्रम मनोवैज्ञानिक दृष्टि से निर्धारित किये गये हैं।

विशेष कार्यः-

जो कार्यक्रम किसी निमित्त अथवा गुण विशेष के विकास के उद्देश्य के साथ-साथ शाखा को पृष्ठ करने के लिए आयोजित किये जाते हैं, उनको नैमित्तिक कार्यक्रम या विशेष कार्यक्रमों की श्रेणी में रखा जाता है।

जैसे वन विहार, चंदन (जलपान), साईकिल ट्रिप, सहभोज, देवालय दर्शन, वार्षिकोत्सव, नैपुण्य वर्ग, साहसिक यात्रा, शिविर, पथ-संचलन, विभिन्न स्तरों व श्रेणियों की बैठकें/बौद्धिक वर्ग, प्रश्न मंच विचार/प्रतिभा प्रकठटीकरण, महापुरूषों की जयंतियाँ व पुण्य तिथियाँ, विशाल एकत्रीकरण, विभिन्न प्रकार की शारीरिक बौद्धिक प्रतियोगिताएँ इत्यादि प्रकार के प्रत्येक कार्यक्रम से विशिष्ट गुणों का विकास होता है।

'शाखा' सभी कार्यों का आधार है, क्योंकि प्रत्येक कार्य के लिए आवश्यक योग्य, समर्पित व ध्येयनिष्ठ कार्यकर्ताओं का निर्माण इस पद्धति से किया जाता है। दैनिक मिलन की इस कार्य पद्धति का विकास संघ के द्वारा किया गया है। व्यक्ति के विकास व उसके स्वाभाविक दोषों को दूर करने के लिए निरन्तर संस्कार, अभ्यास, ध्येय के अनुरूप सत्संग हेतु एक घंटे संस्कार की योजना बनाई गई है। ये संस्कार नित्य तथा निरन्तर मिलते रहने चाहिए। इसके लिए शाखा में दैनिक उपस्थिति अपेक्षित रहती है।

शाखा के दैनिक कार्यक्रमों से उत्साह, पराक्रम, निर्भयता, अनुशासन, सूत्रबद्धता, विजयवृत्ति, अखण्ड रूप से कार्य करने का अभ्यास, नियमितता, परस्पर सहयोग, आत्मविश्वास, सामाजिकता व राष्ट्रीय भाव आदि गुणों का विकास निरन्तर होता रहता है। संघ स्थान के बाहर दैनिक शाखा कार्यों में व्यक्तिगत सम्पर्क द्वारा स्वयंसेवकों की ध्येयवादिता व चिंतन-मनन बढ़ाना एवं उनका क्रमिक विकास करना, पुराने स्वयंसेवकों को पुनः सक्रिय करना, संघ का प्रसार तथा समर्थन बढ़ाना, नये व्यक्तियों को स्वयंसेवक बनाना आदि होते हैं। संस्कारों के लिए योग्य वातावरण का निर्माण संघ स्थान पर किया जाता है। संघ की शाखा में स्वयंसेवकों द्वारा वातावरण का निर्माण किया जाता है। "संघ कुछ नहीं करेगा, स्वयंसेवक कुछ भी नहीं छोड़ेगा अर्थात् सब कुछ करेगा।" पेड़ की जड़ सींचने से पूरे पेड़ का विकास होता है। अतः संघ शाखा के द्वारा पेड़ की जड़ अर्थात् स्वयंसेवक को पूर्ण संस्कारित करने का कार्य किया जाता है, जिससे राष्ट्र की उन्नति को पूर्णता मिल सके।

कार्य पद्धतिः-

दैनिक शाखा संघ की कार्यपद्धति की विशेषता है। शाखा खुचारू रूप

से चलती रहे तथा कार्यकर्ताओं का निर्माण भी योग्य प्रकार से होता रहे इसलिए कार्य पद्धति में निम्नलिखित सोपानो का समावेश किया गया है।

कार्य पद्धति के सोपानः-

बैठक- बैठक के अंतर्गत योजना बनाने व समीक्षा करने, ग्रुणात्मक विकास व वैचारिक स्पष्टता निर्माण करने तथा सामूहिक निर्णय लेने हेतु योजनात्मक-ग्रुणात्मक, नियमित-नैमित्तिक व निश्चित अंतराल पर भौगोलिक एवं दायित्वानुसार बैठकें सम्पादित की जाती हैं।

एकत्रीकरण- इसके अंतर्गत समय-समय पर एक या एक से अधिक शाखाओं के स्वयंसेवकों को एकत्र कर विभिन्न शारीरिक तथा बौद्धिक कार्यक्रमों का आयोजन किया जाता है। इसमें नये-नये व्यक्तियों को आमंत्रित किया जाता है। समय-समय पर एक शाखा के नये-पुराने स्वयंसेवकों का एकत्रीकरण होता है, जिससे विभिन्न प्रकार के कार्यक्रमों पर चर्चा की जा सके।

सम्मेलन- सम्मेलन द्वारा कार्यकर्ताओं में उत्साह एवं उमंग का वातावरण निर्माण करने की दृष्टि से कुछ अधिक समय के लिए किया गया एक प्रकार का एकत्रीकरण होता है, जिसमें छोटे-छोटे कार्यक्रम किए जाते हैं।

शिविर- एक से अधिक दिन के लिए स्वयंसेवकों के "सामूहिक जीवन, नियम, व्यवस्था आदि के प्रशिक्षण हेतु विभिन्न स्तर के शिविरों का आयोजन किया जाता है।

बौद्धिक वर्ग- उत्सवों के अतिरिक्त, महिने में एक बार किसी निश्चित विषय पर, शाखा में अथवा निश्चित स्थान पर एकत्रीकरण में बौद्धिक वर्ग का कार्यक्रम सम्पन्न करवाया जाता है। विषय विवेचन एक ही कार्यकर्ता के माध्यम से होता है। बौद्धिक से पूर्व विषयानुरूप व्यक्तिगत गीत तथा अमृत वचन आवश्यक होते हैं जिससे बौद्धिक के लिए वातावरण का निर्माण हो सके।

चर्चा- चर्चा में कम संख्या के गट (टोली) में आपसी वार्तालाप व प्रश्न-उत्तर द्वारा विषयों की गहराई तक पहुँचकर उन्हें स्पष्ट किया जाता है। इसमें जिज्ञासाओं का समाधान महत्त्वपूर्ण है। प्रत्येक स्वयंसेवक में स्वयं

चिंतन की प्रेरणा जाग्रत करने के लिए चर्चा की जाती है। लम्बे समय तक कार्य करते-करते मन में अनेक प्रकार के प्रश्न, शंकाएं व जिज्ञासायें आने लगती हैं जिनके कारण सक्रियता प्रभावित होने लगती है। इसके लिए समय-समय पर किसी वरिष्ठ, योग्य व सक्षम अधिकारी के आने पर शंका/जिज्ञासा समाधान हेतु कार्यक्रम व बैठक रखी जाती है।

संघमंडली- जहाँ शाखा आयोजित नहीं होती या दूरस्थ स्थानों पर महिने में एक दिन, निश्चित समय व स्थान पर एक घंटे का एकत्रीकरण होता है उसमें आयुवर्ग के अनुसार सामूहिक शारीरिक-बौद्धिक कार्यक्रम होते हैं तथा इनमें प्रार्थना तथा ध्वज की अनिवार्यता नहीं होती है।

साप्ताहिक मिलन- शाखा विहीन स्थानों अथवा संघ मंडली के स्थानों पर निश्चित दिन, निश्चित समय व स्थान पर साप्ताहिक एकत्रीकरण होता है और इसमें प्रार्थना जरूरी होती है।

दैनिक शाखा- प्रतिदिन, निश्चित समय एवं निश्चित स्थान, निर्धारित वेश में एक घंटे का एकत्रीकरण होता है। इस एकत्रीकरण में बौद्धिक-शारीरिक कार्यक्रम होते हैं, जिसमें ध्वज एवं प्रार्थना अनिवार्य होती है एक-एक कदम आगे बढ़ना अर्थात् आज की संघमंडली कल का साप्ताहिक मिलन परसों की शाखा बने इस भाव से निरन्तर शाखा के माध्यम से कार्य करते रहना लोक संपर्क, लोकसंग्रह, लोक संस्कार तथा लोक व्यवस्था वाली पद्धति से अपरिचित को परिचित, परिचित को मित्र, मित्र को स्वयंसेवक, स्वयंसेवक को कार्यकर्ता बनाना और राष्ट्रहित में कार्य करने के लिए प्रेरित करना ही शाखा का मूल कार्य है।

प्रशिक्षण वर्ग- समय-समय पर प्रशिक्षण हेतु विभिन्न प्रकार के प्रशिक्षण वर्गों यथा प्राथमिक, प्रथम, द्वितीय, तृतीय वर्ष के शिक्षा वर्ग एवं दण्ड युद्ध, योगासन, गीत, प्रार्थना आदि विषयों के प्रशिक्षण हेतु आयोजन किया जाता है, जिससे स्वयंसेवक के कार्य करने की क्षमता का विकास हो सके।

कार्य पद्धति की विशेषताएँ:-

संघ में लक्ष्य प्राप्ति के लिए पर्याप्त संख्या में क्षमतावान व्यक्तियों की आवश्यकता होती है। दैनिक एकत्रीकरण संघ की कार्यपद्धति की प्रमुख

विशेषता है। संघ के द्वारा व्यक्ति निर्माण के कार्य के निमित्त मूलभूत समस्याओं के समाधान के प्रयास हेतु सम्पूर्ण समाज को चरित्रवान व सभी प्रकार से शक्ति सम्पन्न व सक्षम बनाने की दिशा में कार्य किया जाता है। शाखा में गुण निर्माण करने के लिए विभिन्न प्रकार के शारीरिक एवं बौद्धिक कार्यक्रमों का आयोजन किया जाता है। व्यक्ति में संस्कारों के निर्माण के लिए दैनिक कार्य करने का आग्रह किया जाता है।

कार्यक्रमों द्वारा गुणों का विकासः-

संघ में नित्य व नैमित्तिक कार्यक्रम के माध्यम से पारस्परिक प्रेम, अनुशासन, लोक-संग्रही व्यक्तित्व, समर्पण का भाव, अधिकार नहीं कर्तव्यभाव आदि में निरन्तर वृद्धि, धन-पद-यश आदि की इच्छा-आकांक्षाओं से मुक्ति प्राप्त करना और अपना सर्वस्व राष्ट्र व समाज के लिए अर्पण करना जैसी क्षमताओं का विकास करना है। व्यक्तिनिष्ठा के स्थान पर तत्वनिष्ठा का आग्रह किया जाता है, व्यक्तिनिष्ठा नहीं ध्येयनिष्ठा की ओर अग्रसर किया जाता है।

विभिन्न कार्यक्रमों के द्वारा व्यवहार की शुद्धता पर बल दिया जाता है। संपर्क पद्धति के द्वारा कार्य को गति प्रदान की जाती है। व्यक्तिशः मिलकर एक-एक को ध्येयनिष्ठा की ओर जाने का मार्ग दिखाया जाता है। गुरु दक्षिणा पद्यति के माध्यम से श्रद्धा भाव सहित, पूर्ण समर्पण भाव से समाज के लिए धन (सर्वस्व) का समर्पण किया जाता है। परिवार की आकांक्षाओं और भावनाओं को पूर्णतः प्रकट करने वाली कल्पना पर बल दिया जाता है।

मार्गदर्शक व तत्वदृष्टा नेतृत्व करने का अभ्यास करवाया जाता है। संपूर्ण समाज व राष्ट्र के लिए एक परिवार की तरह जिम्मेदारी पूर्वक अपना कार्य करते रहने हेतु मार्गदर्शन किया जाता है। दीर्घकालीन व शुद्ध सात्विक प्रेम संघ कार्य का आधार है। दीर्घकालिक होते हुए भी सफलता का एकमात्र सबसे छोटा, सरल व योग्य मार्ग यही है। दीप से दीप जलाना, अनौपचारिक मिलना, आत्मीय सम्बन्ध। केवल उपदेश नहीं स्वयं करके दिखाना जैसी पद्धति से सम्पूर्ण कार्यों का सम्पादन किया जाता है।

बैठकों की व्यवस्था:-

बैठक का स्थान, व्यवस्थितता, स्वच्छता, बिछावन, प्रकाश, डॉक्टर हेडगेवार एवं गुरूजी के चित्र, माला, धूपबत्ती, गणगीत, अधिकारी का स्थान आदि व्यवस्थाएँ पहले ही कर ली जाती हैं तथा जो अपेक्षित व्यक्ति हों उन सभी को उपस्थित रहने का आग्रह किया जाता है। अधिक संख्या वाली बैठक कम समय की तथा कम संख्या वाली बैठक अधिक समय की होती है। बैठक के विषयों का पूर्व व पूर्ण चिन्तन किया जाता है।

कार्यक्रम व्यवस्था:-

अन्य अनेक गुणों के समान व्यवस्था कौशल्य भी कुछ लोगों में तो जन्म से व शेष लोगों के लिए प्रयत्न और अनुभव से साध्य हो जाता है। भिन्न-भिन्न व्यवस्थाओं का दायित्व अपने ऊपर लेना, कुशल व्यवस्थापकों के साथ कार्य करना और प्रत्येक अच्छी व्यवस्था का सूक्ष्मता से निरीक्षण करना ही इस कौशल्य के अर्जन का उत्तम उपाय माना जाता है। कुछ बातें ऐसी है जिनका उपयोग प्रत्येक व्यवस्था में होता है और इसीलिए उनकी जानकारी स्वयंसेवक बंधुओं के लिए अच्छी व्यवस्था करने की दिशा में महत्त्वपूर्ण होती है। इसमें पूर्ण व परिपूर्ण विचार के द्वारा कार्यक्रम स्थल तक पहुंचाने की व्यवस्था, निवास, स्वच्छता, शौच, स्नानादिकी व्यवस्था, जल एवं प्रकाश की व्यवस्था, भोजन में चाय-अल्पाहार की व्यवस्था, बैठक की व्यवस्था, बैठक के लिए आने वाले अधिकारियों की व्यवस्था, स्वयंसेवकों की वापसी की व्यवस्था, हिसाब-किताब आदि की व्यवस्था आदि सम्मिलित है। संबंधित व्यवस्थाओं में कितने स्वयंसेवकों की आवश्यकता होगी यह भी निश्चित करना दायित्व वाले दो-तीन प्रमुख स्वयंसेवक ठोली के साथ बैठकर उपर्युक्त प्रत्येक कार्य के संदर्भ में सूक्ष्मता से विचार करते हैं।

कार्य विभाजन पद्धत्ति के अंतर्गत भिन्न-भिन्न कार्यों का दायित्व योग्य स्वयंसेवकों को सौंपा जाता है और उन्हें अपने-अपने कार्य का विस्तृत विवरण तैयार करने के लिए कहा जाता है। इससे स्वयंसेवकों को स्वयं चिंतन करने का अभ्यास होता है। इसमें कार्यक्रम का बजट भी तैयार किया जाता है, समय सारणी बनाई जाती है और यह सुनिश्चित किया जाता है कि

कौन सा कार्य कब से कब तक किया जाएगा। यह बात स्वयंसेवकों के साथ बैठकर ही निश्चित की जाती है।

संघ में सामूहिक विचार-विमर्श करना आवश्यक होता है। इसके माध्यम से समय-समय पर बैठक आयोजित कर कार्य की प्रगति का मूल्यांकन किया जाता है। कार्यक्रम की समाप्ति पर संबंधित संस्थाओं व व्यक्तियों को जिन्होंने कार्यक्रम के लिए सहायता प्रदान की है उनको धन्यवाद ज्ञापन की पद्धति से संबंधों को मधुर बनाए रखने में सहायता मिलती है। कार्यक्रम के पश्चात सभी व्यवस्थाओं की समीक्षा भी की जाती है।

कार्यक्रमों के प्रकार:-

बैठक

एकत्रीकरण

सम्मेलन

शिविर

वर्ग

ठहरने की व्यवस्था:-

किसी कक्ष, शामियाने या पटकुटी में कितने स्वयंसेवक निवास कर सकते हैं इसका अनुमान लगाते समय प्रत्येक स्वयंसेवक के लिए कितना मीटर चौड़ा और कितना मीटर लंबा स्थान लगेगा इसका ध्यान रखकर योजना बनाई जाती है। इस व्यवस्था में 75 से.मी. का गलियारा भी होता है, जिससे स्वयंसेवकों को अन्य स्वयंसेवकों के बिस्तर के ऊपर से न आना-जाना पड़े। अकस्मात् 20 प्रतिशत तक संख्या वृद्धि को यह व्यवस्था सहन कर सकती है।

बीस तक की संख्या के लिए तीन और इसके पश्चात् प्रत्येक दस स्वयंसेवकों के लिए एक शौचालय होता है इससे एक घंटे की अवधि में सब लोग शौच से निवृत्त हो सकते है। स्नान के समय 20 स्वयंसेवकों के लिए (1/2 इन्च) जल के एक टोंटी के अनुपात में नल लगाये जाते हैं

इससे 45 घंटे में सब का स्नान संभव हो जाता है। शौच व पीने के लिए स्वयंसेवकों के लिए साठ लीटर के अनुमान से जल संग्रह किया जाता है।

बैठक की व्यवस्थाः-

संघ में जमीन पर प्रत्येक स्वयंसेवक के लिए 0.45 वर्ग मीटर स्थान निश्चित होता है, साथ ही उसके आस-पास कुछ जगह छोड़ने की व्यवस्था भी रखी जाती है। कुर्सियों की दो पंक्तियों के बीच में आने-जाने के लिए जगह की व्यवस्था सम्मिलित करके 0.95 वर्ग मीटर प्रति कुर्सी के हिसाब से जगह रखी जाती है।

यदि भोजन करने के लिए पंक्ति में बैठना हो तो 0.9 वर्ग मीटर प्रति स्वयंसेवक के अनुसार कक्ष की व्यवस्था की जाती है। एक गाला जिसमें आमने-सामने भोजन की दो पंक्तियाँ बनती है। एक गाले में कुल 40 स्वयंसेवक रह सकते हैं।

मंच व्यवस्थाः-

कुर्सी या मंच की व्यवस्था करते समय इस उद्देश्य का ध्यान रखा जाता है कि प्रत्येक स्वयंसेवक वक्ता को और वक्ता प्रत्येक स्वयंसेवक को देख सके। छोटी बैठकों में जहाँ कार्यकर्ता अर्द्ध-मंडलाकार या चतुर्भुज की तीन भुजाओं पर बैठे हो वहाँ जमीन पर केवल गद्दे बिछाये जाते है। यदि स्वयंसेवकों का विस्तार 50 मीटर तक हो तो 180 से.मी. से ऊँचा मंच होता है, यदि बैठक का कक्ष आयताकार हो तो मंच की व्यवस्था लम्बाई के मध्य भाग में प्रवेश द्वार के विपरीत दिशा में होता है। शारीरिक प्रदर्शनों के समय बनाए जाने वाले मंचों की ऊँचाई का अनुपात ऊपर दिए अनुसार ही होता है।

ध्वजस्तम्भः-

ध्वजस्तम्भ की ऊँचाई मंच की ऊँचाई से पाँच गुणा रखी जाती है। ध्वज का आकार ध्वज स्तंभ की लंबाई के अनुपात में ही होता है। 2.50 मीटर लम्बे ध्वज स्तम्भ में साधारणतया 75 से.मी. लम्बाई का ध्वज होता है। प्रत्येक मीटर ऊँचाई बढ़ने पर ध्वज की लंबाई 6 से.मी. बढ़ाई

जाती है। 7.50 मीटर स्तम्भ पर 405 से.मी. लम्बा ध्वज लगाया जाता है। सामान्यत: दो ही आकार के ध्वज रखने की परम्परा होती है एक नित्य शाखा के लिए 75 से.मी. लम्बा और दूसरा बड़े कार्यक्रमों के लिए लगभग 115 से.मी. लम्बा ध्वज रखा जाता है।

ध्वनि विस्तारक:-

बौद्धिक के समय 100-150 तक संख्या के लिए भी ध्वनि विस्तारक आवश्यक नहीं होता है। यदि ऐसे अधिकारियों का कार्यक्रम हो जिन्हें अपने प्रवास में नित्य बोलना पड़ता है तो उनके लिए ध्वनि विस्तारक की व्यवस्था की जाती है। जिससे उन्हें ऊँची आवाज में न बोलना पड़े। आसपास में शोर कितना है, इसका भी विचार किया जाता है व कक्ष में यदि आवाज गूँजती है तो उसको कम करने के लिए दीवारों पर सलवटदार पर्दे लगा दिए जाते हैं। ध्वनि प्रहारक (माइक्रोफोन) मंच के वक्ताओं के लिए अलग-अलग लगाये जाते हैं। जनरेटर का उपयोग करने पर उसे मंच से इतनी दूर रखा जाता है, जिससे उसकी आवाज से वक्ताओं व श्रोताओं को व्यवधान न हो।

प्रकाश व्यवस्था:-

कार्यक्रम स्थल के किनारों पर लगे स्तंभों पर बल्ब लगाकर प्रदर्शन क्षेत्र को प्रकाशित किया जाता है। मंच पर ट्यूब लाइट और बल्ब लगाने से यदि कीड़ों आदि के आने की संभावना हो तो मंच पर दूर से फ्लड लाइट द्वारा प्रकाश डालने की व्यवस्था की जाती है।

संघ स्थान का रेखांकन:-

संघ में लगातार कार्यक्रम इस प्रकार होते हैं कि कार्यक्रम का प्रदर्शन क्षेत्र कभी भी रिक्त नहीं रहता है। कागज के ऊपर संघस्थान का प्रमाणिक मानचित्र बनाकर उस पर गणों और वाहिनियों को आगे पीछे, आजे-जाने, आक्रमण करने आदि के लिए रेखांकन किया जाता है। जिन्होंने अंतिम अभ्यास में शिक्षक का काम किया हो उन्हीं को कार्यक्रम में शिक्षक रखा जाता है। कार्यक्रम का मुख्य शिक्षक ऐसे स्थान पर खड़ा होता है, जहाँ से

वह संपूर्ण संघ-स्थान का सम्यक् निरीक्षण कर सके और मुख्यअतिथि, अध्यक्ष आदि के आगमन को भी देख सके। स्वयंसेवकों अधिक हो तो मुख्यशिक्षक के लिए भी दो से पाँच फीट ऊंचा मंच बनाया जाता है, जिससे अंतिम स्वयंसेवक तक उसकी दृष्टि जा सके।

पथ संचलनः-

पथ-संचलन आरम्भ होने से पूर्व मैदान में पूर्वाभ्यास की दृष्टि से एक बार पूरा चक्कर लगवाया जाता है। मार्गों पर भ्रमण करते समय सबका झुंड बनने की प्रवृत्ति पर नियंत्रण रखा जाता है। मार्ण निर्धारण, चौराहों पर यातायात नियंत्रण आदि के लिए अग्रिम पथकों का निर्धारण किया जाता है। प्रत्येक तीन सौ स्वयंसेवकों के लिए कम से कम 25-30 स्वयंसेवकों का एक 'घोषपथक' रहता है। घोष का स्थान ऐसी जगह होता है जहाँ से दो तिहाई संख्या आगे और एक तिहाई संख्या पीछे हो।

बड़े-बड़े कार्यक्रमों में स्वयंसेवकों को उनके निवास के विस्तार के कारण एक स्थान से दूसरे स्थान तक आने-जाने में अधिक समय लगता है अतः इस पर भी संघ अलग से विचार करता है। शिविर में शौचालय तक जाने और वापस आने में आधे घंटे का अतिरिक्त समय लग सकता है। यही बात स्नान के संबंध में भी हो सकती है। संख्या अधिक बढ़ने पर स्वयंसेवकों के नियंत्रण के लिए ऊपर से नीचे तक सुसम्बद्ध और विकेंद्रीकृत व्यवस्था निर्माण की जाती है। 2000 के शिविर को 500-500 के चार नगरों में विभाजित कर प्रत्येक नगर की स्वतंत्र व्यवस्था करने से नियंत्रण अधिक योग्य प्रकार से हो सकता है। प्रत्येक नगर में जल, चिकित्सा, भोजन, भंडार, कार्यालय, ध्वनि विस्तारक, रक्षक आदि स्वतंत्र व्यवस्थाएँ होती है। सभी नगरों का सम्मिलित कार्यक्रम एक या दो बार ही रखना पर्याप्त रहता है।

भिन्न-भिन्न नगरों में आपस में सम्पर्क के लिए आन्तरिक दूरभाष की व्यवस्था रखने से समय और श्रम की बहुत बचत होती है। व्यवस्था में लगे स्वयंसेवक मोबाइल फोन का उपयोग भी कर सकते हैं। दो/तीन हजार के एकत्रीकरण में 400-400 या 500-500 संख्या के अलग-अलग खण्ड

बनाकर प्रत्येक खण्ड में स्वयंसेवकों के खड़े होने का स्थान व उसका प्रमुख निश्चित किया जाता है। सूचनाएँ देने, संख्या लेने आदि के सारे काम उन्हीं के माध्यम से करवाये जाते हैं। अधिकारियों के आने व संघस्थान की स्वच्छता, रेखांकन आदि की विशेष व्यवस्था की जाती है। स्वयंसेवकों का प्रवेश द्वार या सड़क की ओर नहीं होता व प्रवेश ध्वज की ओर से नहीं होता। बैठते समय सूर्य की किरणें अधिकारी या स्वयंसेवकों के चेहरों पर न पड़े, ऐसी व्यवस्था करने का प्रयास किया जाता है।

वर्गों में उपस्थित सभी स्वयंसेवकों को समस्त व्यवस्थाओं का दर्शन करवाया जाता है, प्रत्यक्ष परिचय का एक कार्यक्रम भी रखा जाता है जो कि प्रशिक्षण की दृष्टि से बहुत उपयोगी सिद्ध होता है। कार्यक्रमों में भाग लेने वाले स्वयंसेवकों की मानसिकता तथा दृष्टि वहाँ पर की गई विभिन्न व्यवस्थाओं का अवलोकन करने की होती है, क्योंकि स्वयं निरीक्षण से प्राप्त की गई शिक्षा निःसंदेह उपयोगी सिद्ध होती है।

व्यवस्था का स्वरूपः-

संघ वर्तमान में विश्व का सबसे बड़ा स्वयंसेवी संगठन है। संघ का वर्तमान स्वरूप अर्थात शून्य से विराट स्वरूप तक पहुँचने का एकमात्र कारण संगठन का स्वरूप ही है। इस व्यवस्था का स्वरूप अत्यंत पारिवारिक है।

परिवार प्रायः परम्परा, कर्त्तव्यपालन, त्याग, सभी के कल्याण-विकास की कामना व सामूहिक पहचान के आधार पर चलता है। परिवार के हित में अपने हित का सहज त्याग तथा परिवार के लिए अधिकाधिक देने का स्वभाव व परस्पर आत्मीयता ही परिवार का आधार है। हम सब भारत माता की संतानें हैं। इसलिये आपस में भाई-बहन व भाई-भाई है। परिवार के समान हमारे पूर्वज, संस्कृति, जीवन आदर्श व परंपरा आदि एक है। परिवार में पद अथवा अधिकार का नहीं बल्कि दायित्व का महत्व होता है। परिवार में प्रतिस्पर्द्धा नहीं अपितु आपस में पूरक बनने की परम्परा है। परिवार में सभी का सुख-दुख, मान-अपमान एक समान होता है। गलती होने पर परिवार से निष्कासन नहीं होता है। परिवार में समर्पण तथा आत्मीयता का अधिक महत्व होता है। परिवार का कार्य मेरा अपना कार्य है यह मानकर

परिवार के सभी जन स्वयं प्रेरणा व कर्तव्य भाव से परिवार के लिए कार्य करते हैं तथा परिवार के लिए धन, समय जो भी आवश्यक हो, देते हैं। हमारी पारिवारिक कल्पना में मुखिया अपने परिवार के हित को ही सर्वोपरि मानता है तथा परिवार के अन्य सभी व्यक्तियों की भी यही मानसिकता होती है। सबसे अधिक कार्य करने वाला प्रमुख अहंकारी नहीं होता है। ऐसा नेतृत्व सर्वकल्याणकारी होता है। संघ कार्य सामूहिक नेतृत्व से चलता है। परिवार में परस्पर श्रद्धा, स्नेह, अपनत्व व कर्तव्य भाव की प्रधानता, संकोच व भय रहित अर्थात् खुलेपन का वातावरण होता है। केवल स्वयं के आदर्श, अनुभव का त्याग, निरहंकारीता व कर्तव्यशीलता के कारण ही व्यक्ति परिवार का प्रमुख बनता है। संगठन में एकसूत्रता, एक दूसरे के सदगुण विकास को प्रोत्साहन व राष्ट्रकार्य में उनके सहयोग की मानसिकता होती है।

संघ कार्य सकारात्मक (भावात्मक) होता है। संघकार्य पराधीनता के कालखंड में प्रारम्भ हुआ। संघकार्य की स्थापना स्वाधीनता प्राप्ति के साथ-साथ हिन्दू समाज के सामाजिक दोषों को दूर कर आवश्यक राष्ट्रीय गुणों से युक्त तथा दोष मुक्त हिन्दू समाज निर्माण करने के लिए हुई। हिन्दू राष्ट्र को ईश्वर प्रदत्त वैश्विक भूमिका निभाने के लिए सक्षम बनाना ही संघकार्य है, न कि मुस्लिम, ईसाई अथवा किसी अन्य अहिन्दू समाज का विरोध करना। संकल्प लेकर जीवनभर सतत रूप से राष्ट्र कार्य करने की प्रेरणा सकारात्मक भावों से ही मिल सकती है। "सर्वेषाम् अविरोधेन" अर्थात् किसी से हमारा विरोध नहीं। ऐसा संघकार्य है। भारत की संस्कृति के आधार पर संपूर्ण समाज को जोड़ना सकारात्मक कार्य है।

प्राकृतिक अथवा मानवीय आपदाओं के समय बिना किसी भेदभाव के सहायता व सेवाकार्य करने के उदाहरण प्रस्तुत किए गए है। वर्तमान में संघ के स्वयंसेवकों के द्वारा देश के कोने-कोने में चल रहे लगभग दो लाख सेवाकार्य इसके प्रमाण हैं।

2. संघ प्रवेश

जैसे शाखा की कार्य-पद्धति सरल है, वैसे ही स्वयंसेवक बनना भी बहुत सरल है। संघ में प्रवेश के लिए सदस्यता की कोई जटिल प्रक्रिया

नहीं है। यदि आप भारत को अपनी मातृभूमि और पुण्यभूमि मानते हैं तथा भारतीय संस्कृति में आस्था रखते हैं तो शाखा के समय निःसंकोच संघ-स्थान पर (जहां शाखा लगती है) चले जाइये और वहां के अनुशासन एवं निर्देशों का पालन करते हुए शाखा के कार्यक्रमों में भाग लीजिये।" इसमें कोई बाधा नहीं है। फिर भी जिन्हें कोई शंका हो, वे वहां विद्यमान् वरिष्ठ कार्यकर्ताओं से इस सम्बन्ध में पूछ सकते हैं अथवा कुछ दिन कुछ दूर से शान्तिपूर्वक वहां की गतिविधियों का अवलोकन कर सकते हैं और जब सन्तुष्ट हो जायें तब आगे बढ़कर स्वयं भी भाग ले सकते हैं।

3. संघ की रचनात्मक व्यवस्था

राष्ट्रीय स्वयंसेवक संघ की संरचना निम्न प्रकार से प्रस्तुत की गई है जिसमें शाखा से लेकर केन्द्र तक की सम्पूर्ण रचना को स्पष्ट किया गया है।

संघ रचना-संवैधानिकः-

राष्ट्रीय स्वयंसेवक संघ के संविधान के अनुसार सरसंघचालक का स्थान 'मार्गदर्शक' के रूप में होता है और सर्वोच्च वह सर्वोच्च स्थान है।

क्रियान्वयन की दृष्टि से संघ के सर्वोच्च अधिकारी सरकार्यवाह हैं। उनका चुनाव अखिल भारतीय प्रतिनिधि सभा के प्रतिनिधि तीन वर्ष के लिए करते हैं। प्रत्येक तीन वर्ष के बाद पुनः चुनाव होता है। अखिल भारतीय प्रतिनिधियों का चुनाव प्रान्तीय प्रतिनिधि करते हैं। प्रान्तीय प्रतिनिधियों का चुनाव न्यूनतम 8 वर्ष या इससे ऊपर की आयु के प्रतिज्ञित एवं 6 वर्ष से सक्रिय स्वयंसेवक ही करते हैं। प्रान्तीय प्रतिनिधियों के द्वारा क्षेत्र तथा प्रान्त के संघचालकों का चुनाव होता है। प्रान्त संघचालकों के द्वारा विभाग, जिला तथा अन्य संघचालकों की नियुक्ति होती है। संघचालक प्रमुख कार्यकर्ताओं से परामर्श कर अपने-अपने क्षेत्र के अन्य पदाधिकारियों की नियुक्ति करते हैं। इस प्रकार राष्ट्रीय स्वंसेवक संघ की सम्पूर्ण संरचना स्पष्ट होती है।

संगठनात्मक रचना

दैनिक शाखाः-

दैनिक शाखा से अभिप्राय है, निश्चित समय व निश्चित स्थान पर प्रतिदिन एक घंटे का एक ऐसा एकत्रीकरण, जहाँ पर संघ की विचारधारा के अनुसार एक व्यक्ति को प्रतिदिन शारीरिक, बौद्धिक तथा मानसिक रूप से एक संस्कारी, देशभक्त तथा देश का एक जिम्मेदार नागरिक बनाने के लिए कार्य किया जाता है। दैनिक शाखा में संघ के दायित्ववान कार्यकर्ताओं के माध्यम से हर दिन प्रशिक्षण दिया जाता है। प्रारम्भ में सायं शाखा ही हुआ करती थी और उस समय संघ में अधिकतर विद्यार्थी स्वयंसेवक ही आते थे। बाद में जब विद्यार्थियों के व्यवसायी होने के कारण उनका सायं शाखा में जाना मुश्किल हो गया तब प्रभात शाखाएँ प्रारम्भ की गई। गाँवों में संघ कार्य का विस्तार हुआ तो किसान व मजदूरों में कार्य बढ़ने के कारण "रात्रि शाखाएँ" प्रारम्भ हुई। सामान्यतः प्रभात शाखाओं में प्रौढ़ तथा तरूण व्यवसायी तथा सायं शाखाओं में विद्यार्थी स्वयंसेवक आते हैं। निश्चित समय व स्थान पर हर रोज 60 मिनट का एकत्रीकरण होता है। स्वच्छ व रेखांकित संघस्थान, ध्वजमंडल स्थाई रूप से बना हुआ, सुन्दर व स्वच्छ होता है। संघस्थान पर वाहन व पदवेश आदि रखने की उचित व स्थायी व्यवस्था होती है। शाखा में सक्रिय कार्यकर्ताओं का एक समूह होता है, जिसमें ध्वज, प्रार्थना व गीत निश्चित होते हैं।

प्रातः (प्रौढ) शाखा में सेवा प्रमुख एवं सायं (विद्यार्थी) शाखा के लिए पालक अधिकारी की व्यवस्था अपेक्षित होती है। प्रातः काल की शाखा में टोली द्वारा स्वयंसेवकों से संपर्क के माध्यम से उन्हें शाखा में लाने की व्यवस्था की जाती है। शाखा टोली की साप्ताहिक बैठक होती है। प्रातः व रात्रि शाखा में न्यूनतम एक गण (15-20 स्वयंसेवक) की उपस्थिति होती है, सायं शाखा में न्यूनतम दो गण अपेक्षित होते हैं। शाखा के प्रारम्भ तथा अन्त की संख्या में अंतर न्यूनतम हो इसके लिए प्रयास रहता है। कार्यक्रम पूर्व निर्धारित, योजनाबद्ध, उत्साहवर्द्धक व आयु वर्ग के अनुरूप होता है। शारीरिक, बौद्धिक योजना का समावेश भी होता है। शाखा का वातावरण

पूर्ण अनुशासित होता है। क्षेत्र के कार्यकर्ताओं से संपर्क किया जाता है जिससे निरन्तर कार्यकर्ता उपलब्ध होते रहें तथा उनके द्वारा दूसरी शाखा भी प्रारम्भ होती रहे। स्वयंसेवकों में समय देने की सिद्धता भी निरन्तर बढ़ती जाए ऐसी अपेक्षा रहती है। अवकाशकाल में अल्पकालीन विस्तारक तथा पढ़ाई के बाद विस्तारक-प्रचारक जाने की श्रृंखला प्रारम्भ हो इसका भी प्रयास रहता है।

संघ की भौगोलिक रचना:-

संघ कार्य को सुसंचालित करने के लिए वर्तमान में संघ की भौगोलिक रचना निम्न प्रकार से है-

क्षेत्र रचना:- केन्द्र- नागपुर

1. दक्षिण क्षेत्र
2. दक्षिण मध्य क्षेत्र
3. पश्चिम क्षेत्र
4. मध्य क्षेत्र
5. उत्तर पश्चिम क्षेत्र
6. उत्तर क्षेत्र
7. पश्चिमी उत्तर प्रदेश क्षेत्र
8. पूर्वी उत्तर प्रदेश क्षेत्र
9. उत्तरु-पूर्व क्षेत्र
10. पूर्व क्षेत्र
11. असम क्षेत्र

क्षेत्र के अनुसार प्रान्त रचना:-

1.	दक्षिण क्षेत्र	केरल, दक्षिण तमिलनाडू, उत्तर तमिलनाडू
2.	दक्षिण मध्य क्षेत्र	कर्नाटक दक्षिण, कर्नाटक उत्तर, तेलंगाना, आन्ध्र
3.	पश्चिम क्षेत्र	कोकण, पश्चिम महाराष्ट्र, देवगिरी, गुजरात, विदर्भ

क्षेत्र	प्रान्त
4. मध्य क्षेत्र	मालवा, मध्यभारत, महाकौशल, छत्तीसगढ़
5. उत्तर पश्चिम क्षेत्र	चितौड़, जयपुर, जोधपुर
6. उत्तर क्षेत्र	दिल्ली, हरियाणा, पंजाब, जम्मू-कश्मीर, हिमाचल
7. पश्चिमी उत्तर प्रदेश क्षेत्र	उत्तरांचल, मेरठ, ब्रज
8. पूर्वी उत्तर प्रदेश क्षेत्र	कानपुर, अवध, काशी, गोरक्ष
9. उत्तर-पूर्व क्षेत्र	उत्तर बिहार, दक्षिण बिहार, झारखण्ड
10. पूर्व क्षेत्र	ओड़ीशा पूर्व, ओड़ीशा पश्चिम, दक्षिण बंगाल, उत्तर बंगाल
11. असम क्षेत्र	उत्तर असम, अरुणाचल, दक्षिण असम, मणिपुर, त्रिपुरा

विभागीय भौगोलिक रचनाः-

विभाग

जिला

तहसील

ग्रामीण भौगोलिक रचनाः-

खण्ड (विकास खण्ड)

मण्डल (लगभग पंचायत के बराबर)

ग्राम सभा

ग्राम

नगरी की भौगोलिक रचनाः-

नगर

बस्ती

मोहल्ला

कुछ प्रान्तों में विभाग से ऊपर सम्भाग की रचना भी होती है व कुछ प्रान्तों में तहसील रचना नहीं है। नगरों में मोहल्ला या उपबस्ती तथा ग्रामीण क्षेत्रों में गाँव सबसे छोटी इकाई है। नगरों में सामान्यत: 10,000 जनसंख्या पर एक बस्ती तथा ग्रामीण क्षेत्र में 10-12 गाँवों के समूह को पंचायत अथवा मण्डल कहा जाता है। 5-6 मंडलों को मिलाकर खण्ड तथा 2-3 खण्डों को मिलाकर तहसील का निर्माण किया जाता है। 3-4 तहसीलों को मिलाकर जिला तथा 3-4 जिलों को मिलाकर विभाग की रचना होती है।

महानगरों में नगरों की रचना होती है। एक नगर लगभग एक लाख जनसंख्या का होता है। कुछ महानगरों में 3-4 नगर मिलाकर भाग रचना भी होती है।

4. संघ की शाखा तथा पदाधिकारी

शाखा किसी मैदान या खुली जगह पर एक घंटे की लगती है, शाखा में खेल, सूर्य नमस्कार, समता (परेडो, गीत और प्रार्थना) होती है। सामान्यत: शाखा प्रतिदिन एक घंटे की ही लगती है। शाखा के निम्नलिखित भेद हैं:-

* सुबह लगने वाली शाखा को "प्रभात शाखा" कहते हैं,
* शाम को लगने वाली शाखा को "सायं शाखा" कहते हैं,
* रात्रि को लगने वाली शाखा को "रात्रि शाखा" कहते हैं,
* सप्ताह में एक या दो बार लगने वाली शाखा को "मिलन" कहते हैं।
* महीने में एक या दो बार लगने वाली शाखा को "संघ-मण्डली" कहते हैं।

पूरे भारत में अनुमानित रूप से 68,000 शाखा लगती हैं, विश्व के अन्य देशों में भी शाखाओं का कार्य चलता है, परंतु इसका नाम "भारतीय स्वयंसेवक संघ" तो कहीं "हिन्दू स्वयंसेवक संघ" है। शाखा में "कार्यवाह" का पद सबसे बड़ा होता है, उसके बाद शाखाओं का दैनिक कार्य सुचारू रूप से चलाने के लिए "मुख्य शिक्षक" का पद होता है। शाखा में बौद्धिक व शारीरिक क्रियाओं के साथ स्वयंसेवकों का पूर्ण विकास किया जाता है।

जो भी सदस्य शाखा में स्वयं की इच्छा से आता है, वह "स्वयंसेवक" कहलाता है।

संघ में संगठनात्मक रूप से सबसे ऊपर सरसंघचालक का स्थान होता है। जो पूरे संघ का दिशा-निर्देशन करते हैं। सरसंघचालक की नियुक्ति मनोनयन द्वारा होती है प्रत्येक सरसंघचालक अपने उत्तराधिकारी की घोषणा करता है। संघ के वर्तमान सरसंचालक श्री मोहन राव भागवत है। शाखा की सामान्य गतिविधियों में खेल, योगवंदना और भारत एवं विश्व के सांस्कृतिक पहलुओं पर बौद्धिक चर्चा - परिचर्चा शामिल है। सघ का तीव्र गति से विस्तार होने पर संगठन और अनुशासन की दक्षता तथा ध्येय-पथ पर अविचल प्रगति सुनिश्चित के लिए डा. केशवराव बलिराम हेडवेगार सरसंघचालक मान्य किये गये। उन सहित छह विभूतियों के कन्धों पर यह उत्तरदायित्व निभाने का भार अब तक आ चुका है। नागपुर के एक सुसंस्कृत वेदपाठी परिवार में 1889 में जन्मे केशवराव के मन में बाल्यावस्था से ही देश की स्वतन्त्रता की आकांक्षा इतनी तीव्र हो चुकी थी कि आठ वर्ष की आयु में उन्हें इंग्लैण्ड की महारानी के राज्यारोहण की हीरक जयन्ती पर दी गयी मिठाई उन्होंने कूड़े में फेंक दी।" तब से ही स्वातन्त्र्य-कामना को अनेक प्रकार से अभिव्यक्त करते हुए 46 वर्ष की आयु में वे प्रख्यात क्रान्तिकारी डा. पाण्डुरंग खानखोजे के दल "स्वदेश बान्धव" के सदस्य बने बाद में योजनापूर्वक डाक्टरी पढ़ने कलकत्ता गये तो वहां के प्रसिद्ध क्रान्तिकारी संगठन "अनुशीलन" के सदस्य बन गये। नागपुर लौटने पर 98 में क्रान्ति-प्रयास निष्फल हो जाने के बाद कांग्रेस के सक्रिय सदस्य बनकर आन्दोलन की राजनीति में उतरे। 1920 के नागपुर अधिवेशन में उन्होंने कांग्रेस का लक्ष्य "पूर्ण स्वराज्य" घोषित करने का सुझाव दिया जिसे मानने का साहस बड़े कांग्रेस-नेता उस समय नहीं कर सके 1921 में उन पर अंग्रेज सरकार ने राजद्रोह का अभियोग लगाया और एक वर्ष का कठोर कारावास दिया। देश की सारी परिस्थिति पर विचार करके 1925 में उन्होंने "स्वयंसेवक संघ" की स्थापना की और 1940 तक अपने जीवन का एक-एक क्षण संगठन-कार्य में लगा दिया। दिवंगत होने से पूर्व सरसंघचालक का दायित्व अपने सहयोगियों से विचार-विमर्श करके वे

श्री माधवराव सदाशिवराव गोलवलकर को सौंप गये। 1906 में एक माध्यमिक शिक्षा के घर जन्मे माधवराव मेधावी किन्तु विरागी स्वभाव के आध्यात्मिक व्यक्ति थे। काशी हिन्दू विश्वविद्यालय में प्राणिविज्ञान के प्राध्यापक रहते हुए वे छात्रों में "गुरुजी" नाम से लोकप्रिय हुए। विधि-शिक्षा लेकर वे अधिवक्ता भी बने, परन्तु फिर सारगाछी (बंगाल) में श्री रामकृष्ण परमहंस के शिष्य स्वामी अखण्डानन्द जी से दीक्षा लेकर साधक बन गये" उनके गुरु से दिवंगत होने से पूर्व उन्हें "नर-सेवा नारायण-सेवा" का उपदेश दिया। जिसके माध्यम के रूप में उन्होने राष्ट्रीय स्वयंसेवक संघ को अपनाया। डा. हेडगेवार ने भी उन्हें प्रयत्नपूर्वक संघ से जोड़कर अन्ततः अपना उत्तराधिकारी मनोनीत किया। संघ का अधिकतम विस्तार उनके 33 वर्ष के कार्यकाल में हुआ। श्रीगुरुजी ने अपना उत्तराधिकारी श्री बालासाहब देवरस को मनोनीत करके संसार से विदा ली। 1895 में जन्मे श्री मधुकर दत्तात्रेय उपाध्याय बालासाहब देवरस दस वर्ष की आयु में ही स्वयंसेवक बन गये थे। विधि-स्नातक हो जाने के पश्चात् उन्होंने दो वर्ष तक "अनाथ वसति गृह" में अध्यापन किया और 1939 में संघ के प्रचारक बन गये। संगठन को बढ़ाने और कार्यकर्ता तैयार करने में उनका महत् योगदान रहा, वे मुख्यतः संगठनकर्ता के रूप में ही जाने जाते रहे हैं। 1973 में श्रीगुरुजी के पश्चात् सरसंघचालक का दायित्व उनके कन्धों पर आया" उनके कार्यकाल में स्वयंसेवकों के विविध सामाजिक क्षेत्रों में दायित्व-ग्रहण का विस्तार हुआ। अपनी शारीरिक रुग्गता के कारण संघ-कार्य में बाधा न आने देने के लिए 1994 में उन्होंने प्रो. राजेन्द्र सिंह को अपना उत्तराधिकारी मनोनीत किया। 1922 में उत्तरप्रदेश के एक वरिष्ठ अभियन्ता के घर जन्मे प्रो. राजेन्द्र सिंह प्रयाग (इलाहाबाद) विश्वविद्यालय में भौतिकी के प्राध्यापक और संघ में प्रचारक का दायित्व वर्षो तक एक साथ निभाते रहे दोनों ओर कार्यभार बढ़ते जाने पर अन्ततः 1966 में जब विश्वविद्यालय में उनके पास विभागाध्यक्ष का दायित्व था, उन्होंने उस कार्य से निवृत्त होकर संघ-कार्य को ही पूरा समय देने का निर्णय लिया 1978 से 1984 तक वे सरकार्यवाहक रहे और 1994 से सरसंघचालक नियुक्त होने के बाद में वर्ष 2000 तक इस दायित्व को निष्ठापूर्वक निभाया। सदा तीन वर्ष तक निवृत्ति जीवन

निभाने के बाद 14 जुलाई 2003 को वे दिवंगत हुए इस प्रकार संघ-भागीरथी निरन्तर अपने ध्येय-स्वराष्ट्र के परम वैभव की ओर अग्रसर है जिसका स्मरण ईश्वरीय कार्य के रूप में अपनी नित्यप्रति की प्रार्थना में करके सभी स्वयंसेवक उसे अपने हृदय में बनाये हुए हैं। षष्ठम सरसंघचालक श्री कुपहली सीता रमैया सुदर्शन का जन्म 18 जून 1931 को रायपुर के एक ब्राह्मण परिवार में हुआ था। के.एस. सुदर्शन ने अपनी इन्जीनियरिंग की डिग्री जबलपुर के इन्जीनियरिंग कॉलेज से 1953 में टेलीकम्यूनिकेशन में प्राप्त की थी। "के.एस. सुदर्शन दिमोह (मध्यप्रदेश) में सर्वप्रथम संघ से एक स्वयंसेवक के रूप में जुड़े थे।" 23 दिसम्बर 1953 को जबलपुर में प्रचारक का दायित्व मिलने के बाद वे राष्ट्रीय स्वयंसेवक संघ से गहराई से जुड़ गये थे। बाद में के.एस. सुदर्शन ने संघ में अनेक महत्वपूर्ण पदों पर भी काम किया था। 1969 से 1979 तक के अखिल भारतीय शारीरिक प्रमुख, 1979 से 1989 तक अखिल भारतीय बौद्धिक प्रमुख तथा 1989 से वर्ष 2000 तक के.एस. सुदर्शन सहसरकार्यवाहक के पदों पर विराजमान रहे थे। संघ में अपने कार्यों और भूमिकाओं से विशेष पहचान बनाने वाले के.एस. सुदर्शन को राष्ट्रीय स्वयंसेवक संघ के पाँचवें सरसंघसंचालक बने।" 24 मार्च 2009 को स्वास्थ्य सम्बन्धी कारणों से आपने इस दायित्व का निर्वहन करने में असमर्थता व्यक्त कर दी तथा ये महत्वपूर्ण दायित्व मोहनराव भागवात के समर्थ बन्धों को सुपुर्द कर दिया। 15 सितम्बर 2012 को आपने इस नश्वर जगत का त्याग कर दिया संघ के संविधान के अनुसार परम पूज्य सरसंघचालक जी का स्थान तत्वज्ञ तथा मार्गदर्शक के रूप में होता है और यह सर्वोच्च है। किन्तु क्रियान्वयन की दृष्टि से संघ के सर्वोच्च अधिकारी सरकार्यवाह है।" उनका चुनाव अखिल भारतीय प्रतिनिधि सभा का पुनः चुनाव होता है। "अखिल भारतीय प्रतिनिधियों का चुनाव प्रान्तीय प्रतिनिधि करते हैं। प्रान्तीय प्रतिनिधियों के द्वारा क्षेत्र तथा प्रान्त के माननीय संघचालकों का चुनाव होता है। माननीय प्रान्त संघचालकों के द्वारा विभाग, जिला तथा अन्य माननीय संघचालकों की नियुक्ति होती है।" माननीय संघचालक प्रमुख कार्यकर्ताओं से परामर्श कर अपने-अपने क्षेत्र के अन्य पदाधिकारियों की नियुक्ति करते हैं। प्रान्तीय प्रतिनिधियों का चुनाव

न्यूनतम 48 वर्ष या इससे ऊपर की आयु के प्रतिज्ञित एवं छह वर्ष से सक्रिय स्वयंसेवक ही करते हैं। इस प्रकार संघ की न्यूनतम किन्तु सबसे मजबूत कड़ी स्वयंसेवक ही है। राष्ट्रीय स्वयंसेवक के पदाधिकारियों की एक पृथक श्रेणी में प्रचारकों का भी महत्वपूर्ण स्थान है। राष्ट्रीय स्वयंसेवक संघ के सम्पूर्ण तन्त्र का मेरुदण्ड उन जीवनब्रती कार्यकर्ताओं से बना है, जिन्हें प्रचारक कहते हैं और जो पारिवारिक दायित्व से मुक्त रहकर अपने जीवन की समस्त गतिविधियां संघ के लिए ही अर्पित करने का संकल्प करके संगठन कार्य में जुटे हैं। आजीवन प्रचारकों के अतिरिक्त कुछ लोग जीवन के कुछ वर्ष सम्पूर्ण संघ कार्य के लिए समर्पित करते हैं। उस अवधि में वे प्रचारक ही कहलाते हैं।

संघ रचना दायित्वानुसारः-

संघ की दायित्व के अनुसार रचना निम्न प्रकार से है-

अखिल भारतीय कार्यकारी मण्डलः-

सरसंघचालक

सरकार्यवाह

सह सरकार्यवाह (एक या एक से अधिक भी हो सकते हैं)

कार्यकारी विभागः-

बौद्धिक शिक्षण प्रमुख

शारीरिक शिक्षण प्रमुख

व्यवस्था प्रमुख

सेवा प्रमुख

सम्पर्क प्रमुख

प्रचार प्रमुख

प्रचारक प्रमुख

कार्यकारी मण्डल सदस्य की संख्या भी परिवर्तनीय है। यह संख्या 21 तक हो सकती है।

क्षेत्रीय व प्रान्तीय कार्यकारी मण्डलः-

संघचालक

कार्यवाह

प्रचारक

बौद्धिक शिक्षण प्रमुख

शारीरिक शिक्षण प्रमुख

व्यवस्था प्रमुख

सेवा प्रमुख

सम्पर्क प्रमुख

प्रचार प्रमुख

प्रचारक प्रमुख

अन्य सदस्य

प्रचारक प्रमुख को छोड़कर विभाग तथा जिला स्तर पर भी उपर्युक्त रचना ही होती है। खण्ड व नगर स्तर पर भी लगभग इसी प्रकार की रचना है। शाखा टोली कार्यकर्ता टोली की सबसे छोटी इकाई है। शाखा की टोली में शाखा कार्यवाह, मुख्य शिक्षक, गण शिक्षक तथा गटनायक होते हैं। सरसंघचालक सर्वोच्च प्रणाम अधिकारी होता हैं। उनके बाद सरकार्यवाह व उनके बाद क्षेत्र, प्रान्त, विभाग, जिला तथा अन्तिम इकाई के संघचालक जी प्रणामाधिकारी हैं, इनको संख्या बताते समय दक्ष (सावधान की मुद्रा) में संख्या बताते हैं। संघचालक जी के उपरान्त सहकार्यवाह और उनके पश्चात् क्षेत्र, प्रान्त, विभाग, जिला तथा अन्तिम इकाई के कार्यवाह प्रणाम के अधिकारी होते हैं। इनको संख्या बताते समय आराम (विश्राम) की स्थिति रहती है।

5. प्रशिक्षण

संघ कार्य के विस्तार के लिए प्रशिक्षण महत्त्वपूर्ण है। शाखाओं में भी गुण विकास होता है। प्रशिक्षण वर्गों के अनेक प्रकार होते हैं जिनमें नैपुण्य वर्ग, प्राथमिक शिक्षा वर्ग, संघ शिक्षा वर्ग (प्रथम, द्वितीय व तृतीय वर्ष) कार्यकर्ता प्रशिक्षण वर्ग व योजक वर्ग आदि शामिल हैं।

नैपुण्य वर्ग- नगरों में साप्ताहिक व ग्रामीण क्षेत्रों में पाक्षिक/मासिक आवासीय वर्ग की व्यवस्था दैनिक शाखा, मिलन, मण्डली को व्यवस्थित रूप से चलाने के लिए की जाती है। इसमें शाखा की टोली, ऊपर के कार्यकर्ता, मिलन व मण्डली के प्रमुख एवं अन्य निर्धारित व सूचीबद्ध स्वयंसेवकों की उपस्थिति आवश्यक है।

प्राथमिक शिक्षा वर्ग

राष्ट्रीय स्वयंसेवक संघ मुख्य रूप से चार प्रशिक्षण कार्यक्रम स्थायी रूप से स्वयंसेवकों के लिए आयोजित करता है। इनमें पहला प्राथमिक वर्ग होता है। यह जिले स्तर पर संचालित किया जाता है जो कि 7 दिन का होता है। इसमें स्वयंसेवकों को आर.एस.एस. की विचारधारा के साथ संगठन की प्राथमिक जानकारी दी जाती है। इस दौरान देश और राष्ट्र से जुड़े मुद्दों पर भी अलग-अलग सत्र होते हैं इस शिविर में आर.एस.एस. की स्थापना उसके इतिहास की जानकारी दी जाती है।

प्रांत में आयोजित होता है प्रथम वर्ष

प्राथमिक वर्ग के बाद प्रथम वर्ष का आयोजन होता है। यह राष्ट्रीय स्वयंसेवक संघ प्रांत स्तर पर आयोजित करता है। इसमें वही स्वयंसेवक हिस्सा ले सकते हैं। जो प्राथमिक वर्ग किए होते हैं। संगठन के नगर, मंडल, तालुका, तहसील, जिला और विभाग के स्तर पर सक्रियता के आधार पर संगठन स्वयंसेवकों को इस प्रशिक्षण वर्ग में भेजता है। यह प्रशिक्षण शिविर भी 20 दिन का होता है।

द्वितीय वर्ग का आयोजन क्षेत्र स्तर पर

प्रथम वर्ष के बाद द्वितीय वर्ष का आयोजन होता है। यह दो से तीन प्रांत पर बने क्षेत्र में आयोजित होता है। यह प्रशिक्षण वर्ग भी 20 दिन का होता है। सामान्यत: नगर और जिला स्तर के कार्यकर्ता इन प्रशिक्षण का हिस्सा बनते हैं। इस दौरान स्वयंसेवकों को दिए जाने वाले बौद्धिक और शारीरिक प्रशिक्षण का पाठ्यक्रम प्राथमिक और प्रथम वर्ष के मुकाबले काफी अधिक होता है।

तृतीय वर्ष का आयोजन सिर्फ नागपुर में

राष्ट्रीय स्वयंसेवक संघ द्वारा प्रत्येक वर्ष तृतीय वर्ष का आयोजन भी किया जाता है। यह सिर्फ महाराष्ट्र के नागपुर स्थित संघ मुख्यालय में आयोजित किया जाता है। देश भर के प्रांतों से स्वयंसेवक इस ट्रेनिंग के लिए भेजे जाते हैं। यह 25 दिन का आयोजन होता है। इस दौरान स्वयंसेवकों के बौद्धिक, वैचारिक और शारीरिक प्रतिबद्धता को मजबूत बनाया जाता है। इसमें समापन कार्यक्रम के मौके पर राष्ट्रीय स्वयंसेवक संघ के सरसंघचालक स्वयंसेवकों को संबोधित भी करते हैं। 1925 में स्थापना के बाद से संघ ने समय के मुताबिक कार्यपद्धति में कई बदलाव किए हैं लेकिन उसकी विचारधारा आज भी वही है। ये वर्ग बौद्धिक और शारीरिक रूप से स्वयंसेवकों को संघ की जानकारी तो देते ही हैं। साथ-साथ समाज, राष्ट्र और धर्म की शिक्षा भी देते हैं। संघ के प्रमुख वर्ग हैं।

वर्गों का महत्वः-

वर्ग में प्रवेश करने वाले शिक्षार्थी को संघ शिक्षा प्रदान कराने के उद्देश्य से वर्ग में प्रवेश कराया जाता है। "मैं एक-एक दिन की शिक्षा को अनमोल उपलब्धि के रूप में ग्रहण करूँगा। ये शिक्षा न तो कभी भूलूँगा, न ही स्वार्थ के लिए इसका उपयोग करूँगा और न ही कभी निष्क्रिय रहूँगा।" इस उद्देश्य की प्राप्ति के लिए स्वस्थ मन, बुद्धि, योजना कौशल्य आदि गुणों का आधार सुस्वास्थ्य, शारीरिक क्षमता, सहयोग व कार्य कुशलता आदि के विकास के लिए शारीरिक कार्यक्रम जहाँ उपयोगी है, वहीं उनसे प्राप्त सामूहिक सहयोग की भावना, अनुशासन एवं दर्शनीय प्रभाव भी महत्त्वपूर्ण है।

वर्ग के माध्यम से बौद्धिक, चर्चा, बैठक आदि के माध्यम से संघ के विचार को समझना तथा क्षेत्र में पहुँचकर अपने साथियों तथा अन्य स्वयंसेवकों को उस विचार को समझा सकने की योग्यता अर्जित करना तथा नित्य शाखा के बौद्धिक कार्यक्रमों के संचालन की क्षमता का विकास, लक्ष्य की ओर बढ़ने की धुन, अधिकाधिक दायित्व निर्वहन करने की पात्रता, शंकाओं के समाधान तथा प्रश्नों के संतुलित उत्तर देने की क्षमता

का विकास होता है। भावनात्मक पक्ष में संघ के प्रति अपनत्व, राष्ट्र, संस्कृति, अपने इतिहास, अपने महापुरुषों, अपने मान बिन्दुओं के प्रति प्रेम व भक्ति का प्रासार होता है। इन प्रशिक्षण वर्गों से बन्धुओं के प्रति अनुरागपूर्ण भ्रातुभाव, छोटों के प्रति स्नेह, साथियों से निश्छल मैत्रीभाव, बड़े अधिकारियों के प्रति परिवार सुलभ आदर एवं श्रद्धा का अभ्यास, व्यक्तिगत लाभ में सबसे पीहे, सादगी, वाणी माधुर्य का विकास होता है। सामूहिक अनुशासन में रहकर स्वयं में अनुशासन निर्माण की क्षमता विकसित होती है। अनेक योग्य कार्यकर्ताओं से सम्पर्क एवं सानिध्य द्वारा आदर्श प्रेरित मित्र-मण्डली का निर्माण होता है। संघ की विराट शक्ति, राष्ट्र के उच्च रूप तथा समाज की प्राण संचारिणी शक्ति की अनुभूति व संघ के बड़े स्वरूप का दर्शन होता है। नवीन कार्यकर्ता बनते हैं और उनका विकास होता है। इनमें शिक्षार्थी, शिक्षक, प्रबन्धक आदि सभी के लिए उपयोगी अनुभव प्राप्त होता है।

संगठन का प्राण अनुशासन है। यह शक्ति निर्माण का आधार भी है। समूह, धन, अनुशासन आदि के मिलने से ही संगठन का निर्माण होता है। स्वच्छंदता को स्वतंत्रता का नाम नहीं दिया जा सकता। अनुशासन प्रतिबन्ध नहीं है। शरीर, मन, बुद्धि और आत्मा को ध्येयाजुरूप बनाना अनुशासन द्वारा ही संभव है। स्वयंस्फूर्त, तन-मन व कर्तव्य बुद्धि से उच्चतम ध्येय की प्राप्ति में सहयोग करना अनुशासन ही है। लक्ष्य की प्राप्ति के लिए विधि-निष्वेधों के पालन व उसका अभ्यास करना भी अनुशासन है। एक व्यक्ति को संस्कारित करने के लिए संघ में अनुशासन ही सबसे बड़ा मंत्र है। इसके परिणामस्वरूप संघ में एक प्रथा है कि सभी एक-दूसरे को "आप" कह कर या नाम के आगे "जी" लगाकर ही सम्बोधित करेंगे फिर चाहे सामने वाला व्यक्ति आपसे उम्र में बड़ा हो या छोटा।

सामाजिक अनुशासन एकांतिक जीवन से सम्भव नहीं होता है। अनुशासन और सैनिकीकरण में अन्तर होता है। अनुशासन में भी स्निग्धता (प्रेम) का वातावरण निर्माण करना संभव होता है। अनुशासन का सीधा-सा अर्थ है- "निश्चित नियम-व्यवस्था से चलना।" इस सन्दर्भ से शारीरिक अनुशासन का अर्थ हुआ आज्ञा पालन का भाव तथा उच्च स्तर की मानसिकता।

नियंत्रण अनुशासन महत्त्वपूर्ण तत्त्व है। अनुशासन का प्रत्यक्ष स्वरूप कठोर लेकिन अप्रत्यक्ष स्वरूप नम्र होता है।

किसी भी उद्देश्य को प्राप्त करने के लिए संगठन को एक व्यवस्था निश्चित करनी होती है। इसी व्यवस्था को नियम का नाम दिया गया है। व्यवस्थात्मक नियमों पर चलकर ही अनुशासन में प्रगाढ़ता आती है और प्रगाढ़ अनुशासन के कारण ही संगठन निर्मित होते हैं और व्यवस्थित रूप से चलते भी हैं।

महान उद्देश्यों की प्राप्ति के लिए उत्तम गुण ग्राह्यता व प्रभावी व्यक्तित्व के लिए साधना आवश्यक है। साधना का आधार नियम व्यवस्था व नियम व्यवस्था पालन का आधार संयम होता है नियमों का विधान करते समय बहुत ही सावधानी रखनी पड़ती है। जैसे जो नियम बनाये जा रहे हैं उनका सभी को ज्ञान होना चाहिए, पालन की विधि व उनके पीहे अंतर्निहित दृष्टि का स्मरण तथा नियम बनाने वालों के प्रति श्रद्धा एवं विश्वास आवश्यक होता है। अलिखित नियमों में रीति–कुल परम्परा, शिष्टाचार आदि आते हैं।

नियमों का विधान सामूहिक सुविधा व संस्कारों द्वारा गुण वृद्धि तथा संगठन के महान लक्ष्य पूर्ति के लिए ही होता है। नियम विधान अपनो के द्वारा, अपनों के माध्यम से व अपनो के लिए होते है। संघ में प्रत्येक नियम के पीछे संघ के उत्कर्ष की दृष्टि छिपी होती है। गहन चिंतन–मनन, पारस्परिक विवेचन विचार–मंथन द्वारा दृष्टि को ग्रहण करना आवश्यक होता है। संघ में नियम पालन की एक पद्धति है। यहाँ दूसरों को आदेश या उपदेश नहीं दिया जाता और न ही आलोचना की प्रवृत्ति रखी जाती है। यदि कोई भी शंका दिखाई देती हो या फिर कोई उपयोगी सुझाव हो तो बिना आक्रोशित व क्षुब्ध हुए सम्बन्धित व्यक्ति अथवा वरिष्ठ अधिकारी से संवाद किया जाता है। संगठन कोई सम्मेलन, मेला अथवा भीड़ न पाए इसलिए सदैव नियम अव्यवस्था पर पूर्व विचार करना संघ की पद्धति है। नियमों से अनुशासन प्रारम्भ होता है, उसी से संगठन के संस्कार, गुणों का विकास और शक्ति का निर्माण होता है। संघ में नियमों का निर्माण योग्य वातावरण निर्मित करने के लिए होते हैं। संघ कार्यक्रमों में नियमों का ज्ञान,

कुशलता व प्रभावी ढंग से कराया जाता है। तुरन्त अल्प समय व अल्प शब्दों में सूचना देना भी एक प्रकार की प्रवीणता है। नियम बनाने वाले स्वयं उच्च भावना वाले, अनुशासित, व्यापक दृष्टि वाले हो, सूक्ष्म, गहन व सामूहिक चिंतन के बाद ही नियम निश्चित होते हैं। उन सभी नियमों के पीछे का भाव पूर्ण स्पष्ट होता है।

6. संघ शिक्षण की वर्तमान व्यवस्था

प्रारम्भिक संघ शिक्षा वर्गः- यह तीन दिन का प्रशिक्षण कार्य है, जहाँ प्रशिक्षण शिविरों में संघ के कार्यकताओं को प्रारम्भिक रूप से दीक्षित किया जाता है। यह स्वयंसेवकों में सजग दायित्त्वबोध जगाने का पहला प्रशिक्षण युक्त चरण है।

प्रथम वर्ष संघ शिक्षा वर्गः- पहले यह 21 दिनों का था, नयी व्यवस्था में इसे 15 दिन का प्रशिक्षण वर्ग कर दिया गया है जहाँ स्वयंसेवक 15 दिन के कठोर प्रशिक्षण शिविर में शारीरिक, बौद्धिक सहित अन्य शिक्षण प्राप्त कर अपनी चारित्रिक दृढ़ता को प्राप्त करता है।

कार्यकर्ता विकास वर्ग-प्रथमः- द्वितीय वर्ष शिक्षण को कार्यकर्ता विकास वर्ग प्रथम का नाम दिया गया है। 20 दिन के इस प्रशिक्षण वर्ग में प्रथम वर्ष की तरह तथा 15 दिनों का प्रशिक्षण वर्ग, शेष 5 दिन का प्रशिक्षण कार्यकर्ता की रुचि के अनुसार उस क्षेत्र में सेवा कार्य के लिए भेजा जाता है।

कार्यकर्ता विकास वर्ग-द्वितीयः- तृतीय वर्ष को कार्यकर्ता विकास वर्ग-द्वितीय के नाम से जाना जाता है। यह 25 दिनों का प्रशिक्षण वर्ग है। इसमें 15 दिन संघ शिक्षा वर्ग के अनुसार प्रशिक्षण होता तो वहीं शेष 10 दिन दायित्वों के अनुसार व्यावहारिक प्रशिक्षण की व्यवस्था की जाती है। इसका उद्देश्य स्वयंसेवक की अपनी रुचि के अनुसार बेहतर कार्यकर्ता बनाना है।

7. विस्तार पद्धति

नये-नये लोगों के संघ से जुड़ने चमत्कारी पद्धति डॉ. साहब जी ने अपनाई। सभाएं आयोजित कर व्याख्यान देने का मार्ग भी उन्होंने नहीं

अपनाया। ऐसी सभाओं में तो वे बुलाए जाने पर जाकर भाषण देते थे। उनकी जान-पहचान के गहरे परिचय और आत्मीयता में परिणत करने की शैली सामान्य थी। छोटी-छोटी बैठकों में बातचीत और हास्य-विनोद भी करते हुए अपनी बात वे श्रोताओं के मस्तिष्क में भँली-भाँति बैठा देते थे। किन्तु ऐसा नहीं की जिसने संगठन की यह बात समझ ली, वह मानसिक रूप से सहमत होकर फिर पहले जैसा ही निष्क्रिय होकर बैठा रहे। डॉ. हेडगेवार ऐसा व्यक्ति-निर्माण करते थे जिससे संघठन उसकी जीवन-शैली और संगठन का विस्तार जीवन-व्रत बन जाए। संघ की इस कार्य-पद्धति का स्वरूप निखारते चला गया और संघ के अनुयायियों और उत्तराधिकारियों की क्रियाशीलता संघ के बंधन में सहायक सिद्ध हुई।

8. स्वयंसेवक का दृष्टिकोण

संघ के स्वयंसेवकों के विचारों में सकारात्मक तब देखने को मिलती है जब उनके व्यवहार में "हमारे संघ का नहीं, अपने संघ का, मेरा या हमारा नहीं, अपना, यथाशक्ति नहीं, तन-मन-धनपूर्वक, दान नहीं - समर्पण, त्याग नहीं - कर्तव्य, 5 बजे नहीं - ठीक 5 बजे, उपस्थिति 27-28 नहीं - ठीक 27 या 28 (दोनों में से एक), तुम करो राष्ट्र आराधना नहीं - हम करें राष्ट्र आराधना, समाज में संगठन नहीं समाज का संगठन, देश के लिए मरना नहीं - देश के लिए जीना, आवश्यकता पड़ने पर देश के लिए बलिदान होने की भी सिद्धता" आदि देखने को मिली। नये स्थानों पर कार्य विस्तार एवं दृढीकरण। स्वयंसेवकों एवं कार्यकर्ताओं में उत्साह, जागृति, सक्रियता, समानता तथा एक सूत्रता लाने के लिए समान दृष्टि व कार्यपद्धत्ति का क्रियान्वयन किया जाता है। संघ स्वयंसेवकों को समय देने की प्रेरणा, कार्य को गति प्रदान करने, सभी प्रकार की नवीन जानकारी देने व संघ की रीति-नीति समझाने के लिए केंद्र की योजनाओं को न्यूनतम इकाई तक के स्वयंसेवकों तथा न्यूनतम इकाई के स्वयंसेवकों की मनःस्थिति, परिस्थिति एवं कार्य की गति का मूल्यांकन केंद्र तक पहुंचाने हेतु भरपूर प्रयास करता है। प्रवास के माध्यम से स्वयंसेवक को अपने कार्यक्षेत्र व कार्य का सम्पूर्ण ज्ञान होता है जो कार्यवृद्धि एवं स्वयंसेवक के विकास में सहायक होता है।

अत्याधिक शाखाओं के दायित्व वाला स्वयंसेवक जिसे अपना दायित्व निभाने के लिए प्रवास करना पड़ता है वही प्रवासी स्वयंसेवक होता है। प्रवास कैसा होना चाहिए? प्रवास पूर्व नियोजित होता है, सार्वत्रिक होता है, निवासी व शाखा केंद्रित होता है। सार्वजनिक स्थान पर निश्चित अंतराल पर सभी स्थानों पर प्रवास व सभी स्तर के स्वयंसेवकों से संपर्क किया जाता है। निवासी स्वयंसेवक को प्रवास स्थान पर रात्रि में अवश्य रुकना चाहिए। रात्रि निवास के कारण स्वयंसेवक व उनके परिवार से अनौपचारिक चर्चा-वार्ता होती है। जिससे वार्ता संबंध स्थापित होते है, स्वयंसेवकों में समरसता का भाव निर्माण होता है व उनका प्रशिक्षण व विकास भी होता है। नियमित एवं सतत् प्रवास निश्चित अंतराल में होता है। प्रवास शाखा, मिलन, मण्डली, संपर्क, बैठक व नैपुण्य वर्ग केंद्रित होता है।

सामान्यतः अपने दायित्व से दो स्तर नीचे तक प्रवास होता है। सभी प्रवासी स्वयंसेवकों का बारी-बारी प्रवास होता है, बार-बार प्रवास, निरंतर वर्षभर प्रवास होता है। प्रवास में सावधानी-प्रवास निरीक्षक की भांति नहीं बल्कि सहयोगी स्वयंसेवक की तरह होना उपयोगी होता है। प्रवास में हर समय सिखाने की मानसिकता नहीं बल्कि स्वयं सीखने व सुनने की मानसिकता भी आवश्यक होती है।

हर शाखा आचार पद्धति के अनुरूप लगे यह भी देखना होता है। यदि शाखा बंद हो तो उसको स्वयं प्रारम्भ करवाना भी स्वयंसेवक का दायित्व है। चलती हुई शाखा को व्यवस्थित व प्रभावी बनाने हेतु प्रयास, स्वयंसेवक प्रशिक्षण एवं कार्यपद्धति का आग्रह, पूर्ण समय निर्धारित वेश में सहयोग, निरीक्षण व प्रशिक्षण के लिए शाखा पर रहना, सेवा बस्ती में प्रतिष्ठित लोगों से संवाद स्थापित करना, पूर्व के सक्रिय स्वयंसेवकों से भी अनौपचारिक भेंट व संवाद करने के लिए जाना, स्वयंसेवकों के दुःख-सुख में सम्मिलित होना तथा उनके परिवारों तथा अभिभावकों से संपर्क/संवाद करना आदि स्तरों पर भी संघ सकारात्मक दृष्टिकोण को अपना कर चलता है। कार्यकारिणी के सभी स्वयंसेवकों का कुल प्रवास उस इकाई के प्रचारक के प्रवास के समान अवश्य होना चाहिए।

खंड 'ग'

विभिन्न संगठन एवं गतिविधियाँ

स्वयंसेवकों से जुड़े विभिन्न संगठन

समाज-संगठन और व्यक्ति-निर्माण का कार्य राष्ट्रीय स्वयंसेवक संघ करता है तथा उस भावना से प्रेरित कोई व्यक्ति (स्वयंसेवक) राष्ट्र - जीवन के विविध क्षेत्रों में संघ का सन्देश लेकर जाते हैं और उन क्षेत्रों से सम्बद्ध सभी लोगों को सहयोगी बनाकर राष्ट्रीय वैभव के पुनर्निमाण की योजना को साकार करने में जुट जाते हैं। उनका अन्तिम ध्येय होता है अखिल विश्व का मार्गदर्शक, परम वैभव-सम्पन्न अजेय राष्ट्र निर्मित करना।

1. राष्ट्र सेविका समिति

यह एक हिंदुत्व राष्ट्रवादी महिला संगठन है। यह राष्ट्रीय स्वयंसेवक संघ की महिला शाखा है। लक्ष्मीबाई केलकर के विचार पर राष्ट्र सेविका समिति का गठन 25 अक्टूबर 1936 को किया गया। यह समिति देशभक्ति की भावना से ओत-प्रोत है। यह सबसे बड़ा अखिल भारतीय हिंदू महिला संगठन है जो 87 वर्षों से निरंतर कार्य कर रहा है। नारी स्वयं प्रकृति है, ब्रह्मांड की आदि शक्ति है। इस संपूर्ण संसार में जो कुछ भी दिखाई देता है, वह उसी ईश्वरीय शक्ति के प्रभाव से परिलक्षित होता है, इसलिए वह चेतना है। इस सर्वोच्चता को हम महालक्ष्मी, महासरस्वती, महाकाली और उस परब्रह्म की शक्ति मानते हैं। भारतीय संस्कृति इसी अवधारणा से प्रेरणा लेकर प्रवाहित हुई है कि प्रत्येक नारी उस शक्ति का अंश है। राष्ट्र सेविका समिति की स्थापना इस विचार से की गई है कि महिलाओं को न केवल

शिक्षित ही नहीं होना चाहिए, बल्कि सशक्त भी होना चाहिए। इसके अतिरिक्त मानसिक, शारीरिक और बौद्धिक रूप से भी उन्हें प्रबल व सशक्त होना चाहिए। इस समिति ने अब-तक पूरे देश भर में 3,000 से अधिक शाखाओं और अन्य सेवा गतिविधियों में योगदान दिया है। इस समिति का उद्देश्य युवतियों व समाज को राष्ट्र-बोध से अवगत कराना है और उनमें मानवीय मूल्य एवं नैतिक संस्कारों को प्रसारित करना है। राष्ट्र सेविका समिति पूरे देश में कार्य कर रही है और लगभग बारह देशों में, हिंदू सेविका समिति के नाम से काम चल रहा है।

प्रारूप

समिति की शाखा प्रतिदिन शाम 5 से 6 बजे तक आयोजित की जाती है। प्रारम्भ में प्रार्थना की जाती है, इसके उपरान्त खेल, मनोरंजक कार्यक्रम और बौधिक चर्चाएं इत्यादि होती हैं। यह एक अत्यंत अनुशासित महिला संगठन है। शाखा में सभी श्रमिकों को निर्देशित किया जाता है कि कैसे आत्म-रक्षा करनी चाहिए, अपने स्वास्थ्य की देखभाल कैसे करनी चाहिए और आत्मनिर्भर कैसे बना जा सकता है। समिति के पास संघ का अपना ध्वज है। समिति में कोई भी व्यक्ति किसी व्यक्ति-विशेष को महान नहीं मानता है। केवल भारत राष्ट्र को श्रेष्ठ मानता है। इसलिए सबके लिए भारत माता पूजनीय है और भारत देश का प्रतीक ध्वज भी है।

कार्यक्रम

दैनंदिन तथा साप्ताहिक शाखाएँ लगाना वहां पर सेविकाओं को शारीरिक शिक्षा, बौद्धिक विकास, मनोबल बढाने के लिये विविध उपक्रम शुरू करना।

प्रतिवर्ष भारतीय तथा विभाग बैठकों आयोजन शिशु-बालिका, युवती, गृहिणी सेविकाओं के लिये।

वनविहार और शिबीरों का आयोजन - शिशु, बालिका और गृहीणी सेविकाओं के लिए।

अखिल भारतीय तथा प्रांत, विभाग स्तरों पर प्रसंगोत्पात संमेलन लेना।

अपनत्व की भावना से आरोग्य शिविर, छात्रावास, उद्योग मंदिर, बालमंदिर संस्कार वर्ग सहित विभिन्न सेवाकार्य करना।

विश्व विभाग में हिंदुत्व का प्रसार तथा हिंदु बांधवों का संघठन 1942 से लेकर रामजन्म भूमि आंदोलन, जम्मू कश्मिर बचाओ अभियान इत्यादी राष्ट्रीय कार्यों में महत्त्वपूर्ण सहभागिता देना।

राष्ट्रीय उत्सव

वर्ष प्रतिपदा (चैत्र शुक्ल प्रतिपदा)

गुरू पौर्णिमा (आषाढ पौर्णिमा)

रक्षाबंधन (श्रावण पौर्णिमा)

विजयादशमी (आश्विन शुक्ल दशमी)

मकर संक्रमण (14 जनवरी)

राष्ट्र सेविका समिति की प्रार्थना

नमामो वयं मातृभू: पुण्यभूस्त्वाम्
त्वया वर्धिता: संस्कृतास्त्वत्सुता:
अये वत्सले मग्डले हिन्दुभूमे
स्वयं जीवितान्यर्पयामस्त्वयि ॥1॥

नमो विश्वशक्त्यै नमस्ते नमस्ते
त्वया निर्मितं हिंदुराष्ट्रं महत्
प्रसादात्तवैवात्र सज्जा: समेत्य
समालंबितुं दिव्यमार्गं वयम् ॥2॥

समुन्नामितं येन राष्ट्रं न एतत्
पुरो यस्य नम्रं समग्रं जगत्
तदादर्शयुक्तं पवित्रं सतीत्वम्
प्रियाभ्य: सुताभ्य: प्रयच्छाम्ब ते ॥3॥

समुत्पादयास्मासु शक्तिं सुदिव्याम्
दुराचार-दुर्वृत्ति-विध्वंसिनीम्
पिता-पुत्र-भ्रातृंश्च भर्तारमेवम्
सुमार्गं प्रति प्रेरयन्तीमिह ।।4।।

सुशीलाः सुधीराः समर्थाः समेताः
स्वधर्मे स्वमार्गे परं श्रद्धया
वयं भावि-तेजस्वि-राष्ट्रस्य धन्याः
जनन्यो भवेमेति देह्याशिषम् ।।5।।

भारत माता की जय।।

प्रार्थना का हिन्दी में सरल अनुवाद

(1) हे मातृभूमे, हे पुण्यभूमे, ये तरी कन्याएं- जिनका संवर्धन और संस्करण तूने किया है - वे तुझे वंदन करती है, हे वत्सले, मंगले, हिन्दुभूमे तेरे लिए हम स्वयं अपना जीवन समर्पण कर रही है।

(2) हे विश्वशक्ति, तुझे नमस्कार। इस महान् हिन्दू राष्ट्र का निर्माण तूने किया है। यह तेरी ही कृपा है कि हम इस दिव्य मार्ग का अवलंबन करने के लिए सुसज्जित होकर संगठिम हुई है।

(3) जिस सतीत्व ने इस राष्ट्र को श्रेष्ठ बनाया है जिसके सामने समग्र विश्व नम्र होता है, उस आदर्श, पवित्र सतीत्व को हे अम्बे अपनी प्रिय कन्याओं को प्रदान करो।

(4) दुराचार और दुर्वृत्तिओं का विध्वंस करने वाली दिव्य शक्ति हमे प्रदान करे, तथा पिता, पुत्र, बंधु और पति इन सबको सुमार्ग पर चलने की प्रेरणा देने वाली दिव्य-शक्ति हमें प्रदान-करो।

(5) हम सुशील, सुधीर, समर्थ और संगठिम बने, स्वधर्म और स्वमार्ग पर अत्याधिक श्रद्धा करें। हम भावी तेजस्वी राष्ट्र की कृतार्थ जननी बन सकें, यह आशीष दो।

समिति की प्रार्थना

राष्ट्र सेविका समिति प्रार्थना भारतीय नारी की आशा आकांक्षाओं की नितांत सुन्दर अभिव्यक्ति है। जीवन के प्रारंभ से ही प्रार्थना करने की मानवीय प्रवृत्ती रही है। जिन जीवन मूल्यों के कारण भारत गौरव शिखारका उच्च स्थान सम्मानपूर्वक प्राप्त कर सका उनको सुरक्षित, अबाधित रखने के लिए समुचित शक्ति (शारीरिक, मानसिक, अध्यात्मिक) प्राप्त करना आवश्यक है। मानवी प्रयत्न के साथ-साथ दैवी कृपा भी हो तो मणिकांचन योग कहा जायेगा। इसलिये अपने से श्रेष्ठ शक्ति के सम्मुख नम्रतापूर्वक अपनी मनोकामना व्यक्त करने में लाचारी नहीं क्योंकि वह श्रेष्ठ दैवी शक्ति हमारी मनीषा पूर्ण करेगी इसका हमें विश्वास है। अपनत्व का यह नाता शब्दों से प्रगट करना (सर्वथा) असम्भव है।

प्रार्थना का उद्देश्य व्यक्ति विशेष के अनुसार भिन्न-भिन्न हो सकता है। कोई केवल तपस्या के लिये, कोई शक्ति के प्राप्ति के लिये, तो कोई सुखशांति के लिये प्रार्थना करता है। भक्तिभाव से की हुई प्रार्थना में समर्पण भाव भी रहता है। ऐसी प्रार्थना से व्यक्तिगत जीवन में सुप्त शक्तियों का विकास होकर जीवन तेजस्वी होगा ऐसा विश्वास रहता है। सभी धर्मो और पंथों में प्रार्थना का स्वतंत्र स्थान है। अपने इष्टदेवता के सम्मुख मन से अथवा भावपूर्ण शब्दों से उच्चारण करना ही प्रार्थना है। ध्येय का ध्रुवतारा सतत् दृष्टि के सामने स्थिर रहने के लिये तथा वहाँ तक हमें पहुँचना ही है, इसका ध्यान रखने के लिये प्रार्थना आवश्यक है।

समिति की प्रार्थना सामूहिक होती है। समाज की आशा आकांक्षाए केन्द्रित होने पर निर्माण होने वाली प्रचण्ड शक्ति परिस्थिति में आमुलाग्र परिवर्तन ला सकती है। सामुहिक प्रार्थना हमें व्यक्तित्व की संकुचित सीमा से समाष्टि के विशाल परिघि तक पहुंचाती है। हम सब एक है ऐसी अनुभूति निर्माण करने का सामर्थ्य सामूहिक प्रार्थना मे है। मैं से हम तक पहुँचने के लिये सामूहिक प्रार्थना नितान्त आवश्यक है। जो कुछ माँगना है वह सबके लिये, अपने समाज के लिये, अपने राष्ट्र के लिये। व्यक्तित्व की संकुचित सीमा से समष्टि की विशाल परिघि में प्रवेश करना इस कारण सुलभ होता है। ऐसे ही राष्ट्रीय प्रार्थना का उदय हुआ था। हमारे पूर्वजो ने

ऋषि मुनियों ने बहुजन हिताय बहुजन सुखाय यही उद्दिष्ट सामने रखकर वैदिक काल में सामूहिक प्रार्थना की थी।

प्रार्थना संस्कृत में क्यों?

प्रारंभ में समिति शाखाओं में मराठी भाषा में प्रार्थना बोली जाती थी। किन्तु समिति का प्रचार, विस्तार जब महाराष्ट्र से बाहर अन्य प्रांतों मे होने लगा तब सबको समझने वाली, मन में उत्साह तथा चेतना जगाने वाली पूरे भारत वर्ष में परिचित ऐसी संस्कृत भाषा में प्रार्थना लिखी गई। संस्कृत सुसंस्कारित लोगों की भाषा है। वह अन्य भारतीय भाषाओं की जननी होने के कारण भारत में मान्यता प्राप्त है। वह हमारे ज्ञान का भंडार है। उसको देव वाणी या गीर्वाण वाणी भी कहा जाता है। भारत के सभी प्रांतों को एक सूत्र में ग्रथित कर उनमे सामंजस्य, एकात्मता, प्रेमभाव निर्माण करने का संस्कृत भाषा एक श्रेष्ठ माध्यम है। कार्य का अखिल भारतीय स्वरूप ध्यान में रखते हुए समिति की प्रार्थना संस्कृत भाषा में लिखी गई।

शाखा स्थान पर परम पवित्र भगवे ध्वज के सम्मुख नियमित रूप से बोली जाने वाली प्रार्थना यह अपना मंत्र है। उससे हमें प्रेरणा मिलती है। मननात् त्रायते इति मन्त्रः। शब्दों को मंत्र का सामर्थ्य तभी प्राप्त होता है जब उनके शब्दों का अर्थ का चिंतन, मनन, निदिध्यास के लिये की हुई तपस्या सफल होती है। हर मंत्र का एक विशिष्ट तंत्र होता है। तंत्र याने आचरण के नियम। मंत्र व तंत्र के सामंजस्य से ही मंत्र सफल (सिद्ध) होता है। वह अपना सुरक्षा कवच होता है। इसलिये प्रार्थना के प्रत्येक शब्द का अर्थ समझ लेना, उस पर चिंतन करना, उसके अनुसार आचरण करना सभी सेविकाओं का आद्य कर्तव्य है।

तपःपूत शब्दों का शुद्ध उच्चारण लाभदायी तथा अशुद्ध उच्चारण हानिकारक होता है।

'दुष्टः शब्दो स्वरतो वर्णतो वा। मिथ्या प्रयुक्तः न तमर्थमाह। स वाग्वज्रोयजमानं हिनस्ति। यथेन्द्रशत्रुः स्वरतोऽपराधात।।' इस प्रसिद्ध उक्ति से यह स्पष्ट होता है की केवल शुद्ध उच्चारण ही पर्याप्त नही है, अर्थ भी समझना चाहिये। बिना अर्थ समझे मंत्र पठन करना बोझ ढोने जैसा है।

'प्रार्थना' शब्द मे दो पद है। प्र-अर्थना। यह एक निवेदन है, परन्तु इसके पीछे तपस्या की शक्ति है। प्रार्थना में भक्ति के साथ-साथ समर्पण भावना होती है। आन्तरिक सुप्तशक्तिओं का विकास होकर जीवन तेजस्वी होता है। दैवी गुणों से युक्त तेजस्वी राष्ट्र शक्ति का निर्माण यह हमारी महती आकांक्षा है। वह प्रार्थना के प्रत्येक शब्द में प्रकट होती है। हम दैवी राष्ट्र के अनुचर है उसी के कारण संपूर्ण विश्व में सुख-शान्ति का साम्राज्य आएगा ऐसा हमारा विश्वास है।

प्रार्थना के अन्त में 'भारत माता की जय' ऐसा बोलते है। 'भारत हमारी माता है' यह संस्कार इससे दृढ़ होता है। मेरी माँ को कलंक लगेगा ऐसा आचरण तथा व्यवहार नही करना चाहिये। ऐसा नैतिक भाव मन में निर्माण होगा तब अनिर्बंध आचरण पर रोक लगेगी।

(1) **अन्वय**- हे मातभूः हे पुण्यभूः त्वया वर्धिताः संस्कृताः वयं त्वत्सुताः त्वाम नमामः। अये वत्सले, मंगले हिंदुभूमे, (वयं सर्वाः) स्वयं जीवितानि त्वाम् अर्पयामः।

अर्थ- हे मातृभूमे, हे पुण्यभूमे भारतमाते, तूने ही पाली हुई संस्कारित की हुई हम तेरी कन्यायें तुझें वन्दन करते है। हे वत्सले, मंगले हिंदूभूमे हम स्वयं अपने जीवन तेरे चरणों में अर्पण करते है।।1।।

(2) **अन्वय** - नमो विश्वशक्त्यै नमः ते नमः ते।
त्वया महत् हिन्दुराष्ट्रं निमितम्।
तव एव प्रसादात् दिव्यमार्ग समालम्बितुं वयं अत्र समेत्य सज्जाः।

अर्थ- हे विश्वशक्ति (आदिशक्ति) तूने ये महान हिन्दुराष्ट्र का निर्माण किया है। तुझे बार-बार प्रणाम। तेरी ही कृपा से हम सब दिव्य मार्ग का अवलंबन करने के लिये तैयार होकर यहाँ संघटित हुए है।।2।।

(3) **अन्वय**- येन नः एतत् राष्ट्रं समुन्नामितं यस्य पुरतः समग्रं जगत् नम्रं (भवेत्) हे अम्ब, तद् आदर्शयुक्तं पवित्रं सतीत्वं (तव) प्रियाभ्यः सुताभ्यः प्रयच्छ।

अर्थ- हे माँ जिससे सारा राष्ट्र उन्नत हुआ, जिसके सम्मुख सम्पूर्ण जगत् विनम्र हुआ ऐसा पवित्र सतीत्व तुम अपनी प्रिय कन्याओं को प्रदान करो।।3।।

(4) अन्वय– हे मातृभूमे (त्वं) इह सुदिव्यां, दुराचार दुर्वृत्ति विध्वंसिनीम् पिता पुत्र भातृन् भतारं च एव सुमार्ग प्रति प्रेरयन्तीम् शक्तिम् अस्मासु समुत्पादय।

अर्थ– हे मातृभूमे, हम सेविकाओं में दुराचार, दुवृत्तिओं का विध्वंस करने वाली दिव्य शक्ति का आप निर्माण करें जिससे हम पिता, पुत्र, बन्धु तथा पति को सन्मार्ग पर चलने की प्रेरणा दें सके।

(5) अन्वय– वयं (सर्वाः) सुशीलाः, सुधीराः, समर्थाः (अत्र) समेताः। (अस्मभ्यं) स्वधर्मे, स्वमार्गे, परं श्रद्धया चलन्त्यः (तथाच) भावि तेजस्वी राष्ट्रस्य धन्याः जनन्यः भवेम इति आशिषं देहि।

अर्थ– हे मातृभूमे, हम सुशील, सुधीर, समर्थ (चारित्र्यवती, धैर्यवती, बलवती) सेविकाएँ संगठित होकर भविष्य में इस तेजस्वी राष्ट्र की कृतार्थ माताएँ बने तथा अतीव श्रद्धा से अपने मार्ग पर, स्वधर्म पर चलने वाली बनें ऐसा आशिष आप हमें दें।

प्रार्थना का आशय इस प्रकार का है–

अपनी प्रार्थना का प्रारंभ मातृभूमि की वंदना से है। 'जननी जन्मभूमिश्च स्वर्गादपि गरीयसी'। यह संस्कार हमें बचपन से ही मिलता था। अतएव हम राष्ट्र रूप में समर्थता से खड़े थे। किन्तु आज व्यक्तिशः हम धर्म का पालन करते है परंतु धर्म संरक्षण के लिये राष्ट्ररूप में खड़ा रहना पड़ता है यह बात हम अनेक शताब्दियों से भूल गये। इस विस्मृति के कारण हमारा समाज दुर्बल, स्वत्वहीन तथा दस्यवृत्ति वाला बन गया। व्यक्तिगत आदर्श तथा धर्मपालन उच्च, ध्येयवाद के पीछे सशक्त राष्ट्रभाव खड़ा होने पर ही राष्ट्र जीवित रहता है, तत्वज्ञान टिकता है। इसीलिये प्रथम मातृभूमि को वन्दन किया है।

मेरी मातृभूमि पुण्यभूमि भी है। जन्मदात्री माँ विशिष्ट समय के पश्चात् शिशु को स्तन्य देना बंद करती है परंतु यह मातृभूमि जीवन के अंतिम क्षण तक पोषण करती है। इतना ही नही तो जीवनांत पर भी अपने आंचल में प्रेम और क्षमा की यह मूर्ति है। वात्सल्य और क्षमा ऊपरी नही है अपितु अंतः प्रेरणा है। उसमें मांगल्य का भाव है। हमारी मातृभूमि का हिन्दुत्व ही

एक मात्र स्वत्व है जिसके रक्षणार्थ हम यहाँ रहते है। इस हिन्दुभूमि को केवल हिन्दू ही पवित्र मानता है ऐसा नही तो चौदहवीं शताब्दी में भारत में आया हुआ विदेशी प्रवासी लिखता है कि, यहाँ का व्यक्ति नगांधिराज हिमालय को देवतात्मा मानता है। देवताओं को भी इस भूमि में मोक्ष प्राप्ति के लिये जन्म लेना पड़ता है। 'दुर्लभं भारते जन्म मानुष्यं तत्र दुर्लभम्।' इस प्रसिद्ध उक्ति से सुचित होता है की जीवन के अंतिम सत्य की अनुभूति होने के लिए ऋषि-मुनि महात्माओं ने यही जन्म लिया है। जो-जो पवित्र, मंगलमय है वह सब यहाँ ही केन्द्रिभूत हुआ है। योगी अरविन्द कहते है कि, 'यह भूमि केवल माटी नही, भौतिक पदार्थो से बना हुआ पुंज नही, तो वह है दिव्यत्व का साकार रूप।' अपनी मातृभूमि दैवी शक्ति की अभिव्यक्ति है।

हमारे देश का प्रत्येक कण अपने पूर्वजों के त्याग, तपस्या, बलिदान से अनुप्राणित हुआ है। यह महानता, पवित्रता, तपःसाधना हमें पूर्वजों से विरासत से प्राप्त हुई है। हमने वह आत्मसात करनी है। ऐसी मातृभूमि ने हमें संवर्धित संस्कारित किया है। इन्ही संस्कारों से हमारा मन तथा बुद्धि विकसित हुई है। ऐसी तेरी कन्याएं संगठित होकर तुझे अभिवादन करती है।

हमारी मातृभूमि वत्सलता का मूर्तिमंत प्रतिक है। मांगल्य इसके कण-कण में प्रकट होता है। 'चरण पावन चल रहे थे, राम प्रभु और जानकी के। धूलिकण इस धरती के माँ, करे पुनीत मलिन तन मन।' यह हमारी आकांक्षा है। यह भूमि हिन्दुओं की है। हिन्दुभूमि का नाम लेते ही ध्यान आता है।

हिमालयात् समारभ्य यावदिन्दुसरोवरम्।
तं देवनिर्मित देशं हिन्दुस्थानं प्रचक्षते।।

हिन्दु अर्थात् दैवी गुणों के लिए साधना करने वाला, तेजस्वी, दुर्बल रक्षक, दुष्टनिर्दालक, धर्मनीतितत्व का प्रतिष्ठाता यह उसकी पहचान है। यहाँ के मूलनिवासी, राष्ट्रोत्थानार्थ सर्वत्याग करने वाले, रक्षणार्थ लड़ने वाले, उत्कर्ष के लिए प्रयत्नशील हिन्दू ही है।

आसिन्धु सिन्धुपर्यंता यस्य भारत भूमिका।
मातृभूः पितृभूश्चैव सवै हिन्दुरितिस्मृतः।।

हिंदूहृदय सम्राट स्वातंत्र्यवीर वि. दा. सावरकरजी ने हिन्दू की यही पहचान दी है।

हे हिन्दुभूमे, हम सेविकाएं तेरे चरणो पर अपना जीवन समर्पित करने का संकल्प प्रतिदिन दोहराते है। यह जीवन तेरे लिये ही है। इसका एक-एक क्षण तेरे ही सुख के लिये समर्पित है। यह समर्पण स्वेच्छापूर्वक, निरपेक्ष प्रेम तथा श्रद्धा से किया है। प्रलोभन या किसी दबाव से नही। इस समर्पण से हमारा जीवन कृतार्थ होगा ऐसी हमारी श्रद्धा है, यही हमारा परम सौभाग्य है।

1. नमो विश्वशाक्त्यै.......

अब हम विश्वशक्ति को वंदन करते है। विश्वशक्ति (आदिशक्ति) से पहले मातृभूमि को वंदन क्यों?

वास्तव में यह भूमि विराट विश्व का एक छोटा सा भाग है। इस विराट विश्व का नियंत्रण करने वाली एक शक्ति है वह जगत्जन्नी आदि शक्ति है जिसने यह विशाल हिन्दुराष्ट्र का निर्माण किया। राष्ट्र का अर्थ केवल भूखंड नही तो इतिहास, परंपरा, संस्कृति आदि का समावेश राष्ट्र संकल्पना में होता है। इस राष्ट्र ने 'कृष्णन्तो विश्वमार्य' का उद्घोष किया। विश्व को मानवता का पाठ पढ़ाया। ऐसे महान राष्ट्र के हम घटक है। उसकी सेवा करने की प्रेरणा हमें प्राप्त हुई यह आदि शक्ति की असीम कृपा है उस शक्ति को हमारा प्रणाम।

जिस विराट दिव्यशक्ति ने इस मातृभूमि का निर्माण किया उस विश्व शक्ति को तो प्रथम वंदन करना हमारा कर्तव्य है। किन्तु मातृभूमि ने ही हमको इस विराट दिव्य आदिशक्ति का परिचय कराया है। मातृभूमि के पुजारी होने के कारण हमारी स्थिती इस प्रकार हो गई।

'गुरु गोविन्द दोनों खड़े काके लागू पाव।
बलिहारी गुरू आपकी गोविन्द दियो बताय।।'

वास्तव में गुरु और परमेश्वर दोनों सामने खड़े होते हुए भक्त गुरु को प्रथम वन्दन करता है क्योंकि परमेश्वर तक पहुँचाने का मार्ग गुरु ही दिखलाता है। इसीलिये गुरु को प्रथम वंदन। ऐसी ही हमारी धारणा है।

मातृभूमि ने ही विश्वशक्ति तक जाने का मार्ग दिखाया है। इसीलिए मातृभूमि को प्रथम वंदन। हे विश्वशक्ति तेरी ही कृपा से हम सब संगठित होकर राष्ट्र भक्ति का प्रखर दिव्यमार्ग स्वीकारने को सिद्ध हुए है।

2. समुन्नामितं येन राष्ट्रं न एतत्.....

इस राष्ट्र की एक विशेषता है, जिसके कारण संपूर्ण विश्व उसके सामने नतमस्तक होता है। वह है भारतीय स्त्री का पवित्र शील, विशुद्ध चारित्र्य। शीलवती, चारित्र्य संपन्न, त्यागी निष्ठावान स्त्री भारत माँ का सबसे विशेष आभूषण ही नहीं अपितु राष्ट्र का मानबिंदु है। आधुनिक भौतिक प्रगति से भी यह आभूषण मूल्यवान है। परंतु पश्चिम विचार धारा का अन्धानुकरण हमे पदभ्रष्ट कर रहा है। हम हमारी तेजस्विता तथा सतीत्व खो रहे है। मन का समाधान हमसे दूर भाग रहा है। छोटे से कारण को लेकर अपने पति को छोड़ने वाली स्त्री कहाँ और कसौटी के, संकटो के क्षणों मे भी पति का साथ न छोड़ने वाली उसको अच्छे कार्य की प्रेरणा देने वाली, उसकी माता बनकर रहने वाली भारतीय स्त्री कहाँ! जगत्जन्नी के पास हम सेविकाए मांग रही है यही विशुद्ध, पवित्र शील, निष्ठा, त्याग, संयम, स्नेहशील मातृत्व जो हम में, बाधाओं के हिमालय को पार कर सकने की जिद तथा क्षमता निर्माण करे। सती अर्थात् केवल जलना ही नही। सतीत्व यह एक असिधारा व्रत है। अविवाहित स्त्री भी सती हो सकती है। सतीत्व की शक्ति प्राप्त करना किसी साधारण स्त्री का काम नही। अग्नि धारण करने वाला पात्र भी उतना ही समर्थ चाहिये, अन्यथा पात्र भी जल जाएगा। मन की यह शक्ति से जीवन विकसित करने का कार्य केवल भारतीय स्त्री ही कर सकती है। वनवास में पति का साथ देने वाली सीता, पति के हृदय का, तेजस्विता का स्फुल्लिंग सतत प्रज्वलित रखने वाली द्रौपदी, मृत्यु के विकराल मुख से अपने पति को जीवित निकालने वाली सावित्री हमारा आदर्श है। हे माँ हम तेरी लाडली कन्याएँ है ना? सीता का असीम त्याग, द्रौपदी का प्रखर तेज, सावित्री का कठोर निश्चय तथा परम्परागत विरासत तुम हमें प्रदान करोगी यह विश्वास है। सतीत्व का यह आभरण तू तेरी प्रिय कन्याओं को प्रदान कर जो केवल भारत का नही अपितु अखिल विश्व का तारण करेगा।

1. समुत्पादयास्मासु......

एक ही स्त्री कन्या, बहन, पत्नी तथा माता की भूमिकाएं निभाती है। इस प्रत्येक भूमिका में अपने परिवार को सन्मार्ग पर चलने की प्रेरणा वह देती है। जीवनरथ का सारथ्य कुशलता से करती है। परिवार में कोई दुष्प्रवृत्त, दुराचारी, राष्ट्रद्रोही न बने इसलिये निरंतर सजग रहना उसका सार्वकालिन कर्तव्य है। घर ऐसा स्थान है जहाँ मानव गढ़ता है। उसकी आकांक्षा, कर्तव्य बुद्धि यहाँ पुष्ट होती है। अपने परिवार के घटकों में दुराचार दिखाई पड़ा तो उसे नष्ट करने की हिम्मत, हे जगत्‌जन्नी हमें दो। क्षणिक सुखों का आकर्षण, उनके पिछे लगने पर घर में आने वाला पैसा जिस मार्ग से आ रहा है उस पर नियंत्रण रखने की जागरूकता तथा क्षमता हम में निर्माण करो। इस प्रकार पिता, पुत्र, भाई तथा पति इन सबको सन्मार्ग पर चलने की प्रेरणा हम दे सके ऐसी दिव्य शक्ति हमें दो। दुराचार से बचाना, सन्मार्ग पर चलने की प्रेरणा देना यह ठीक है ही लेकिन दुर्वृत्ति निर्माण ही नही होगी यह प्रयास करने की शक्ति दो। समाज के भय से शायद दुराचार नही होगा, किन्तु मन में दुष्ट प्रवृत्ति रहेगी, वह भी नष्ट करनी है।

2. सुशीलाः सुधीराः समर्थाः समेताः....

शीलवती, धैर्यशालिनी, शरीर और मन से सुदृढ़ महिलाएं राष्ट्र निष्ठा के सूत्र से संगठित होने पर तेजस्वी राष्ट्र निर्माण कर सकती है। शारीरिक दुर्बलता होने पर भी आत्मिक तथा मानसिक बल से वह अद्‌भूत कार्य कर सकती है। इसीलिये आत्मबल बढ़ाने हेतु नित्य दिनों-दिन प्रार्थना करने की प्रवृत्ति निर्माण करने के लिये एकत्रित आना, संगठित होना आवश्यक है। महान ध्येय के लिये व्यक्तिगत भेदभाव, तथा वैषम्य और क्षुद्रभाव पर विजय पाकर ध्येय पथपर हमने चुने हुए दिव्य मार्ग पर स्वमार्ग पर, स्वधर्म पर अर्थात् स्वकर्तव्य पर अविचल श्रद्धा रखकर ही हम हमारा ईप्सित प्राप्त कर सकते है। भविष्य में इस तेजस्वी राष्ट्र की कृतार्थ माताए हम बने ऐसा आशीर्वाद, हे जननी तुम हमे दो।

हमारी प्रार्थना माँग नही, कृत संकल्प का उच्चारण और स्वयं प्रयास का निश्चय है।

खेल

शारीरिक अभ्यास क्रम में खेलों का एक विशेष महत्व है। खेलने से शरीर तथा बुद्धि का विकास होता है, मन का उत्साह बढ़ता है और बौद्धिक क्षमताओं का विकास भी होता है। शाखा में लिये जाने वाले खेलों मनोरंजन के साथ-साथ विजय की आकांक्षाएँ, खिलाड़ी वृत्ति, साहस, कल्पना-शक्ति, समरसता, सांघिकता, प्रामाणिकता, नेतृत्व, गति, समस्याओं सें उभरने का स्वभाव जैसे गुणों का विकास होता है। खेलों के माध्यम से हम देश, इतिहास, परंपरा, शास्त्र जैसे विषयों की जानकारी भी प्राप्त करते है।

भारतीय जीवन पद्धति में मनोरंजन भी उद्देशपूर्ण है। प्राचीन काल में विजय पाने वाली को जीवित हो गयी और हारने वाली को भर गयी ऐसे शब्द प्रयोग किये जाते थे। अर्थात प्रकृति के जन्म-मरण के सिद्धान्त का परिचय खेल जैसे सुलभ माध्यम से समझाया जाता था। उदा- नदी किनारा इस खेल में जीवात्मा की यात्रा का परिचय होता है। स्वकर्म से डुबता है और परमात्मा की कृपा से बाहर आता है। राष्ट्रभक्ति के कार्य में कूदना और शक्ति संचय के लिये फिर से बाहर आना। खेलों की महत्ता को एक कवि ने इस प्रकार प्रस्तुत किया है।

खेलो में है अद्भुत क्षमता, बढ़ती है आपस में ममता, अटूट साहस, धीरज, समता, संस्कारों से रूप निखरता इन्ही गुणों से जीत सकेंगे, जीवन भर के खेल।

इन खेलों के आधार पर आप नये खेलों का निर्माण कर सकती हैं।

यहाँ छः प्रकार के खेलों का विवरण इस प्रकार है।

(1) मंडल खेल, (2) द्विमंडल के खेल, (3) दो दलो के खेल, (4) बौद्धिक खेल, (5) सर्वश्रेष्ठ की विजय, (6) साधन युक्त खेल

मंडल के खेल

(1) समिति कहती है:- सेविकाएँ मंडल में खडर होंगी शिक्षिका के 'समिति कहती है- दौडोड़क, तो दौड़ेगी, 'समिति कहती है रूकोड़क- तो रूकेगी। समिति कहे बिना यदि केवल 'चलोंड़क कहने पर चलने लगेंगी

तो उन्हें पराजित माना जायेगा। अर्थात समिति के कहने पर ही कृति करनी है। खेल की समाप्ति तक रहने वाली सेविका विजयी कहलायेगी।

(2) नमस्ते जी:- सेविकाएँ मंडल में अंदर की ओर मुंह करके खड़ी रहेगी। 'कड़क (एक) सेविका मंडल के बाहर दौड़ती हुई, 'खड़क (किसी भी सेविका) की पीठ को स्पर्श करके आगे दौड़ेगी। 'खड़क सेविका ने विपरीत दिशा में दौड़ना है। जहाँ वे दोनों मिलेंगी वहाँ हाथ जोड़कर 'नमस्ते जीड़क कहना और फिर से दौडना है। 'खड़क के स्थान पर दोनों में से जो पहले पहुचेंगी वह विजयी कहलायेगी। पराजित खिलाड़ी ने फिर से खेल प्रारंभ करना है।

जीवन में विजयी होना ही लक्ष्य है। पराजय से निराश न होकर आगे बढ़ने में ही सफलता है।

(3) तांडव नृत्य:- रेखांकित मंडल के अंदर सभी सेविकायें हाथ पीछे बांधकर खड़ीं होगी। शिक्षिका ने सीटी बजानें पर सेविकाओं ने स्वयं का बचाव करते हुए दूसरी के पैर पर पैर रखने का प्रयास करना। जिसके पैर पर दूसरे सेविका का पैर आयेगा वह पराजित मानी जायेगी। अंत तक खेलने वाली सेविका विजयी कहलायेगी।

(4) नदी-किनारा:-मंडल में सेविकाएँ अंदर की ओर मुंह करके खड़ी होगी। शिक्षिका के 'नदीड़क कहने पर भीतर और 'किनाराड़क कहने पर बाहर की और छलांग लगाएंगी। शिक्षिका जो आज्ञा देगी वही काम करना है। ठीक करने वाली सेविकाएं विजयी कहलायेगी।

(5) गंगा-यमुना-सरस्वती:-मंडल में खड़ी सेविकाओं ने क्रमशः गंगा-यमुना-सरस्वती नाम बताने है। शिक्षिका, गंगा-यमुना-सरस्वती कहते-कहते किसी एक का नाम का उच्चरण करेगी। उस नामवाली सेविकाओं ने मंडल के बाहर से दौड़ लगाकर अपने-अपने स्थान पर पहुँचना है। अंत में पहुँचने वाली सेविका खेल का संचालन करेगी, उसका स्थान शिक्षिका ने लेना है।

(6) मेरी गाड़ी चली शाखा स्थान पर:-सभी सेविकाएं मंडल में दौड़ेगी। शिक्षिका ने बतायी पंक्तियां को दोहराते हुए निम्न कृति करनी है

शिक्षिका ....सेविका......... कृति.........मेरी गाड़ी चली

शाखा स्थान पर दोहराना दाहिनी ओर से

मेरी गाडी चली संपर्क स्थान पर दौड़ना

दोहराना पलटकर बायी दौड़ना

मेरी गाड़ी कभी न रूकती काम से...दोहराना पलटकर दायी ओर दौड़ते हुए हाथों को ऊपर की ओर कैची के आकार में घुमाना।

मैने ध्वज फहराया बड़ी शान से स्थिर स्थिति में दाहिना हाथ ऊँचा उठायें दायें-बायें हिलाना

पंक्तियों का क्रम बदलकर भी बता सकते है। सही कृति करने वाली बहने विजयी कहलायेगी।

(7) कृष्णा रामा गोविन्दाः-सेविकाएं मंडल में भजन की पंक्ति को दोहराते हुए एक पैर ऊँचा उठाकर कूदते-गाते-ताली बजातें आगे बढ़ेगी। शिक्षिका उपर्युक्त नामों से (कृष्णा, रामा, गोविन्दा) किसी एक नाम का उच्चारण करेगी। सभी सेविकाओं ने अनुरूप कृति करनी है। जिनकी कृति ठीक होगी वे विजयी कहलायेगी। भजन की पंक्तियां नीचे दी गयी है।

कृष्णा रामा हरि गोविन्दा राम कृष्ण गोविदा
कृष्णा केशव हरि-हरि राम कृष्ण गोविदा ।।1।।

नंद-नंदन गोविदा हरि राम कृष्ण गोविदा
नवनीत चोरा गोविदा हरि-हरि राम कृष्ण गोविदा ।।2।।

वेणु-विलोला गोविदा हरि राम कृष्ण गोविदा
विजय गोपाला गोविदा हरि राम कृष्ण गोविदा ।।3।।

(8) मेरे पीछे आओः- मंडल में खड़ी सेविकायें अपने पास एक वृत्त (घर) बनायेंगी। दौड़ने वाली सेविकाओं का कोई घर नही होगा। 'कड़क सेविका मंडल के बाहर से दौड़ती हुई जिस सेविका को स्पर्श करके 'मेरे पीछे आओड़क कहेगी, उसने अपना घर छोड़कर 'खड़क सेविका के पीछे दौड़ना है। मंडल में खड़ी सभी सेविकाओं को 'खड़क सेविका क्रमशः स्पर्श करती

जायेगी। 2-4 चक्कर लगाने के पश्चात 'कड़क सेविका' अपने घर जाओड़क कहेगी तब सभी ने किसी भी वृत्त में खड़े होना है। जिसे वृत्त नहीं मिलेगा उसने खेल को आगे बढ़ाना है।

(9) मुसंडी-सिर से स्पर्श करना:- हाथी की सुंड (हात से बनाकर) से छुना

रेखांकित मंडल मे सेविकाये रेखा पर खड़ी रहेंगी। उन सेविकाओ में से पांच सेविकाये मंडल के अंदर जायेगी। एक सेविका छूने वाली रहेगी। ये चार बाद होने पर अन्य चार इसी प्रकार से जायेंगी। छूने वाली थकने पर या गलती करने पर उसके स्थान पर क्रम से दूसरी आती जायेगी।

(10) मूर्ति:-सभी सेविकाये मंडलाकार दौड़ेगी। शिक्षिका विभिन्न उद्‌घोष देते हुए अचानक बीच मे जोर से मूर्ति कहेगी। इस पर सभी सेविकाये मूर्तिवत स्थिर खड़ी हो जायेंगी। जो सेविकाये हिलती दिखाई दी या बीच मे हस रही हो तो वह खेल से बाहर हो जायेगी। कुरु कहने पर फिर सब दौड़ने लगेंगी। सबसे अंत तक बचने वाली विजयी होगी।

11 संकेत (लाल, हरा, पीला):- शिक्षिका की सिटी बजाने पर सभी सेविकाये मंडल मे दौड़ेंगी। शिक्षका के लाल कहने पर रुखना है। पीला कहने पर चलना है, और हरा कहने पर दौड़ना है, इसके विपरीत कृति करने वाली बहने मंडल से बाहर हो जायेगी। इन संकेत को बदलकर भी बता सकते है। सही कृति करने वाली सेविकाये विजयी कहलायेगी। [नियमों का पालन व्यवस्था को बनाये रखने के लिए आवश्यक है इसका संस्कार खेल के माध्यम से भी किया जा सकता है।

(12) संगठन में शक्ति है:-सभी सेविकाये मंडल में खड़ी होंगी। एक-एक क्रमश: निकलती जायेगी और संघटन मे शक्ति है इस प्रकार एक श्वास मे बोलती जायेगी और दौड़कर अपने स्थान पर आयेगी। मंडल को एक परिक्रमा लगाने के बाद एक पद प्रतिसर करके मंडल बड़ा करना है। इसी प्रकार मंडल को बढ़ाते हुए अथवा दो परिक्रमा करने के लिए बताना। दम छूटने से खेल से बाहर होंगे। जो सेविका खेल के अंत तक रहेगी वह विजयी होगी।

(13) 'स्वर्ग' 'पृथ्वी' 'पाताल':- सभी सेविकाये रेखांकित मंडल पर दौड़ती जायेंगी। शिक्षिका जोर से कहेगी पाताल तब सभी ने कमर से झुककर अपने अंगुठे पकड़ने है। पृथ्वी बोलने पर कमर पर हाथ रखना। स्वर्ग बोलने पर सिर पर हाथ रखना। पुनः सिटी बजने पर दौड़ना प्रारंभ करना। जो सेविकाये गलत काम करेगी वह खेल से बाहर होगी।

द्विमंडल खेल

(1) जोड़ी बनाओः-मंडल में खड़ी सेविकाओं का गण विभाग देकर दो मंडल बनाने है। क्रमांक 1-2 सेविकाओं की जोड़ी बनेगी। बाह्य-बाह्य मंडल दक्षिण वृत्त और अंर्तमडल वामवृत करेगा। सीटी बजने पर या 'कुरूड़क कहने पर सेविकाएं दौड़ेगी। दूसरी सीटी पर या 'स्तंभड़क कहने पर अपने सहकारी का हात पकड़कर नीचे बैठना है। अंत में बैठने वाली जोड़ी पराजित कहलायेगी। खेल फिर से शुरू होगा। अंतिम शेष जोड़ी विजयी होगी।

(2) शक्ति संचयः-'कड़क और 'खड़क गट आमने-सामने कुछ दूरी पर खड़े होंगे। शिक्षिका के सीटी बजाने पर 'कड़क गट सेविका ने 'खड़क गट की किसी भी सेविका के हाथ के बायें हाथ पर ताली देकर अपने स्थान पर वापस लौटना है। उस समय 'खड़क गट की सेविका ने 'कड़क को पकड़ने का प्रयत्न करना है। पकड़े जाने पर 'कड़कने' खड़क के पीछे जाकर खड़े होना है। इस प्रकार दोनो गटों की सेविकाओं ने अपनी संख्या बढ़ाने का प्रयास करना है। जो गट सभी सेविकाओं को अपने गट में सम्मिलित कर लेगा वह विजयी कहलायेगा।

दो दलों के खेल

(1) राम रावणः-मैदान में खींची गयी रेखा पर, दो गण आमने-सामने मुंह करके खड़े होंगे। दोनो दलों के नाम क्रमशः राम रावण होंगे। दलों के पीछे 5 कदम की दूरी पर एक-एक रेखा खींची रहेगी। शिक्षिका दलों के पास मध्य रेखा पर खड़ी होकर राम अथवा रावण कहेगी। जिस दल का नाम लिया जायेगा उस दल की बहनें पीछे की और दौड़ेगी। दूसरा दल उसे

पकड़ने का प्रयास करेगा। पीछे की और खींची गयी रेखा के भीतर पकड़ी जाने वाली बहनें पराजित कहलायेगी। जो दल अंत तक खेलेगा वह विजयी कहलायेगा।

(2) खो दौडः-समान संख्या वाले 2 दल 5 कदम की दूरी पर आमने सामने खो की स्थिति में क्रम से बैठेंगी सीटी बजाते क्र. 1 की खिलाड़ी दल के सामने से दौडकर पीछे से क्रमांक, 2 को खो देंगी। ऐसे ही 2-3 को 3-4 को खो देंगी। अंतिम सेविका तति मको एक चक्कर लगाकर उसके पास वाली सेविका को अर्थात उलटें क्रम से 9-8 को 8-7 को खो देंगी । जिस दल का काम पहलें पूर्ण होगा, विजयी कहलायेगा।

(3) रेलगाडीः-समान संख्या वाले दो या अधिक दल संपत रेखा से 8-10 कदम की दूरी पर पंक्ति बनाकर खड़े होंगे। सीटी बजाते ही प्रत्येक दल की प्रथम सेविका संप रेखा को पैर से स्पर्श करके लौटेगी। अब उसके पीछे क्र. 2 की सेविका जुड़ जायेगी। अब ये दोनो वहीं क्रिया करेगी। फिर क्र. 3 की सेविका जुड़ेगी। ऐसे रेल के डिब्बों की संख्या बढ़ती जायेगी। रेलगाडी ने वापिस अपने स्थान पर आकर पूर्ववत खड़े होना है। पहले पहुचाने वाला दल विजयी होगा।

(4) लंगडों की बारातः-समान संख्या वाले दो या अधिक दल ध्वज की ओर मुंह करके खड़े होंगे। दल की प्रत्येक सेविका अपना बाया पैर पीछे की ओर उठायेगी, तथा दाहिना हाथ आगे वाली सेविका के भुजा पर रखेगी। प्रत्येक सेविका ने अपने बायें हाथ से सामने वाली सेविका का बाया पैर पकड़ना है। इस प्रकार बनी लंगडों की बारात निश्चित स्थान तक जा कर वापस आयेगी। पहले पहुंचने वाला दल विजयी होगा।

(5) कंकड उछालोः-शिक्षिका के छः कदम की दूरी पर दो दल संख्या में आमने-सामने खड़े होंगे। दोनों दलों के बीच पाच कदम का अंतर रहेगा। सभी सेविकाओं ने हाथ में छोटा कंकड पकड़ना है। पहली सीटी पर कंकड को उछालना प्रारंभ करना है तथा दूसरी सीटी पर रूकना है। जिनके हाथ से कंकड नीचे गिरेगा वह पराजित होगी। अंत तक खेलने वाली सेविका विजयी कहलायेगी।

(6) घर बचाओ घुसपैठी भगाओः- समान संख्या वाले मैदान में खींचे गये मंडल के भीतर बाहर खड़े होंगे। शिक्षिका के नारे लगाने के पश्चात सीटी बजायेगी। तब बाहर वाली सेविकाओं ने एक-एक करके घुसपैठियों को मंडल के बाहर निकालकर मंडल में प्रवेश करके घर को स्वतंत्र करना है। जीतने पश्चात जयघोष होगा।

(7) भूतगलीः- दो पंक्ति बनाकर आमने सामने खड़े होना है। इस प्रकार भूत गली तैयार होगी। इस गली से एक-एक सेविका दौड़ते हुए जाएगी उस समय गली के सभी भूत जोर से उनको पीठ पर मारेंगे। हर एक सेविका ने एक बार तो भी गली से जाना है।

दूसरो को मारते समय और स्वयम मार खाते समय सहनशक्ति बढ़ती है।

(8) सुंदरभाई मुद्दूभाईः- दो पंक्ति में आमने सामने एक रेखा पर खडे होंगे। शिक्षिका बीच मे से जाते हुए सुंदर-सुंदर-सुंदर भाई कहेगी तो सेविका मुद्दू-मुद्दू-मुद्दू भाई बोलेंगी।

अंत में शिक्षिका के सुंदर भाई कहने पर सुंदर भाई दौड़ेंगे मुद्दूभाई उनको पकड़ेंगे, मुद्दूभाई कहने पर मुद्दूभाई दौड़ेंगे सुंदरभाई उनको पकड़ेंगे। जिनसे पकड़े जायेंगे उनके दल में सम्मिलित होंगे।

जिस दल की संख्या बढ़ेगी वह दल विजयी कहलायेगा।

(9) डमरू दौड (अंग्रेजी का आठ बनाना):-आमने सामने खड़े दो दल। सिटी बजते ही दोनों दलो की पहली सेविका रुमाल लेकर दौड़ते हुए डमरू (या अंग्रेजी का आठ) बनाकर अपने साथ वाली सेविका को रुमाल देगी इस प्रकार क्रमशः सब दौड़ेगी। जिस दल की अंतिम सेविका दौड़ पूरी करके अपना रुमाल शिक्षिका को पहले दे देगी वह दल विजयी होगा।

(10) शक्ति परिचयः-दोनों दल की सेविकाये आगे पीछे एक दूसरे की कमर पकड़कर श्रृंखला बनायेंगे। शुरु की दो सेविकाये एक दूसरे का हाथ (या दंड) पकड़ेंगे। दूसरे दल को खीचकर अपनी और ले आने वाला दल विजय होगा।

(11) रस्सी खेच:- पूर्व खेल की भांति मोटे तथा लंबे रस्सी के मध्यबिंदू पर बंधे रुमाल को निर्धारित दूरी (1.5-2.00 मीटर) तक अपनी और खीचने वाला दल विजय होगा।

(12) दंड त्रिकोण:- दो-तीन दल, प्रत्येक के सम्मुख तीन दंड एक दूसरे के सहारे टीकाकर त्रिकोण बनायेंगे। सिटी बजने पर हर दल की पहली खिलाड़ी अपने हाथ में एक दंड (या रुमाल) लेकर दौड़ते हुए सावधानी से इस त्रिकोण मे से जायेगी तथा वापस आकार दंड (या रुमाल) अपने साथी को देगी यही क्रिया दूसरी और फिर क्रमश: सभी करेंगी। अपना काम पहले पूरा करने वाला दल विजय होगा। यदि किसी खिलाड़ी की असावधानी से वह त्रिकोण गिरता है तो वह स्वयं ही उसे बनायेगी तब वापस आकर अगले खिलाड़ी को दंड या रुमाल देगी।

बौद्धिक खेल

(1) कानपुर, नागपुर, पंढरपुर:-शिक्षिका के कानपुर कहने पर दोनों हातों से कान पकड़ना।

नागपुर कहने पर नाक पकड़ना

पंढरपुर कहने पर दोनों हाथ कमर पर रखना।

शिक्षिका मुंह से जो बोलेंगी वह कृति करना। जो बहने गलत कृति करेगी वह खेल के बाहर होगी, जो बहन खेल के अंत तक रहेगी वह विजयी होगी।

(2) अयोध्या मथुरा काशी:-ऊपरी खेल के अनुसार ही शिक्षिका के अयोध्या कहने पर धनुष्य बाण खीचने की कृति, मथुरा कहने पर बन्सी बजाने की कृति, काशी कहने पर नटराज की कृति करनी है।

(3) सेब खाओ:-

शिक्षिका के कहने पर

1. फल पेड़ से तोड़ने की कृति।

2. फल धोने की कृति।

3. फल पोछने की कृति।

4. कहने पर सेब खाने की कृति।

4. इडली, वडा, डोसा:-शिक्षिका के इडली कहने पर हाथ अर्धमंडलाकार घुमाना।

वडा कहने पर ताली बजाना।

डोसा कहने पर तवे पर डोसा बनाने की कृति करना।

(5) फल, फूल, सब्जी:-सभी मंडलाकार खड़ी होंगी।

एक सेविका मंडल के अंदर फल फूल सब्जी, फल फूल सब्जी ऐसा बोलते हुये घुमेगी और अचानक किसी के सामने खड़ी होकर फल/फूल/सब्जी।

इन तीनो नाम में से कोई एक नाम लेकर पूछेगी, सामने वाली सेविका ने तुरंत उत्तर देना है, यदि वह उत्तर न दे पायी तो वह राज देगी।

(6) स्वामीजी, नेताजी

गांधीजी, मौसीजी,

सभी मंडलाकार खडी रहेंगी।

शिक्षिका सेविकाये

स्वामीजी हाथ सीने पर बांधना

नेताजी हाथ माथे पर, सलामी

गांधीजी हाथ में दंड लिये हुये

मौसीजी प्रणाम की स्थिति

(7) 'शब्दांकित शब्द':- मंडल मे सेविकाये घोषणा देते हुए दौड़ेंगी शिक्षिका गणित खगोल या इतिहास की जानकारी देने वाले शब्द कहेगी जिससे अंक बोध होगा उस आधार पर उतनी संख्या मे सेविकाओं ने गण बनाने है जिस गन मे संख्या कम होगी वे सभी सेविकाये बाद होंगे फिर से खेल प्रारंभ होगा खेल के बीच-बीच में शिक्षका ने कुछ प्रश्न पूछकर अपने देश की महकता का परिचय देना है उदाहरणार्थ वेदों के क्रम से नाम बताइये।

नयन - 2,	वसुपुत्र - 8
त्रिगुण - 3	ग्रह - 9
वेद - 4	अवतार - 10
पांडव, तत्व - 5	रस - 6/9
ॠतू - 6	ज्योतिर्लिंग - 12
ॠषीमंडल - 7	ज्ञान/कर्मेंद्रीय - 5

सर्वश्रेष्ठ की विजयः-

सेविकायें संपत रेखा से 5-6 कदम दूरी पर खड़ी होंगी। एक सेविका बिल्ली बनकर संपत रेखा पर ध्वजाभिमुख होकर की स्थिति में बैठेगी। शिक्षिका, दोनों के मध्य में एक ओर खड़ी होंगी।

शिक्षिका सेविकाः-

हाथ से अभिनय करते हुए कहेगी दंड बैठक निकालते हुए सेविकायें छोटे चूहें, बड़े चूहें कही ट्याँव ट्याँव, ऊपरी कृति को बड़ी सेविकाओं ने करते हुए दोहराना है।

खिड़की में देखो बैठो बिल्ली (बिल्ली की ओर हाथ दिखाते हुए) हमारी ओर नहीं देखती, नहीं देखती (कैची के आकार में हाथ हिलाते हुए)

कूदो धब-धब पैरों के पंजों पर कूदते हुए दो कदम आगे बढ़ना है।

शिक्षिका के 'कूदो धब धब ड़क ऐसे कहने पर सेविकाओं ने कूदते हुये बिल्ली बनी सेविका के निकट पहुँचना है। जब चूहे-बिल्ली के निकट पहुचेंगे तब बिल्ली उन पर झपटकर उन्हें पकड़ेंगी। पकड़ में आने वाली सेविकायें पराजित होंगी। अंत तक जीवित रहने वाली सेविका विजयी कहलायेगी।

साधनयुक्त खेल

(1) दंड आगे बढाओः- एक से अधिक समान संख्या वाले गण सामने की ओर मुंह किये पैरों को फैलाकर खडे होंगे। गणों की अग्रेसरिकायें

झुककर दंड को स्वयं के पैरों के बीच से सर्प गति के साथ पीछे की ओर बढ़ायेगी। अंतिम सेविका ने उस दंड को लेकर दौड़ते हुए आगे की ओर आकर पंक्ति में खड़े होकर दंड को फिर से उसी प्रकार पीछे की ओर बढ़ाना है। जिस गण की प्रथम सेविका दंड का लोकर पंक्ति में अपने स्थान पर सब से पहले आकर खड़ी होगी वह गण विजयी कहलायेगा। (दंड को ऊपर, दायी या बायी ओर से आगे बढ़ाते हुये 2–3 से खेला जा सकता है।)

(2) अग्नि दंडः–सब सेविका मंडल में अंदर की ओर मुंह करके खडीं होंगी। शिक्षिका खो की स्थिति में नीचे बैठकर दंड को तेजी से मंडल की परिधि पर घुमायेंगी, उस समय सेविकायें बचनें के लिये उपर उछलेंगी। जिसे दंड का स्पर्श होगा, वह भस्म होगी। अंत तक खेलने वाली सेविका विजयी कहलायेगी। (दंड को दिशा बदलकर भी घुमाया जा सकता है।)

(3) डाकियाः–सभी सेविकायें मंडल में ताली बजाते हुए बैठी रहेगी। गण के बाहर खड़ी 'कड़क सेविका मंडल की परिक्रमा करते समय किसी एक सेविका के पीछे रूमाल रखकर आगे जायेगी। यदि 'खड़क सेविका के रूमाल देख लेने पर वह उस रूमाल को लिये 'कड़क सेविका को पकड़ने के लिये दौडेगी। पकड़ में आ जाने पर पीटते हुए 'खड़क सेविका के स्थान पर बैठ जाने पर 'खड़क ने खेल को पुनः प्रारंभ करना है।

प्रतियोगिता खेल

जितने गण बनेंगे उतने गणो में खेलना है:–

1. दौड प्रतियोगिता
2. लंगडी प्रतियोगिता
3. विठ्ठल कुद प्रतियोगिता
4. मेंढक चाल प्रतियोगिता
5. उलटा दौड़ना प्रतियोगिता

2. अखिल भारतीय राष्ट्रीय शैक्षिक महासंघ

अखिल भारतीय राष्ट्रीय शैक्षिक महासंघ की वैचारिकी मूलतः सांस्कृतिक राष्ट्रवाद पर आधारित है। राष्ट्र हित मंय शिक्षक और शिक्षक के हित में

समाज। यह अपनी त्रिसूत्री सोच है। इसके अंतर्गत राष्ट्र का सन्दर्भ 'सांस्कृतिक राष्ट्र' संकल्पना के आधारभूत लिया गया है। सांस्कृतिक राष्ट्रवाद भारतीय जीवनदर्शन के शाश्वत सिद्धान्तों से आविष्कारित होता है। शैक्षिक महासंघ एक व्यावसायिक संगठन है। व्यावसायिक संगठन की विचारधारा पाश्चात्य से होते हुए भारत पहुंची है। इसलिए यह भारतीय चिंतन प्रणाली से बिल्कुल अलग है। इस व्यावसायिक संगठन की संकल्पना किसी राजनैतिक दल से बंधी नहीं है। साथ ही वह प्रत्यक्ष समाज द्वारा ही नियंत्रित होती है। इस व्यावसायिक संगठन की प्रेरणा स्रोत व नियामक शक्ति के मूल में संस्कृति है। अखिल भारतीय राष्ट्रीय शैक्षिक महासंघ की स्थापना करते समय मुख्यत: तीन महत्त्वपूर्ण बिन्दुओं को सामने रखा । प्रथम, यह संगठन किसी राजनैतिक दल का हिस्सा नहीं होगा। दूसरा, यह संगठन शिक्षकों की समस्याओं के साथ-साथ शिक्षा की समस्याओं को भी अपना कार्यक्षेत्र समझकर कार्य करेगा। तीसरा, समाज के साथ हमारे रिश्तों की चाहे जो मजबूरी हो, हमारी मांगें पूरी हो" इस नारे ने शिक्षक को स्वार्थ केन्द्रित बनाया है और समाज से उसका नाता इसके कारण टूट गया है। शिक्षक समाज का अंग होने के नाते हमारा वृहत् समाजोपयोगी होना अत्यंत आवश्यक है। इन तीन बिन्दुओं को ध्यान में रखकर नीति निर्धारण व कार्यक्रम आयोजनों का होना आवश्यक है। भारतीय चिंतन के अनुरूप शिक्षक संघ तैयार किया गया है। शिक्षा के क्षेत्र में यह एक ऐतिहासिक प्रयास है। महासंघ सांस्कृतिक राष्ट्रवाद का पक्षधर हैं। सांस्कृतिक राष्ट्रवाद का पराभव इस देश के राष्ट्रीयत्व को ही बदल देगा।

अखिल भारतीय राष्ट्रीय शैक्षिक महासंघ कहाँ से कहाँ तक भविष्य में

अ.भा, राष्ट्रीय शैक्षिक महासंघ की स्थापना 1988 में हुई। इसकी चर्चा पिछले तीन-साढ़े तीन वर्ष से चल रही थी। देश में पूर्व से ही अनेक शिक्षक संगठन कार्य कर रहे थे। ऐसे में किसी नवीन संघ का निर्माण करना काफी चुनौतीपूर्ण था। 1961 के दिसम्बर में कटक के बाराबाती स्टेडियम में अखिल भारतीय माध्यमिक शिक्षक महासंघ का पहला वार्षिक

अधिवेशन सम्पन्न हुआ। उसमें तीन कार्यकर्ता जिनका आपस में परिचय नहीं हुआ था, अपने अलावा अन्य स्वयंसेवकों की खोज में लगे हुए थे। उनमें से एक मध्यप्रदेश से डॉ. वा.मो. उपाख्य श्री मामा आठ्यले और उत्तर प्रदेश से श्रीकृष्ण जायसवाल थे। प्रतिवर्ष वार्षिक अधिवेशन में, जिनका प्रेरणा स्त्रोत रा.स्व. संघ का वैचारिक अधिष्ठान था, ऐसे बन्धु अधिवेशन में एकत्रित होने लगे। 1964 में जब भरी मात्रा में राज्यों से बन्धु इकट्ठे हुए थे, तब वाराणसी में यह निर्णय हुआ कि सभी को इकट्ठा होकर आगे बढ़ना है और उसका दायित्व सर्वानुमति से उस समय मुकुंद कुलकर्णी जी को सौंपा गया। इसके माध्यम से देश भर में प्रवास, संपर्क और कार्यकर्ताओं की टोली प्रत्येक राज्य में खड़ी करने का कार्य शुरु हुआ। 1967 में माध्यमिक शिक्षक महासंघ के अध्यक्ष श्री. सत्यप्रियराय का संगठन के अध्यक्ष पद के रूप में पराभव हुआ। 1975 में आपातकाल के समय प्रधानमंत्री स्व. श्रीमती इंदिरा गांधी ने शिक्षा के क्षेत्र में सामयिक सूची लाई, लेकिन उसके पश्चात भी 4–5 वर्ष तक स्थिति में कोई विशेष परिवर्तन नहीं हुआ। 1960 से 1970 तक देशभर में, राज्य-राज्य में शिक्षक संगठनों द्वारा किए गए संघर्ष द्वारा प्रायः मूलभूत माँगें वेतन, श्रेणी, समय पर वेतन मिलना, पूर्ण वेतन मिलना, सेवा सुरक्षितता तथा सरकारी शिक्षकों को प्राप्त करने के अलावा अन्य सुविधाएं प्राप्त करने में भी कुछ यश प्राप्त हुआ था। 1972 में पुनः एक बार कटक के बाराबाती स्टेडियम में हुए अधिवेशन में संयुक्त नेतृत्व का नया पर्व प्रारंभ हुआ। इसके कारण अ.भा. माध्यमिक शिक्षक महासंघ का कार्य अधिक गतिमान हुआ। माध्यमिक शिक्षक महासंघ ने बड़ी मेहनत के साथ कार्य किया। इसी काल खंड में अ.भा. माध्यमिक शिक्षक महासंघ जागृतिक शिक्षक संघटनों से जुड़ा। किसी भी संगठन को सुचारू रूप से कार्य करने के लिए ऐसा लक्ष्य आधार बनाना चाहिए जो एक प्रकार से प्रदीर्घ काल तक संगठन को कार्यरत रख सके।

संगठन विस्तार

जब भी संगठन विस्तार की बात की जाती है तो पहला विचार संगठन के प्रादेशिक विस्तार का सामने आता है। संगठन विस्तार के केंद्र में संगठन का कार्य देश के सभी राज्यों में शुरू किया गया। जिन राज्यों में संगठन का

स्पर्श भी नहीं है, ऐसे करीब-करीब 14 राज्य थे जिनमें हरियाणा, जम्मू-कश्मीर, असम, मेंघालय, मणिपुर, अरूणाचल, मिझोरम, नागालैंड प्रमुख थे। इसके अलावा त्रिपुरा, पांडीचेरी, अंडमान-निकोबार, लक्ष्यद्वीप जैसे केन्द्र शासित प्रदेश भी शामिल थे। 2006 के अन्त तक इनमें से हरियाणा, जम्मू-कश्मीर, मेघालय, मणिपुर, त्रिपुरा और अंडमान-निकोबार इन राज्यों में कार्य प्रारम्भ करने का प्रयास किया गया और प.पू. श्रीगुरुजी जन्म-शताब्दी वर्ष में देश के सभी राज्यों में संगठन का कार्य शुरू हुआ। आज संगठन का काम जिन राज्यों में है उनमें से कुछ राज्य ऐसे हैं कि जहाँ संगठन का कार्य तो है लेकिन सभी जिलों में काम नहीं है। जैसे बिहार, उत्तर प्रदेश, कर्नाटक और तमिलनाडु है। यहाँ कार्य का विस्तार सभी जिलों तक पहुँचाने की दृष्टि से प्रयास करना होगा। संगठन का कार्य विस्तार सभी तहसीलों तक पहुँचाने की दृष्टि से प्रयास करना है। आज की स्थिति में कहीं तीसरा हिस्सा, कहीं आधा हिस्सा तहसीलों में (प्रखण्ड में) कार्य है। अपना लक्ष्य देश के सभी राज्यों में, सभी तहसीलों को कार्य युक्त करना चाहिए। कुछ राज्य ऐसे हैं कि जहाँ प्राय: सभी तहसीलों में कार्य है। जैसे राजस्थान, मध्यप्रदेश, महाराष्ट्र आदि। उनके लिए कार्य विस्तार का स्वरूप, प्रत्येक जिले में जैसे तहसील स्थान हैं उसी प्रकार तहसील के समकक्ष गाँव भी हैं। आजकल वहाँ भी प्राथमिक, माध्यमिक, उच्च शिक्षा आदि सभी के विद्यालय, महाविद्यालय चल रहे हैं। ऐसे समकक्ष गाँवों को ढूंढकर वहाँ भी कार्य शुरू हो या वहाँ की इकाई बने, ऐसा प्रयास करना चाहिए। उनके लिए यही प्रादेशिक विस्तार की संकल्पना होगी। कार्य विस्तार जैसे प्रादेशिक है वैसे ही कार्यक्रमों का भी विस्तार होना चाहिए। संगठन की दृष्टि से शिक्षकों की व्यक्तिगत व सामूहिक समस्याओं को हल करने का कार्य किया जाता है। उसके लिए माँग रखना, प्रदर्शन-निदर्शन करना व आवश्यकता के अनुसार उपवास अथवा हड़ताल करना आदि किया जाता है। 10 हजार स्थानों पर सक्रिय इकाईयाँ व्यावसायिक संगठन के नाम से करें। यह हमारा संगठन विस्तार के लिए मूलभूत कार्य है। उसके साथ-साथ संगठन के स्वीकृत तीन आयामों के संबंध में अनेक कार्यक्रम-उपक्रम करना भी विस्तार का ही एक अंग है। संगठन को अधिक व्यापक करने

में सदस्यता वृद्धि, यह भी एक अंग हो सकता है। वर्तमान में शिक्षक संख्या की करीब-करीब 48% सदस्यता है। यह सदस्यता कम से कम 60% तक पहुँचे, यह कार्य विस्तार ही है। सदस्यता बढ़े, इसके लिए नए सम्पर्क होते रहने चाहिए। जिससे उनमें से कुछ नए सदस्य प्रतिवर्ष सदस्य बनते रहे। इस सम्पर्क के लिए विविध कार्यक्रम-उपक्रम करना, संगठन को आर्थिक दृष्टि से मजबूत करना, समाज के साथ संबंध बढ़ाना व उसके लिए किए जाने वाले विविध कार्यक्रम, जागरूकतापूर्वक उस दिशा में आवश्यक कृति तत्परता से करना, शिक्षा के विषय में नए सोच अभ्यासपूर्वक रखना, उसके लिए सर्वेक्षण, चिंतन, चर्चा सत्र, प्रकाशन आदि उपक्रम करना और देश की समस्याएँ सामने रखकर संगठन को कृतिशील एवं गतिशील बनाना भी कार्य विस्तार का ही अंग है। कार्यविस्तार एक बहुअंगी संकल्पना है।

वार्षिक कार्यक्रम

किसी भी नए संगठन को प्रारंभ करते समय जिन सिद्धांतों, विचारों तथा लक्ष्य का उद्घोष किया जाता है, उनको साकार करने के लिए कुछ निश्चित कार्यक्रम नियमित रूप से प्रतिवर्ष क्रियान्वित करना आवश्यक रहता है। कार्यकर्ता जब अपने कार्यक्षेत्र में नियमित रूप से तथा प्रतिवर्ष कार्यक्रम क्रियान्वित करता है तब उसके अनुरूप संगठन विकसित होता है और उसकी पहचान बनती है। ऐसे श्रद्धावान व कर्मठ कार्यकर्ताओं की संख्या जितनी अधिक होगी उतनी ही उस संगठन की शक्ति अधिक होती है। अतः वार्षिक कार्यक्रम के अंतर्गत निम्न छः कार्यक्रमों की योजना की गई है।

1. संकल्प दिवस, 2. नववर्ष दिवस, 3. सदस्यता अभियान, 4. व्यापक शिक्षक सम्पर्क अभियान, 5. समाज सम्पर्क कार्यक्रम, 6. वार्षिकोत्सव

1. संकल्प दिवस- संकल्प दिवस का उद्देश्य शिक्षकों में दायित्व बोध की निर्मिति व कर्तव्यभाव का जागरण करना है। शिक्षकों के मानसिक परिवर्तन के बिना शिक्षा-क्षेत्र में भी परिवर्तन असंभव है। यह कार्यक्रम व्यापक पैमाने पर करने से वातावरण में थोड़ा परिवर्तन दिखाई देगा। स्वामी विवेकानन्द जयन्ती से 23 जनवरी नेताजी सुभाष जयन्ती के मध्य, यह

कार्यक्रम स्थानीय स्तर पर सम्पन्न करना चाहिए। जहाँ कार्यकर्ता हैं वहाँ कार्यक्रम होना चाहिए। शिक्षकों के इस कार्यक्रम में समाज के प्रभावी लोगों की उपस्थिति होनी चाहिए।

2. नववर्ष दिवस- सद्यस्थिति में भारतीय कालगणना उपेक्षित-सी हो गयी है। राष्ट्रीय भावना जागृति के लिए अपना नववर्ष सार्वजनिक रुप से सम्पन्न करना यह कार्यक्रम का स्वरुप है। हम पाश्चात्य कालगणना की टीका-टिप्पणी न करते हुए अपनी कालगणना का कार्यक्रम समाज में प्रस्थापित करें, ऐसी इसके पीछे की कल्पना है। यह कार्यक्रम चैत्र शुक्ल प्रतिपदा को और आवश्यकता के अनुसार कुछ थोड़ा आगे पीछे सम्पन्न कर सकते हैं। लेकिन भेंट पत्र, संदेश, विविध स्पर्धाएं आदि जैसी बातें कुछ आगे पीछे चल सकती हैं। सभा, चर्चासत्र, यह बातें उसी दिन होना अधिक उपयुक्त होगा। इन सभी बातों का लक्ष्य भारतीयत्व की जागृति होना चाहिए। यह कार्यक्रम भी जहाँ इकाई व कार्यकर्ता हैं वहाँ सम्पन्न होना चाहिए। विद्यालय में प्रार्थना सभा अथवा प्रत्येक कक्षा में इसके महत्त्व की चर्चा अवश्य की जानी चाहिए।

3. सदस्यता अभियान- आजकल आजीवन सदस्यता के कारण सदस्यता अभियान का संकोच कार्यवृद्धि में एक बाधा है। राज्य संगठन द्वारा सत्र के प्रारम्भ में 15, 29 अथवा 30 दिन आवश्यकता के अनुसार सदस्यता अभियान के लिए समय तय करना चाहिए। उस अवधि में संगठन की पूरी शक्ति योजनापूर्वक इस अभियान में लगानी चाहिए। इस अभियान का अर्थ है हम नए-पुराने सभी सदस्यों के घर पर जाकर उनसे धन माँगें और यथा सम्भव उनको कुछ दायित्व देने का भी प्रयास करें, ऐसी भूमिका इसमें रहनी चाहिए।

4. व्यापक शिक्षक सम्पर्क- जब कार्य विस्तार की बात करते हैं तो सर्वप्रथम सामने बात आती है सदस्यता वृद्धि की, लेकिन सदस्यता वृद्धि होगी कैसे? सदस्यता वृद्धि तभी सम्भव है जो अपने सम्पर्क में नहीं हैं उनके पास जाकर सम्पर्क करेंगे, मित्रता करेंगे, विचारों का आदान-प्रदान करेंगे, जिसके कारण उन्हें सदस्य बनाने की स्थिति में लाएं और वह व्यक्ति भी अपनी बात मानने की मनः स्थिति में आए। एक बार यदि इसी

प्रकार से प्रयास प्रारंभ करते हैं तो इस वर्ष और उसके पश्चात प्रतिवर्ष लाभ होता दिखाई देगा। आज शिक्षक समुदाय में लगभग 12% के करीब हैं। लगभग 88% शिक्षक दायरे के बाहर हैं। उनमें से लगभग 10% लोग किसी अन्य विचार धारा से संलग्न हैं। करीब-करीब 75% शिक्षक कहीं भी बंधे हुए नहीं हैं। वे केवल अपने हित से बंधे हुए हैं और यही कार्यवृद्धि का महत्त्वपूर्ण क्षेत्र है। इनसे सम्पर्क करना और उन्हें अपने से जोड़ना सदस्यता का विस्तार है। यदि एकदम सबको मिलना कठिन या असम्भव लगता हो तो प्रतिवर्ष राज्य की शिक्षक संख्या का कुछ प्रतिशत (सामान्यतः 10%) नए लोगों को सम्पर्क करना और इस प्रकार पुराना सम्पर्क कायम रखते हुए नया सम्पर्क बढ़ाते जाना, यह करने से अल्पावधि में 12% से 25% तक आगे बढ़ सकते हैं। इसके लिए मेहनत से काम करने वाले कार्यकर्ताओं की संख्या बढ़ाने की आवश्यकता रहेगी। लेकिन इसी रास्ते से संगठन के नाते देश में प्रथम क्रमांक पर पहुँच सकेंगे। इस नए सम्पर्क के लिए रक्षाबंधन, दशहरा, हमारा राष्ट्रीय विजयपर्व, संक्राति, इन जैसे किसी अवसर को तय करके सम्पर्क योजना बनाएं। इसके लिए भी आवश्यकता के अनुसार 10-25 दिन का अभियान पर्व चलाना उपयुक्त होगा। प्रतिवर्ष यही पर्व, यही कालखंड पद्धति कायम रखने से उसका संगठन के जीवन में एक स्थान बनेगा।

5. समाज सम्पर्क कार्यक्रम- इसमें समाज और शिक्षक इन दोनों में जो खाई पैदा हुई है, उसको मिटाने के लिए कार्य किया जाता है। अभी तक कुछ स्थानों पर कार्यकर्ताओं ने रक्तदान जैसे कार्यक्रम किए हैं। सेवा कार्य प्रारम्भ के नाते यह ठीक भी है। लेकिन उपक्रमों में बहुत विविधता और नावीन्य निर्माण किया जा सकता है। चर्चा सत्र हो सकते हैं, समाज के सम्मुख समस्याएँ रखी जा सकती हैं, जो छात्रों से संबंधित हैं साथ ही इतिहास जैसे विषय को चर्चा का विषय बनाया जा सकता है। निमंत्रण अधिकाधिक लोगों को देना, यह इस कार्यक्रम का मुख्य अंग होना चाहिए। कार्यक्रम के माध्यम से बड़ी संख्या में समाज सम्पर्क किया जा सकता है।

6. वार्षिकोत्सव- वार्षिकोत्सव प्रायः सभी राज्यों में किसी न किसी प्रकार से मनाया जाता है। कई स्थानों पर एक वार्षिकोत्सव राज्य स्तर का,

एक विभाग अथवा समकक्ष स्तर का और एक स्थानीय इस प्रकार से मनाया जाता है। यह व्यवस्था राज्य, जिला व स्थानीय इनके आपसी तालमेल की बात है। वार्षिकोत्सव मनाने का हेतु शिक्षकों से निकट सम्पर्क करना है। क्रीडास्पर्धा, गायनस्पर्धा, नाट्यस्पर्धा, काव्यस्पर्धा, कथास्पर्धा आदि भिन्न-भिन्न कार्यक्रमों द्वारा गुणी शिक्षकों को सम्पर्क में लाना और कार्य में गुणी शिक्षकों को जोड़ने का एक अवसर हो सकता है। वर्षभर में कार्यकर्ताओं को आनंद देने वाला एक अवसर भी उसका एक पहलू है। जो शिक्षक अन्य अवसरों पर सम्पर्क में आने में ज्यादा उत्साहित नहीं रहते है, वे शिक्षक ऐसे अवसरों पर जरूर शामिल हो जाते हैं वार्षिक सभा, वार्षिक वृत्त, वार्षिक लेखा आदि बातें सम्पन्न की जाती है। उसमें केवल निष्ठावान शिक्षक ही शामिल होते हैं। किसी न किसी रूप में वार्षिकोत्सव व्यापक पैमाने पर मनाना, सम्पर्क का माध्यम इस हेतु बनाना, संगठन के लिए उपयुक्त होगा। इन 6 अवसरों का चयन एक विशिष्ट हेतु से किया है। संकल्प दिन के माध्यम से शिक्षकों के ऊपर कर्तव्यबोध व राष्ट्रभाव की निर्मिति, नववर्ष के माध्यम से भारतीयत्व की जागृति, सदस्यता अभियान, संगठन का विस्तार व आर्थिक आधार इस दृष्टि से, व्यापक शिक्षक सम्पर्क अभियान देश में संगठन को क्रमांक एक ओर ले जाने का प्रयास, समाज सम्पर्क के माध्यम से समाज को अपने साथ लेने का प्रयास, वार्षिकोत्सव के द्वारा गुणी शिक्षकों से सम्पर्क और शिक्षकों के लिए एक आनंद का अवसर देकर उन्हें तरोताजा करना संगठन को चलाने की दृष्टि से, ये सभी बातें उपयुक्त होंगी और कार्यकर्ताओं को भिन्न-भिन्न कार्यक्रम देने वाली होगी। यह सब मिलाकर संगठन की एक विशिष्ट प्रकार की पहचान बनाएगी। यह ध्यान में रखना होगा कि ये नियमित वार्षिक कार्यक्रम होंगे।

अपने नेतृत्व में देश के शिक्षक संगठनों का मंच

शिक्षक हितसंबंधों के कार्य को कायम रखते हुए, उसमें तीन ऋण जोड़े गए हैं। शिक्षक संगठन के नाते शिक्षा के क्षेत्र में शिक्षा की समस्याओं को देखना पहला देव ऋण है। दूसरा ऋण अर्थात ऋषि ऋण है। सामाजिक ऋण का बोध शिक्षकों में जगाकर शिक्षक और अभिभावक के मध्य निर्मित दुर्भाग्यपूर्ण खायी को मिटाना। तीसरा पितृ ऋण है। देश में कोई भी

संगठन राष्ट्रवादी भाव को लेकर शिक्षा और शिक्षकों का विचार करने वाला नहीं था। इसको सामने रखकर शिक्षक संगठन और शिक्षा क्षेत्र में राष्ट्रभाव की जागृति का संकल्प लिया। यह कदम शिक्षक संगठन के क्षेत्र में शिक्षक संगठन को नया स्वरूप देने का कदम था। अखिल भारतीय राष्ट्रीय शैक्षिक महासंघ के माध्यम से नयी संकल्पना को देश में स्थापित करने के प्रयास में हैं। महासंघ की गतिविधि का सारा लक्ष्य, देश में शिक्षक संगठन में इस संकल्पना को अपने व्यवहार से व शक्ति के आधार पर दृढ़मूल करने का है। आज देश में और राज्यों में संगठनों की भरमार है। सभी का लक्ष्य मात्र शिक्षकों को लाभ पहुंचाने तक ही सीमित है। लेकिन बहुसंख्यक संगठन किसी राजनीतिक दल के अंगभूत संगठन नहीं हैं। महासंघ में राष्ट्रवादी प्रवृत्ति के कार्यकर्ताओं को एकत्रित किया गया है।

शक्ति प्रदर्शन

अखिल भारतीय राष्ट्रीय शैक्षिक महासंघ की आज की स्थिति, समाज को अथवा शासन को दखल लेने योग्य समझे, ऐसी नहीं है। शक्ति प्रदर्शन, यह चमत्कार करने का एक मार्ग है। भारत में लगभग 700 जिले और 6000 तहसील हैं। तहसील के समकक्ष गांव भी देश में संभवतः उतने ही हैं। यदि कोई भी कार्यक्रम हमारे निर्देश के अनुसार इन 11,000 स्थानों पर क्रियान्वित होता है तो वह भी शक्ति प्रदर्शन हो सकता है। यदि देश में कहीं भी, मानो दिल्ली में एक-डेढ़ लाख शिक्षकों की रैली होती हैं तो वह भी शक्ति प्रदर्शन है। यदि अखिल भारतीय राष्ट्रीय शैक्षिक महासंघ के निर्देश पर एक लाख शिक्षक अपने-अपने स्थानों पर 3-4 लाख आर्थिक दुर्बल अथवा पिछड़े विद्यार्थियों का अभिभावकत्व स्वीकार करते हैं तो यह भी शक्ति प्रदर्शन है। यदि शैक्षिक महासंघ के कार्यकर्ता देशभर में किसी समाज हित के उपक्रम में 8-10 हजार स्थानों पर शामिल होते हैं, वह भी शक्ति प्रदर्शन ही है। शक्ति प्रदर्शन के और भी कई मार्ग सोचे जा सकते हैं लेकिन सभी में एक बात समान, आवश्यक और महत्त्वपूर्ण है, वह यह है कि कार्यक्रम-उपक्रम कितने हजार/लाख की संख्या में किये जाते हैं।

प्रकाशन

अखिल भारतीय राष्ट्रीय शैक्षिक महासंघ का कार्य 20 राज्यों में शुरू हुआ है। उनमें से 10 राज्य ऐसे हैं जो अपनी पाक्षिक या मासिक पत्रिका प्रकाशित करते हैं। यह आग्रह रहा है कि राज्य में यह पत्रिका राज्य की प्रादेशिक भाषाओं में प्रकाशित हो। केरल, आंध्रप्रदेश, कर्नाटक, महाराष्ट्र तथा बंगाल राज्यों में वहाँ की राज्यभाषा और मातृभाषा में उनकी मासिक पत्रिकाएं प्रकाशित होती है। बाकी राज्यों में जिसमें राजस्थान, मध्यप्रदेश, दिल्ली, उत्तर प्रदेश, झारखंड हैं, हिन्दी भाषा में जो, उनकी राज्यभाषा और मातृभाषा भी है, पाक्षिक या मासिक पत्रिका प्रकाशित होती है। इन सभी पत्रिकाओं में होने वाला प्रकाशन और सशक्त बनाना है। स्थूल रुप से कुल प्रतियाँ सबकी मिलाकर लगभग 25000 तक छपती हैं। जबकि इन राज्यों में शिक्षकों की संख्या 50 लाख है और विद्यालयों की संख्या 5 लाख तक है। इसका मतलब यह है कि अभी कम है। अभिभावक करोड़ों की संख्या में हैं। शिक्षक और विद्यालय लाखों की संख्या में हैं। ऐसी स्थिति में 25000 प्रतियों का प्रकाशन केवल प्रतीकात्मक है ऐसा कहना पड़ेगा। आज देशभर में लगभग 2000 कार्यकर्ता थोड़े से सक्रिय हैं। इस संख्या को बढ़ाने का इनका लक्ष्य है। एक तरीका और है, छोटी-छोटी पुस्तिकाएं प्रकाशित करें, उनको कुछ बेचें, कुछ वितरित करें। यह प्रकाशन भी लाखों की संख्या में करना पड़ेगा और तब कहीं आवश्यकता के एक-आध प्रतिशत के आस-पास पहुँच सकेंगे। आज की स्थिति में इसी को अपना लक्ष्य बनाकर प्रयत्नशील बने हुए हैं।

विद्वत परिषद्

अखिल भारतीय राष्ट्रीय शैक्षिक महासंघ ने शिक्षा की समस्याओं के विषय में कार्य करने का निश्चय किया है। समस्या के निवारण के अंतर्गत एक ओर समस्या को हल करने का एक और तरीका है कि समस्या को सामने रखकर, उस समस्या के संबंध में आवश्यक जानकारी इकट्ठा करना। उस जानकारी को आधार बनाकर उस विषय पर संगठन के स्वीकृत सिद्धान्त को सामने रखकर, उस पर विचार विनिमय करना। एक प्राथमिक

मसौदा बनाना, उसको विचारार्थ प्रस्तुत करना, उस विषय पर चर्चा सत्र आयोजित करना और प्राप्त सूचनाओं पर विचार करके अंतिम मसौदा तैयार करना और फिर उस विषय को शासन और समाज के सम्मुख एक माँग के रूप में रखना, उसके लिए अनुप्रयास करना, यह स्थूल रुप से एक तरीका है। लेकिन इसके अलावा भी कुछ आवश्यकताएं रहती हैं। इनमें से एक महत्त्वपूर्ण बात यह है कि समाज में शिक्षाविद्ध माने जाने वाले लोगों का समर्थन प्राप्त करना। शिक्षाविदों की अनुकूल प्रतिक्रियाएँ समाज और शासन को प्रभावित करती है। इसलिए ऐसे शिक्षाविद् का एक मंच गठन करना आवश्यक है। अपने समाज में शिक्षाविदों के कुछ प्रकार हैं। एक प्रकार है, जो लगातार और प्रदीर्घ समय तक शिक्षा के विषय में कुछ कहते रहते हैं, लोग उन्हें शिक्षाविद् मानने लगते हैं। दूसरा प्रकार है, देश के बाहर की शिक्षा विषय की पुस्तकों का अनुवाद प्रकाशित करने वाले और उसके आधार पर समाज को लेख अथवा किताब लिखने वाले, समाज इन्हें भी शिक्षाविद् मानता है। तीसरा प्रकार है, जो अपनी संस्कृति को, देश की आवश्यकताओं को ठीक प्रकार समझकर विचार विनिमय और चिंतन के द्वारा देश के हित में अपने विचारों को प्रकट करने वाले और सम्भवतः इन विचारों को क्रियान्वित करने वाले, ऐसे प्रयोग करते हैं ऐसे लोगों को भी शिक्षाविद् माना जाता है। इन तीनों प्रकार के शिक्षाविदों से सम्पर्क करके उन्हें अपने साथ जोड़ना आवश्यक है। इतना ही नहीं अपने में से जो चिंतनशील, कार्यक्षेत्र में अनुभव के आधार पर जिनकी दृष्टि व्यापक हुई है। ऐसे अपने कार्यकर्ताओं को समाज में शिक्षाविद् के रूप में सामने लाना चाहिए। शिक्षक संगठन, जो विषय शिक्षकों व शिक्षा का है वह समाज व शासन के सम्मुख रखेगा। उसको अनेक समाजमान्य व शासनमान्य व्यक्तियों का समर्थन उपयोगी होता है।

प्रकल्प केन्द्र-

प्रान्त के अखिल भारतीय राष्ट्रीय शैक्षिक महासंघ का शिक्षा के क्षेत्र में अपना स्थान बनाना संगठनात्मक लक्ष्य रखा गया है। शैक्षिक महासंघ की स्थापना में शिक्षक संगठन को शिक्षा के विषय में काम करना चाहिए, यह एक आयाम था। इसमें किसी का मत वैभिन्य नहीं है लेकिन इस पर किसी

का जोर भी नहीं है। शैक्षिक महासंघ की पहचान जो निर्मित करना चाहते हैं उसमें शिक्षा पर विचार और मार्गदर्शन एक महत्त्वपूर्ण हिस्सा है। लेकिन वह निश्चित, नियमित व विकसित अंग नहीं बना है। बहुत जल्दी उसे ऐसा बनाना चाहिए। उसके लिए यह एक सुझाव है कि वर्ष में एक शिक्षा विषयक प्रकल्प राज्य के द्वारा क्रियान्वित हो और केन्द्रीय संगठन के द्वारा भी प्रतिवर्ष एक प्रकल्प राज्य की सहायता से पूरा किया जाए। 2-3 वर्ष यह उपक्रम लगातार किए जायेंगे तो शैक्षिक महासंघ की नयी पहचान सहज रीति से बनेगी। जब शैक्षिक प्रकल्प की बात करते हैं तो उसके पीछे की संकल्पना इस प्रकार है। राज्य की कुछ अपनी समस्याएं होती हैं, जिसकी व्याप्ति राज्य स्तर की होती है। शासन उस पर कुछ निर्णय करता है। वह भी निर्णय करते समय स्वाभाविक रीति से राज्य चलाना है, उस दायरे में उनकी सोच रहती है। इसमें सत्ताधिष्ठित राजनीतिक दल की सोच उसमें प्रभावी रहती है। यह विचार राष्ट्र के हित में शिक्षा, शिक्षा के हित में शिक्षक, इससे बहुत बार सोच बहुत अंतर रखने वाली होती है। राज्य का शिक्षा के संबंध में कोई भी निर्णय राष्ट्र के हित में है अथवा नहीं, उस निर्णय के परिणाम तात्कालिक और दीर्घकालिक क्या होंगे, यह सोचना आवश्यक हो जाता है। कई बार राजनीतिक अथवा किसी दबाव में निर्णय होते हैं। उससे निर्मित समस्या अभ्यास का विषय बनती है। ऐसी किसी समस्या को प्रत्येक राज्य चुने और उस पर काम करें, यह अपना एक नियमित वार्षिक कार्यक्रम होना चाहिए। शैक्षिक समस्या पर काम करने की स्थूल कल्पना इस प्रकार है- समस्या को सामने रखकर सर्वप्रथम उस विषय से संबंधित आवश्यक जानकारी प्राप्त करना, उस जानकारी को सम्मुख रखकर राष्ट्रहित के परिप्रेक्ष्य में उस पर विचार करना और अपना मत उस समस्या के बारे में तैयार करना, यह मत एक प्रबंध के रूप में समाज और शासन के सम्मुख रखना, उस विषय को आवश्यकता के अनुसार एक से अधिक स्थानों पर चर्चासत्र या विचारगोष्ठी के माध्यम से समाज की प्रतिक्रिया जानने के लिए रखना, प्राप्त सुझाव लेकर उस पर फिर से अपने विचारों के अनुसार अंतिम रूप देना, यह एक शास्त्रीय प्रक्रिया है। उस विषय पर शैक्षिक महासंघ का सुविचारित मत होगा, जो शासन और

समाज के लिए दीर्घकाल तक मार्गदर्शक होगा। यह सब करने का काम, उसके लिए गठित एक छोटे से समूह द्वारा किया जा सकता है। ऐसे समूह की निर्मिति उसके लिए पर्याप्त है। आवश्यकता पड़ेगी तब जानकारी प्राप्त करने में संगठन की क्वचित मदद लेनी पड़ेगी। सर्वसामान्य कार्यकर्ता को उसमें एक कच्चा मसौदा तैयार होने पर प्रतिक्रियाएं प्राप्त करना इतना ही काम रहेगा। कुछ विषय अखिल भारतीय स्तर के भी रहते हैं। ऐसे विषय केन्द्रीय स्तर पर चुने जाएं और उपरोक्त पद्धति से वहां भी क्रियान्वयन हो। इसमें समय का बंधन कम और पक्की जानकारी के आधार पर चिंतन इनका महत्त्व अधिक है। अ.भा. राष्ट्रीय शैक्षिक महासंघ ने तीन प्रकल्पों पर काम शुरू किया है। प्रथम- अंग्रेजी की शिक्षा और अंग्रेजी माध्यम से शिक्षा- उसके परिणाम व समाधान। दूसरा- देश में विद्यालय महाविद्यालयों में शारीरिक शिक्षा की दु:स्थिति और उसके लिए क्या किया जाये। तथा तीसरा-शिक्षा में विज्ञान और अध्यात्मिक शिक्षा, दोनों साथ चलें।

सेवा एवं सामाजिक सरोकार के कार्य

अखिल भारतीय राष्ट्रीय शैक्षिक महासंघ यह देशव्यापी शिक्षक संगठन, पारंपरिक शिक्षक संगठन नहीं है, यह सभी जानते हैं। भारतीय जीवन दर्शन-संस्कृति-जीवन मूल्य इनके अनुरूप व युगानुकूल संगठन, यह हमारी शिक्षक संगठन की संकल्पना है। शिक्षक संगठन को राष्ट्रभावना का अधिष्ठान और समाज से अपने रिश्ते का ध्यान रखकर शिक्षक संगठन का व्यवहार महासंघ करना चाहता हैं। शिक्षक समाज का अंग है। यदि हाथ अथवा पैर ने कहा कि इस शरीर से मेरा कोई संबंध नहीं है तो वह अवयव स्वयं नष्ट होगा और शरीर का भी नुकसान होगा। शिक्षकों को यह बात ध्यान में रखकर ही विचार करना चाहिए। देश स्वतंत्र होने से आज तक देश का शिक्षकवर्ग समाज से मांग ही रहा है और प्राप्त ही कर रहा है। अब सोचने का समय आ गया है कि हम समाज को क्या दे रहे हैं? समाज ने इस सम्बन्ध में शिक्षकों के प्रति नाराजगी प्रकट की है। अपवाद जरूर है, लेकिन समाज की यह धारणा बनी है कि शिक्षक अपने दायित्व को निभा नहीं रहा है और हम इस आक्षेप का ठोस इन्कार करने की स्थिति में नहीं हैं। अखिल भारतीय राष्ट्रीय शैक्षिक महासंघ की स्थापना करते समय,

सद्यस्थिति में शिक्षक और समाज में पैदा हुई खाई को मिटाने का आयाम जोड़ा है। यह खाई पाटे का मतलब है हम समाज का एक उपयोगी अंग बने। राष्ट्रीय शैक्षिक महासंघ की पहचान श्रेष्ठ बने, ऐसा प्रयास होना चाहिए। अपने शिक्षक संगठन में प्रत्येक सदस्य कुछ न कुछ सेवाकार्य करने वाले हों। ऐसे शिक्षक संगठन के प्रति समाज का अपनेपन का भाव स्वाभाविक रूप से ही रहेगा।

सामाजिक सरोकार के कार्य

आपदा-विपदा के समय सभी जन एक साथ मिलकर सहायता कार्यों में जुट जाते हैं। इसके अतिरिक्त भी समाज में अनेकानेक कार्य सरकारी सहायता के बगैर भी किये जाने चाहिए, क्योंकि व्यवस्था की भी अपनी मर्यादा है। साथ ही साथ समाज की आवश्यकताओं के अनुरुप चलने वाली संस्थाएं भी इस प्रकार के कार्य कर अपने कर्तव्य का पालन करे। अपने शिक्षक संगठन, शैक्षिक गतिविधियों में वर्षभर कार्यरत रहते हैं। साथ ही व्यावसायिक संगठन के नाते शिक्षकों की समस्याओं को लेकर यथा प्रयास समाधान कराते हैं। ऐसे में समाज कार्यों में अपनी सहभागिता सुनिश्चित करने में पीछे रहे हैं। आज इसे समझकर सामाजिक सरोकार के कार्य में महासंघ जुटा हुआ है। समाज, देश, राष्ट्रहित बिना क्या हमारी भी उन्नति, विकास, पहचान संभव है? विचार करने पर ध्यान में आएगा कि जो सामर्थ्य, बुद्धि, कौशल भगवान ने हमें दिया है उसका उपयोग करने की दिशा में हम अभी तक अग्रसर नहीं हुए। समय की पुकार समझकर देश हितार्थ महासंघ का दायित्व है कि समय समर्पण के साथ ही अनेक साथियों को सामाजिक सरोकार के कार्यों से जोड़ें। अत्यल्प साधनों से किए जाने वाले कार्य अपनी प्राथमिकता में रहे। सुझावार्थ निम्न कार्य किए जा सकते हैं। यथा- पर्यावरण- सम्पूर्ण संसार पर्यावरण को लेकर चिन्तित है। असीमित साधनों का प्रयोग संकट का कारण बना है। ऐसे में निम्न कार्य किए जाने चाहिए। वृक्षारोपण- वर्षा ऋतु में प्रतिवर्ष अपने विद्यालय, सार्वजनिक स्थलों पर समारोह पूर्वक वृक्षारोपण करें। विद्यालयीन बच्चों को वर्षभर संभाल एवं संरक्षण हेतु एक-एक वृक्ष नामित करें। सुझावार्थ निम्न कार्य किए जा सकते हैं-

1. पॉलिथिन के उपयोग के विरूद्ध जन जागृति अभियान- रैली, प्रभातफेरी, संकल्प, जुलुस, कर पत्रक वितरण कर जन जागरण करें। जन-जन के मन में यह बात बैठी हो कि जिस गाय की हम पूजा करते हैं वह पालिथिन खाकर मरती है। घर के बाहर बहने वाला गंदे पानी का नाला, सीवरेज आदि पालिथिन के कारण बंद हो गये है।

2. जल संरक्षण- कहा जाता है कि यदि तीसरा विश्व युद्ध हुआ तो पानी को लेकर होगा। 'बिन पानी सब सून' आदि कहावतें प्रचलित हैं ही। भवन निर्माण, वास्तु संरचना के प्रकार ने पानी का उपयोग बढ़ा दिया है। जीवन शैली में आये बदलाव ने इस संकट से मिलवाया है।

3. वर्षाजल का संग्रहण- जन जागृति के विभिन्न प्रयोग कर अपने घर की छत पर बरसे जल को नाली के माध्यम से घर में बने टैंक में जल संग्रहण कर वर्षभर उसका उपयोग करें। पश्चिम राजस्थान में यह प्रथा आज भी प्रचलित है। घर के साथ खेतों में कुआँ जैसा ऊँचा घाट बनाकर वर्षा के जल का संग्रहण करते हैं।

4. जल उपभोग नियंत्रित हो- भवन निर्माण के समय ध्यान रख हवादार वास्तु रचना करें। डिटर्जेन्ट साबुन, पाऊडर, शेम्पो से अधिक पानी की खपत होती है यानि सामान्य साबुन उपयोग करने पर केवल 40 प्रतिशत पानी लगता है। जन जागरण पत्रक वितरण कर, विद्यालयों की प्रार्थना सभा में, ग्रामजनों की संगोष्ठी कर विषय प्रतिपादन कर, उनसे संकल्प कराए। घर के उपयोग किये पानी को संचित कर पेड़ पौधों में उपयोग करें।

3. साक्षरता के लिए प्रयास- तरुण शिक्षक कार्यकर्ता ऐसी आवश्यकता वाले स्थानों पर केन्द्र चलायें। अक्षर ज्ञान कर हस्ताक्षर ही नहीं वह लिख-पढ़ सकें, विवेक पूर्ण व्यवहार कर सकें, ऐसी शिक्षा की व्यवस्था "हम नहीं भला और कौन" कर सकेगा।

4. सेवा बस्ती के बच्चों के लिए कोचिंग सेन्टर- ऐसे अभावग्रस्त बस्ती के बच्चों के लिए दो-तीन मास के लिए परीक्षापूर्व कोचिंग केन्द्र चलाते हैं। विशेष कक्षाएं भी यथा अंग्रेजी, गणित, विज्ञान तथा अन्य भाषाओं की चलायी जा सकती हैं।

6. स्वास्थ्य चेतना- इसमें योग प्राणायाम शिविर, आयुर्वेदिक, होम्योपैथिक चिकित्सा, देशी जड़ी-बुटियों से चिकित्सा, मौसमानुसार खान-पान का आग्रह है।

7. महत्त्वपूर्ण स्मारक, धार्मिक स्थलों का संरक्षण का रख-रखाव ऐसे अनेकानेक कार्य शैक्षिक वैशिष्ठय को बनाये रखते हुए सामाजिक सरोकार में लग सकते हैं।

इन सभी कार्यों में से कोई एक कार्य जिला अपनी सुविधानुसार समय निर्धारित कर प्रतिवर्ष किये जाने से धीरे-धीरे समाज में मान्य होंगे।

कई कार्य अन्यान्य संस्थाओं द्वारा पूर्व से ही किये जाते हैं जो आर्थिक भार बढ़ाने वाले हैं। हम कम खर्च वाले वे ही कार्य हाथ में लें, जिसका समाज पर सीधा प्रभाव पड़े। समाज में शिक्षक के बारे में जो धारणा अभी तक बनी हुई है वह इन प्रयासों से सम्मान प्रदान करने वाली बनेगी।

आर्थिक सुदृढ़ता

अखिल भारतीय राष्ट्रीय शैक्षिक महासंघ की आर्थिक स्थिति, कार्यवृद्धि के लिए उपयुक्त मानी जाए ऐसी नहीं है, यह सब जानते हैं। महासंघ का दैनंदिन काम चलाने के लिए, प्रतिवर्ष जो शुल्क के रूप में आता है वह अपर्याप्त है। संगठन शुरू करते समय यही सोचा गया था कि पहले राज्य को आर्थिक दृष्टि से मजबूत होने दीजिए तभी केन्द्र स्वाभाविक रीति से मजबूत होगा। यदि आज संविधान के अनुसार जितना शुल्क संलगय संगठनों से आना चाहिए, वह सब आता है तो भी संगठन की वर्ष भर की आवश्यकता पूरी नहीं हो सकती। बढ़ते संगठन को जो निधि आवश्यक है वह इसके अतिरिक्त है। इस पर विचार करते समय एक बात ध्यान में आती है कि संगठनानुसार जो वार्षिक शुल्क तय है वह अत्यल्प है। जिन संगठनों का शुल्क सर्वाधिक है, वह केवल 50 रूपयों तक है। आज की स्थिति में 50 रूपये वार्षिक सदस्यता शुल्क कोई मायने नहीं रखता। लेकिन कार्यकर्ता इसमें भी छलांग लगाने की हिम्मत नहीं कर पा रहे हैं। जब 50 रूपये शुल्क की बात करते हैं तो उसको लेकर कठिनाई में पड़ने वाले संगठन भी बहुत हैं जो वेतन श्रेणी प्राप्त प्राथमिक शिक्षक हैं उन्हें वर्ष

में 60,000 रु, प्राप्त होते हैं, वे यदि 50/- वार्षिक शुल्क देते हैं तो वह अपने प्रति 100/- रूपये में से 0.83 पैसे, यह राशि 100 रु. की आय के 1 पैसे से भी कम है। वर्ष भर में संगठन को देते हैं। हर माह 5000/- रु. यह उसका नौकरी में लगने के समय की प्राप्ति है और जिनका वेतन 8, 10, 15 हजार है वह इससे भी अधिक न्यूनतम हिस्सा संगठन को देते हैं। आय वृद्धि के लिए एक सुझाव मन में आता है कि जिन शिक्षकों की आय 2 या 3 स्रोतों से है, उन्हें हम आवाहन करें कि वर्ष में संगठन को 1000 रूपये वार्षिक सहयोग के रूप में दें। कम से कम 5 वर्ष वह आर्थिक सहयोग करे और ऐसे शिक्षकों को संगठन में सम्मानित किया जाए। आधी रकम एक स्रोत वालों से स्वीकार करें, यह भी एक तरीका है। संगठन के लिए इसके अलावा भी धन प्राप्ति के कुछ मार्ग और हो सकते हैं।

3. अखिल भारतीय विद्यार्थी परिषद्

अखिल भारतीय विद्यार्थी परिषद् की स्थापना 9 जुलाई, 1949 को संघ कार्यकर्ता बलराज मधोक जी की अगुआई में की गयी थी। यह एक भारतीय छात्र संगठन है। मुंबई के प्रोफेसर यशवंत केलकर जी इसके मुख्य कार्यवाहक थे। विद्यार्थी परिषद् का नारा है- ज्ञान, शील और एकता। आज विद्यार्थी परिषद् न केवल भारत का बल्कि विश्व का सबसे बड़ा छात्र-संगठन है। यह संगठन छात्रों की समस्याओं के निवारण हेतु एकत्र छात्र शक्ति का परिचायक है। विद्यार्थी परिषद् के प्रेरणा स्त्रोत स्वामी विवेकानंद जी है। विद्यार्थी परिषद् के अनुसार, छात्रशक्ति ही राष्ट्रशक्ति होती है। विद्यार्थी परिषद् का मूल उद्देश्य राष्ट्रीय पुनर्निर्माण है। अपने स्थापना काल से ही संगठन ने छात्र-हित और राष्ट्र-हित से जुड़े प्रश्नों को प्रमुखता से उठाया है और देशव्यापी आंदोलनों का नेतृत्व किया है। अखिल भारतीय विद्यार्थी परिषद् ने छात्र-हित से लेकर भारत के व्यापक हित से सम्बद्ध समस्याओं की ओर बार-बार ध्यान दिलाया है। बांग्लादेशी अवैध घुसपैठ और कश्मीर से धारा 370 को हटाने के लिए विद्यार्थी परिषद् समय-समय पर आन्दोलन चलाता रहा है। बांग्लादेश को तीन बीघा भूमि देने के विरुद्ध परिषद् ने ऐतिहासिक सत्याग्रह किया था। अखिल भारतीय विद्यार्थी परिषद् शिक्षा के व्यवसायीकरण के खिलाफ बार-बार आवाज उठाता रहा है। इसके अतिरिक्त

अलगाववाद, अल्पसंख्यक तुष्टीकरण, आतंकवाद और भ्रष्टाचार जैसी राष्ट्र विरोधी गतिविधियों के खिलाफ विद्यार्थी परिषद् लगातार संघर्षरत रहा है। बिहार में अखिल भारतीय विद्यार्थी परिषद् के नाम सबसे ज्यादा रक्तदान करने का रिकॉर्ड है । इसके अलावा वैसे निर्धन मेंधावी छात्र, जो प्रतियोगी परीक्षाओं की तैयारी के लिए निजी कोचिंग संस्थानों में नहीं जा सकते, उनके लिए स्वामी विवेकानंद नि:शुल्क शिक्षा शिविर का आयोजन किया जाता है।

ए.बी.वी.पी. संगठन निम्नलिखित विचारों में अटूट विश्वास और दृढ़ विश्वास रखता है:

(1) भारत की एकता व अखंडता पवित्र है और यह समझौते योग्य नहीं है।

(2) किसी भी व्यक्ति का संबंध समाज, प्रकृति, सृष्टि, निर्माता आदि के साथ कैसा होना चाहिए, इसकी भारतीय दर्शन की अनूठी परिभाषा और मानव सुख/शांति की इसकी विशिष्ट अवधारणा विश्व समुदाय की बहुआयामी चुनौतियों का सामना करने का आधार प्रदान करती है।

(3) "राष्ट्रीय पुनर्निर्माण" की मूल अवधारणा का मतलब यह नहीं है कि हम सभी पुरानी और प्राचीन चीजों को रूढ़िवादी बताकर एक साथ मिलकर इस देश का नवनिर्माण नहीं करना चाहते हैं, बल्कि इसकी अवधारणा में गलत विचारों का विश्लेषण और अंतर करना भी निहित है।

(4) हमारी सहस्राब्दी पुरानी समृद्ध सांस्कृतिक विरासत और सभ्यता हमारे सभी प्रयासों के लिए प्रेरणा का स्रोत बनी हुई है और राष्ट्रीय पुनर्निर्माण की कोई भी योजना "धर्म" के सिद्धांतों और अभ्यास पर आधारित होनी चाहिए जो हमारे युग की आत्मा और ताकत है। धर्म के विषय में नीचे बताए गए 10 गुण हैं जिनका पालन सभी को करना चाहिए:-

धृति क्षमादमस्तेयं शौचं इन्द्रिय निग्रहं।
धीविद्या सत्यमक्रोधो, दशकं धर्मलक्षणम्।।

(5) राष्ट्रीय पुनर्निर्माण का लक्ष्य हमारे जीवन का मिशन होना चाहिए और इसे छात्रों, युवाओं और लोगों की प्रभावी भागीदारी से ही प्राप्त किया जा सकता है। राष्ट्रीय पुनर्निर्माण के लिए के जागृत युवा मस्तिष्क एक पूर्व शर्त है जिसका लक्ष्य है लोगों में राष्ट्रीय चेतना, राष्ट्र प्रथम दृष्टिकोण, मातृभूमि "भारत" के लिए बिना शर्त प्यार और आत्म-सम्मान की भावना जागृत करना।

1949 से अखिल भारतीय विद्यार्थी परिषद् ने 1948 में गतिविधियाँ शुरू कीं और 9 जुलाई, 1949 को सोसायटी पंजीकरण अधिनियम 1860 (पंजीकरण संख्या- एस-385/1949-50) के तहत संयुक्त कर्मचारी कंपनियों के रजिस्ट्रार के साथ एक गैर-सरकारी संगठन (एनजीओ) के रूप में पंजीकृत हुई। पहला सम्मेलन 1948 में अम्बाला में आयोजित किया गया था। प्रोफेसर ओम प्रकाश बहल पहले राष्ट्रीय अध्यक्ष थे, और श्री केशव देव वर्मा पहले राष्ट्रीय महासचिव थे। ए.बी.वी.पी. न तो कोई ट्रेड यूनियन है और न ही किसी राजनीतिक दल की शाखा या विंग है। यह शिक्षा पर ध्यान केंद्रित करने वाला एक स्वतंत्र सामाजिक संगठन है। ए.बी.वी.पी. का लक्ष्य शिक्षा और छात्रों, शिक्षकों और समाज जैसे शैक्षिक समुदाय के दिमाग और विचारों में सकारात्मक और सार्थक बदलाव लाकर अपने उद्देश्य को प्राप्त करना है। छात्र कल के नहीं, बल्कि आज के नागरिक हैं। इसलिए वे देश की सामाजिक संरचना में अपेक्षित परिवर्तन ला सकते हैं। 1948 में अपनी स्थापना के बाद से 72 वर्षों की संक्षिप्त अवधि में, ए.बी.वी.पी. ने दुनिया का सबसे बड़ा छात्र संगठन बनने का गौरव प्राप्त किया है। इसकी गतिविधि का केंद्र बिंदू क्षेत्र कॉलेज और विश्वविद्यालय परिसर है और इसका सीधा सरोकार छात्र हैं। हालाँकि, ए.बी.वी.पी. एक सामाजिक संगठन के रूप में अपनी व्यापक जिम्मेदारियों के प्रति हमेशा जागरूक है। पास ए.बी.वी.पी. में नए आयाम जोड़ने वाले कई ओर मंच हैं। जिनके कुछ नाम निम्नलिखित है:

स्टूडेंट फॉर डेवलपमेंट (एस.एफ.डी.)- यह संगठन औपनिवेशिक काल से लेकर वैश्वीकरण के वर्तमान युग तक लागू आर्थिक विकास के गैर-व्यावहारिक मॉडल का विश्लेषण और परीक्षण करने के लिए काम

करता है। एस.एफ.डी. आर्थिक विकास के भारत-केंद्रित मॉडल को विकसित करने और तैयार करने के लिए लगातार काम कर रहा है। विश्व छात्र एवं युवा संगठन (WOSY) का गठन 1985 में दुनिया भर के 11,000 युवाओं के एक विश्व सम्मेलन के साथ हुआ था, यह "वसुधैव कुटुंबकम" की उच्च धारणा के साथ काम करता है जिसका अर्थ है "पूरी दुनिया एक परिवार है।"

थिंक इंडिया एक और संगठनात्मक आयाम है जो बौद्धिक क्षेत्र में काम करता है। यह देश के युवा बुद्धिजीवियों को संगठित करती है और उनमें "राष्ट्र प्रथम" का अनमोल आदर्श और दृष्टिकोण विकसित करती है।

इंटरस्टेट लिविंग में छात्रों का अनुभव (एसईआईएल) ए.बी.वी.पी. का एक आयाम है जो उत्तर पूर्व के युवाओं को शेष भारत के समाज के साथ एकीकृत करना चाहता है।

युवा विकास केंद्र (वाई.वी.के.) ए.बी.वी.पी. का एक और आयाम है जो विशेष रूप से उत्तर पूर्वी राज्यों पर केंद्रित है। यह गुवाहाटी स्थित अपने केंद्र में उत्तर-पूर्वी युवाओं के कौशल विकास में सहायता करता है।

कार्य दर्शन

जैसा कि पहले कहा जा चुका है कि ए.बी.वी.पी. के संगठनात्मक प्रयासों का केंद्रीय बिंदु 'राष्ट्रीय पुनर्निर्माण' है। ए.बी.वी.पी. का कार्य शिक्षा क्षेत्र में राष्ट्रीय पुनर्निर्माण के व्यापक परिप्रेक्ष्य में एक शक्तिशाली राष्ट्रीय आंदोलन उत्पन्न करना है। ए.बी.वी.पी. का दृष्टिकोण और कार्य की प्रकृति इन मौलिक सिद्धांतों पर आधारित है।

शैक्षिक परिवार की अवधारणा- शैक्षिक परिवार में छात्र, शिक्षक, शिक्षाविद् और शैक्षिक प्रशासक शामिल होते हैं। छात्र इस परिवार के केंद्र में हैं लेकिन शिक्षक परिवार के स्वाभाविक अभिभावक हैं।

रचनात्मक दृष्टिकोण- एक स्वतंत्र राष्ट्र में होने और राष्ट्रीय पुनर्निर्माण के हित में काम करने के लिए, ए.बी.वी.पी. का दृष्टिकोण अनिवार्य रूप से रचनात्मक और रचनात्मक दृष्टिकोण हो। रचनात्मक और रचनात्मक दृष्टिकोण के दो बुनियादी मार्गदर्शक सिद्धांत हैं:

प्रथम व्यक्ति दृष्टिकोण- हम जो भी सोचते हैं और चाहते हैं, उसे पहले हमें खुद पर लागू करना चाहिए।

कर्तव्य की भावना- यह समाज और समाज के प्रति ईमानदार योगदान देने के लिए प्रेरित करती है। राष्ट्र और इसे अपना स्वाभाविक कर्तव्य समझें। छात्र कल का नागरिक नहीं बल्कि आज का नागरिक है- ज्यादातर परिस्थितियों में छात्रों को भविष्य के नेता, कल के नेता आदि के रूप में संबोधित किया जाता है, लेकिन ए.बी.वी.पी. उन्हें आज का नागरिक मानती है जो कुछ जिम्मेदारी लाता है जिसके लिए ए.बी.वी.पी. प्रशिक्षण देती है और एक मंच प्रदान करती है।

परिषद् और राष्ट्रीय पुनर्निर्माण

ए.बी.वी.पी. छात्रों की जिम्मेदारियों को प्रभावी ढंग से निभाने और समाज के सभी क्षेत्रों में एक गतिशील जीवंत और राष्ट्रवादी नेतृत्व प्रदान करने के लिए तैयार करता है। ए.बी.वी.पी. का मूल विचार यह है कि यदि हजारों-हजारों सामाजिक नेता आजीवन प्रतिबद्धता के साथ अपनी भूमिका निभाएं तो भारत एक मजबूत, समृद्ध, आधुनिक, वैज्ञानिक और आत्मविश्वास से भरपूर राष्ट्र बन जाएगा, जो वैश्विक समुदाय में अपना उचित स्थान प्राप्त करेगा।

ए.बी.वी.पी. एक ओर व्यक्तिगत छात्रों और युवाओं में परिवर्तन तो दूसरी ओर प्रणालियों में परिवर्तन के माध्यम से राष्ट्रीय पुनर्निर्माण की प्रक्रिया को तेज करने के लिए शिक्षा के क्षेत्र में कार्य करेगी। ए.बी.वी.पी. के सिद्धांत, दृष्टिकोण और दर्शन इसके कार्यक्रमों और गतिविधियों में स्पष्ट रूप से प्रकट होता है और कुछ पहलू जो स्पष्ट रूप से महसूस किए जाते हैं वे नीचे निम्नलिखित हैं:

नस्ल, जाति, जन्म और लिंग के आधार पर किसी भी भेदभाव को नकारते हुए लोकतांत्रिक सिद्धांतों पर काम करना।

सामाजिक एवं सांस्कृतिक क्षेत्रों में सृजनात्मक एवं सृजनात्मक कार्यों को बढ़ावा देना

राष्ट्रीय राजनीति के बारे में राजनीतिक जागरूकता फैलाना

छात्रों के मन में राष्ट्रीय पहचान को मजबूत करना

विद्यार्थियों में सामाजिक समानता एवं भाईचारे की प्रबल भावना का विकास करना

शैक्षिक परिवर्तन के लिए उत्प्रेरक के रूप में कार्य करना

व्यक्तिगत एवं वैयक्तिक स्तर पर विद्यार्थियों के चरित्र निर्माण की पहल करना

आम भलाई के लिए मजबूत और निडर अभियान/आंदोलन उत्पन्न करना

प्रणालीगत सुधारों को बढ़ावा देना

सतत् विकास के लिए जागरूकता और कार्यों का विकास करना

छात्रों और युवाओं का विश्व संगठन (WOSY) एक अंतर्राष्ट्रीय युवा निकाय है जो मानव जाति को खुशी और संतुष्टि की तलाश में मदद करने का प्रयास करता है। जब सभी भौतिकवादी दर्शन विफल हो रहे हैं या कमजोर साबित हो रहे हैं, तो बेहतर जीवन प्रणाली की दिशा में एक नई दिशा और भी आवश्यक हो जाती है। WOSY इस आवश्यकता पर विचार करते हुए मानव जाति की एकता के आधार पर खोज की प्रक्रिया को तेज करता है। WOSY एक नई विश्व व्यवस्था के विकास में छात्रों और युवाओं को शामिल करता है जैसे राजनीतिक, आर्थिक, सामाजिक, तकनीकि आदि। इसलिए WOSY बेहतर अंतर्राष्ट्रीय समझ की परिकल्पना करता है, शांति और सह-अस्तित्व को बढ़ावा देता है, सामाजिक न्याय और मानवता के लिए युवाओं को एक साथ लाने का प्रयास करता है, स्वस्थ पर्यावरण के लिए सभी प्रकार के भेदभाव के खिलाफ अपनी राय जुटाता है और छात्रों और युवाओं की उचित भूमिका के लिए लड़ता है। WOSY युवाओं का एक गैर-लाभकारी, गैर-राजनीतिक निकाय है, जो छात्रों और युवाओं के कई सहयोगी और संबद्ध संगठनों के माध्यम से काम करता है।

विश्व छात्र एवं युवा संगठन, पहला अंतर्राष्ट्रीय छात्र एवं युवा निकाय, जिसका मुख्यालय भारत में है, संयुक्त राष्ट्र द्वारा घोषित अंतर्राष्ट्रीय युवा वर्ष के अवसर पर 29 अक्टूबर 1985 को दिल्ली में लॉन्च किया गया था।

WOSY युवाओं को आज की दुनिया की घटनाओं के दुष्प्रभाव के खिलाफ सोचने और काम करने के लिए एक मंच पर लाने का प्रयास है, जब पूरी मानव जाति उपभोक्तावादी, भौतिकवाद, एड्स जैसी गंभीर बीमारियों, नशीली दवाओं के दुरुपयोग, जातीयता जैसी चुनौतियों का सामना कर रही है। आज कट्टर आतंकवाद, 'विकसित' राष्ट्रों का एकाधिकारवादी आर्थिक आधिपत्य और प्रकृति का संवेदनहीन शोषण, मानव जाति के कल्याण और समझदारी की आवाज की इतनी आवश्यकता है जितनी पहले कभी नहीं थी।

आगरा, बेंगलुरु, भोपाल, भुवनेश्वर, चंडीगढ़, दिल्ली, हैदराबाद, जयपुर, मैसूर, पांडिचेरी, पुणे, शिमला, वाराणसी, काठमांडू, नेपाल इत्यादि क्षेत्रों में ए.बी.वी.पी. कार्य कर रही है।

ए.बी.वी.पी. के कार्य-

सांस्कृतिक आदान-प्रदान कार्यक्रम

औद्योगिक एवं शैक्षणिक पर्यटन

सेमिनार एवं सम्मेलन

सामाजिक जागरूकता कार्यक्रम

छात्र हेल्पलाइन केंद्र

उद्देश्यः

1. "विश्व एक परिवार है" के दृष्टिकोण के साथ अंतर्राष्ट्रीय समझ और सहयोग बढ़ाना।
2. संयुक्त राष्ट्र के शांति और सह-अस्तित्व के आदर्शों का प्रचार करना।
3. सामाजिक न्याय और मानवता को बढ़ावा देने के लिए दुनिया भर के छात्रों और युवाओं को एक साथ लाना।
4. संस्कृति, सूचना, ज्ञान और बुद्धिमत्ता के विश्वव्यापी संपर्क को सक्षम करने के लिए छात्रों और युवाओं की गतिशीलता में मदद करना।

5. छात्रों और युवाओं की राय तैयार करना और उन्हें आतंकवाद, धार्मिक कट्टरता, रंगभेद, उपनिवेशवाद, नस्लवाद, साम्राज्यवाद और किसी भी प्रकार के उत्पीड़न के खिलाफ लड़ाई के लिए संगठित करना।
6. मानवतावाद और अध्यात्मवाद का प्रचार करना, जो वैज्ञानिक दृष्टिकोण के साथ मिलकर दुनिया के लिए जीवन का एक व्यवहार्य दर्शन प्रस्तुत कर सकता है।

थिंक इंडिया- देश की सर्वश्रेष्ठ प्रतिभाओं को फिर से एक साथ लाने और उनमें 'राष्ट्र प्रथम' दृष्टिकोण पैदा करने की एक अखिल भारतीय पहल, जिसका उद्देश्य राष्ट्रवादी भावना विकसित करना और युवा भारत को समाज की सेवा करने के लिए प्रेरित करना है। यह "कल के नेताओं" के लिए एक मंच है जहाँ वे राष्ट्रीय महत्त्व के मुद्दों पर विचार-विमर्श करते हैं, अपनी चिंताओं को उठाते हैं और भारत के सामने आने वाली समस्याओं के लिए अभिनव समाधान पेश करते हैं।

भारत को राष्ट्रीय पुनर्निर्माण के उद्देश्य को आगे बढ़ाने में राष्ट्रीय खजाने के इस हिस्से का उपयोग करने के लिए छात्रों को भारतीय राष्ट्रवादी डोर से बांधने की आवश्यकता महसूस हुई। आई.आई.एस.सी., आई.आई.एम.बी., एन.आई.एम.एच.ए.एन.एस और एन.एल.एस.आई.यू के छात्रों ने 2006 में भारत के प्रमुख संस्थानों के छात्रों के लिए एक संयुक्त मंच बनाने के लिए मिलकर काम किया। 2007 में आर्ट ऑफ लिविंग आश्रम, बेंगलुरु में एक औपचारिक मंच हुआ।

उद्देश्य:

1. अविकसित और ग्रामीण भारत के लिए सतत विकास रणनीतियों के बारे में सोचें, डिजाइन करें और विकसित करें,
2. भारत और विश्व की पर्यावरणीय, सांस्कृतिक और सुरक्षा आवश्यकताओं को पूरा करने के लिए सोचें और कार्य करें,
3. भारत-केंद्रित कार्यवायी, विचार और डिजाइन के प्रचार-प्रसार और कार्यान्वयन को बढ़ावा देने के लिए संगठनों और व्यक्तियों की पहल को प्रेरित और समर्थन करना,

4. परिसर में और बुद्धिजीवियों के बीच भारत-केंद्रित विचारों और गतिविधियों को शुरू करना और बनाए रखना।
5. विचार और कार्य में सभी प्रकार के आतंकवाद, धार्मिक और सांस्कृतिक मामलों में नाजायज हस्तक्षेप और हमारे राष्ट्रीय हित के खिलाफ काम करने वाली किसी भी ताकत और डिजाइन की निंदा करें।
6. विभाजनकारी प्रवृत्ति की किसी भी सांप्रदायिक और संकीर्ण सोच वाली गतिविधियों का सक्रिय रूप से विरोध करें और हर संभव तरीके से सामाजिक सद्भाव को बढ़ावा देने के लिए खुद को संलग्न करें।
7. लैंगिक न्याय की अवधारणा का समर्थन करें और उसे कायम रखें तथा उन पारिवारिक मूल्यों को बढ़ावा दें, जो विश्व सभ्यता में भारत का अद्वितीय योगदान है।

प्रशिक्षुता

अनुभूति- अनुभूति का अर्थ 'एहसास' समाज के सामाजिक नेताओं, वास्तविक जीवन के रोल मॉडल और जमीनी स्तर पर काम करने के अनुभवों से सीखने का एक अवसर है। अग्रणी सामाजिक संगठनों के सहयोग से थिंक इंडिया के इस इंटर्नशिप प्रोजेक्ट का उद्देश्य भारत के शीर्ष संस्थानों के छात्रों और सामाजिक परिवर्तन के लिए काम करने वाले योद्धाओं के बीच तालमेंल लाना है।

विधि- थिंक इंडिया का लिटिगेशन इंटर्नशिप कार्यक्रम "विधि" बेहतरीन युवा कानून छात्रों के लिए कानून के क्षेत्र में उत्कृष्टता के लिए प्रयासरत कानून पेशेवरों के विविध नेटवर्क से जुड़ने, उन्हें शामिल करने, समाज और नागरिकों को सशक्त बनाने में योगदान करने का एक माध्यम है। विधि का उद्देश्य वकीलों और कानूनी चिकित्सकों की एक ऐसी पीढ़ी को प्रशिक्षित करना और बढ़ावा देना है जो सामाजिक रूप से जागृत हैं।

NITI - थिंक इंडिया का सार्वजनिक नीति इंटर्नशिप कार्यक्रम "NITI" छात्रों को दिल्ली, मुंबई और लखनऊ स्थित अनुसंधान संगठनों और थिंक

टैंकों से जोड़कर अनुसंधान को बढ़ावा देता है। NITI का उद्देश्य भविष्य के नीति निर्माताओं और शोधकर्ताओं को तैयार करना है जो अच्छी नीतियां बनाना जानते होंगे और समाज पर नीतियों के प्रभाव का विश्लेषण करेंगे।

NITI अनुसंधान, विचारों, पदों और दृष्टिकोणों के अभिसरण की सुविधा प्रदान करता है जो राष्ट्र को मजबूत करने और उसकी एकता और अखंडता को संरक्षित करने और उसकी प्रगति और अभिन्न विकास में योगदान करने की आकांक्षा रखते हैं।

संसदीय- सीखने के बदलते पैटर्न के साथ, विधायी नीति ढांचे में छात्रों की भागीदारी बढ़ी है। विधेयकों को अक्सर चर्चा और सुझावों के लिए सार्वजनिक मंच पर रखा जाता है। छात्र अपनी इंटर्नशिप के दौरान संसद में चर्चा के लिए रखे गए मुद्दों पर संसद सदस्यों की सहायता कर रहे हैं। संसदीय के माध्यम से थिंक इंडिया का लक्ष्य एक महीने के लिए संसद सदस्यों और मंत्रियों के साथ इंटर्नशिप के माध्यम से छात्र समुदाय के लिए एक समान शिक्षण मंच बनाना और बिल के विश्लेषण, प्रारूपण जैसे मुद्दों में उनकी सहायता करना है।

संवाद- किसी भी लोकतंत्र में मीडिया चौथा स्तंभ है। आज के सूचना युग में पत्रकार उन लोगों की आवाज बनने में महत्त्वपूर्ण भूमिका निभाते हैं जिन्हें अनसुना कर दिया जाता है। आत्मविश्वास, सत्य के प्रति प्रतिबद्धता और विस्तार पर ध्यान आदि ऐसे गुण हैं जो पत्रकारों में होना आवश्यक है। हमारे जैसे युवा आकांक्षी राष्ट्र में, ऐसे पत्रकारों को तैयार करना समय की मांग है जो निडर रिपोर्टिंग में विश्वास करते हैं। इसका उद्देश्य उद्योग मार्गदर्शन के साथ-साथ युवा छात्रों को समग्र पत्रकारिता अनुभव प्रदान करना है।

शुरुआत- किसी भी देश की आर्थिक वृद्धि के लिए स्टार्ट-अप्स बहुत महत्त्वपूर्ण भूमिका निभाते हैं। वे न केवल किसी देश की आर्थिक समृद्धि को बढ़ाते हैं बल्कि रोजगार सृजन का एक प्रमुख स्रोत भी हैं। भारत जैसे विकासशील देश में, जो दुनिया की शीर्ष अर्थव्यवस्थाओं में शामिल होने के लिए तैयार है, स्टार्ट-अप धन सृजन में महत्त्वपूर्ण भूमिका निभाएंगे।

जिग्नासा

जिग्नासा अखिल भारतीय विद्यार्थी परिषद् द्वारा शुरू किया गया एक अखिल भारतीय आंदोलन है, जिसका मिशन 'आयुष का अभ्यास करने के लिए आयुष सीखें' है, जो आयुष प्रणालियों-आयुर्वेद, योग, यूनानी, सिद्ध, सोवा रिग्पा और होम्योपैथी से संबंधित सभी पहलुओं को संबोधित करने के लिए एक साझा मंच प्रदान करता है। चिकित्सा विज्ञान और प्रौद्योगिकी में अत्यधिक प्रगति के बावजूद भारत में आयुष प्रणालियों का दर्शन, अवधारणाएं और व्यावहारिक उपयोगिता आज भी अपरिवर्तित है। दुर्भाग्य से, प्राचीन काल से अध्ययन और अभ्यास किए गए दर्शन और अवधारणाओं का अभी भी कम उपयोग किया जाता है या विशेष रूप से भारत में सार्वजनिक स्वास्थ्य और प्राथमिक स्वास्थ्य देखभाल के क्षेत्र में उचित मान्यता नहीं दी गई है। सार्वभौमिक स्वास्थ्य कवरेज के माध्यम से सतत विकास लक्ष्यों (एसडीजी) को प्राप्त करने में विशेष रूप से आयुर्वेद और योग के सिद्धांत और अभ्यास की बड़ी भूमिका है।

"**सर्वे भवन्तु सुखिनः**" के दर्शन का अनुसरण करते हुए जिग्नासा भारत और विदेशों में प्रत्येक मेडिकल छात्र को भारतीय शास्त्रों के गहरे ज्ञान और उसके अभ्यास को निरंतर विकसित करने का प्रयास करता है। प्रामाणिक शिक्षा और अभ्यास के माध्यम से, जिग्नासा का लक्ष्य प्रत्येक उभरते मेंडिकल छात्र और व्यवसायी में दृढ़ विश्वास, आत्मविश्वास और व्यावहारिक कौशल पैदा करना है।

एबीवीपी निम्नलिखित दृष्टिकोणों को लेकर चल रहा है:-

1. परिसर से समुदाय तक आयुष छात्रों को सशक्त बनाना।
2. आयुष छात्रों और नीति निर्माताओं के साथ-साथ प्रशासनिक अधिकारियों के बीच एक सेतु बनना।
3. छात्रों, शिक्षाविदों, अभ्यासकर्ता वैज्ञानिकों, उद्योगों और अस्पतालों सहित आयुष के हर पहलू को एक छत के नीचे लाना।
4. विश्व स्तर पर सोचना और स्थानीय स्तर पर कार्य करना।

अपने उद्देश्यों की पूर्ति के लिए एबीवीपी की पहलें:

1. अध्ययन मंडलियाँ
2. विशेष विषय पर व्याख्यान श्रृंखला।
3. नि:शुल्क चिकित्सा शिविर
4. सामाजिक स्वास्थ्य स्थिति सर्वेक्षण
5. प्रशिक्षण कार्यशालाएँ
6. आयुर्वेद पर सम्मेलन
7. प्रख्यात शिक्षाविदों के साथ बातचीत

मेडेविजन

MeDeVision 2015 में शुरू किया गया मेडिकल और डेंटल छात्रों का एक अखिल भारतीय मंच है। इसका उद्देश्य युवा चिकित्सकों को राष्ट्रीय स्तर पर अपनी परेशानियों को व्यक्त करने के लिए एक मंच प्रदान करना है। यह मंच भविष्य के डॉक्टरों को भारत में चिकित्सा शिक्षा के साथ-साथ स्वास्थ्य देखभाल वितरण में सुधार के लिए सामूहिक रूप से भाग लेने के लिए सशक्त बनाने का प्रयास करता है। हम सभी हितधारकों के साथ विचार-विमर्श के बाद चिकित्सा शिक्षा और स्वास्थ्य नीति में रचनात्मक सुधारों को बढ़ावा देने के लिए कई सेमिनार और संगोष्ठियां आयोजित करते हैं। 22 से अधिक राज्यों और केंद्रशासित प्रदेशों में सक्रिय कैंपस इकाइयों के साथ, MeDeVision समाज की सेवा के लिए स्वास्थ्य शिविरों, जागरूकता कार्यक्रमों जैसे कई कार्यक्रम आयोजित करके युवा चिकित्सकों के साथ उनके भीतर सामाजिक जिम्मेदारी की भावना जगाने के लिए सक्रिय रूप से काम कर रहा है।

एग्रीविजन

एग्रीविजन का गठन 2015 में पशु चिकित्सा, डेयरी, बागवानी, गृह विज्ञान, रेशम उत्पादन, मत्स्य पालन, वानिकी और अन्य संबद्ध विज्ञानों सहित कृषि विज्ञान के सभी छात्रों को बेहतर शिक्षा और रोजगार के अवसर प्रदान करने के उद्देश्य से किया गया था, जो अंततः उच्च जीवन स्तर की

ओर ले जाता है। कृषक समुदाय और जो कोई भी प्रत्यक्ष या अप्रत्यक्ष रूप से कृषि से जुड़ा है। एग्रीविजन ने अपनी स्थापना के बाद से विभिन्न विषयों पर क्षेत्रीय और राष्ट्रीय सम्मेलनों का भी आयोजन किया है जो देश की जरूरतों के लिए बहुत विश्वसनीय और यथार्थवादी है। एग्रीविजन ने आईसीएआर, एमओए और एफडब्ल्यू जैसी विभिन्न नीति निर्माण एजेंसियों को कृषि को एक पेशेवर डिग्री पाठ्यक्रम के रूप में पेश करने की मांग की थी, जिसे परिषद् ने खुशी-खुशी स्वीकार कर लिया, और कृषि शिक्षा को स्थायी रूप से मजबूत करने के लिए कृषि शिक्षा और अनुसंधान में विभिन्न नीतियों में बदलाव का प्रस्ताव रखा। एक सामाजिक मंच के रूप में एग्रीविजन का अंतिम उद्देश्य कृषि-स्नातकों के लिए एक खुशहाल, स्वस्थ और लाभदायक पर्यावरण अनुकूल माहौल बनाना और साथ ही हमारी मातृभूमि के किसानों की सम्मानजनक स्थिति को वापस लाना है।

दृष्टिः

कृषि में स्थिरता को बढ़ावा देना।

उद्देश्यः

इंडो-सेंट्रिक कृषि शिक्षा।

भारतीय खेती के पारंपरिक विविध दृष्टिकोणों की ओर ध्यान केंद्रित करके कृषि शिक्षा और अनुसंधान में भारत-केंद्रित दृष्टिकोण स्थापित करना।

तकनीकि रूप से प्रसार करने के लिए किसानों को प्रेरित करना और प्रेरित कृषि स्नातकों को शामिल करना।

व्यवहार्य और आर्थिक रूप से व्यवहार्य आविष्कार और पूरे देश में सेमिनार, संगोष्ठी, प्रदर्शनी आयोजित करके किसानों की कल्याण नीतियों का समर्थन करना।

4. वनवासी -कल्याण आश्रम

वनवासी कल्याण आश्रम की शुरुआत ठक्कर बप्पा (गांधीवादी नेता) की प्रेरणा से, वनवासी कल्याण आश्रम की स्थापना श्री रमाकांत केशव

देशपांडे (वानयोगी बालासाहेब देशपांडे के नाम से लोकप्रिय) ने 26 दिसंबर 1952 को मध्य प्रदेश के जशपुर (वर्तमान में छत्तीसगढ़ में) में नामांकन करके की थी। भारत विविध प्रकृति वाली अद्वितीय सांस्कृतिक विरासत की भूमि है। यह सैकड़ों जनजातियों या श्वनवासियोंश की भूमि भी है। भारत के सभी प्राचीन ग्रंथों/साहित्यों में वनवासियों का उल्लेख मिलता है। इनमें ऐसे कई वनवासी थे जिन्होंने स्वतंत्रता संग्राम में सक्रिय रूप से भाग लिया था जैसे रांची क्षेत्र (झारखंड राज्य) में बिरसा मुंडा, सिद्धो-कान्हो, महाराष्ट्र में भांगरे, केरल में तलक्कल चंदू, उड़ीसा में विशोई, मेंघालय में तिरोट सिंग, बिहार में संथाल नेता (सिद्दो, कानू और तिलका मांझी), मणिपुर की रानी गाइदिन्ल्यू और शाहिद जादोनांग, राजस्थान के पुंजा भील। जनजातियों में से कई और गुमनाम नायक भी हैं जिन्होंने भारतीय स्वतंत्रता आंदोलन में भाग लिया। हमारे देश में जनजातियाँ कुल जनसंख्या का लगभग 10% हैं, जो व्यावहारिक रूप से हरियाणा, पंजाब और दिल्ली को छोड़कर सभी राज्यों और केंद्र शासित प्रदेशों में फैली हुई हैं। जो विशिष्टताएं वनवासियों को अन्य नागरिकों से अलग करती हैं, वे हैं उनकी पोशाकें, पारंपरिक अलंकरण, उनकी बोली, लोककथाएं और रीति-रिवाज, उनकी जीवन शैली, परंपराएं, उनके देवता आदि। वे आर्थिक और सामाजिक रूप से पिछड़े हुए हैं। देश में शहरवासियों के कुछ वर्गों द्वारा पीढ़ियों से समाज के इस वर्ग के साथ एक कलंक और आपराधिकता जुड़ी हुई है। वनवासी कल्याण आश्रम के सभी स्वयंसेवकों में से लगभग आधे जनजाति से हैं। इनके अलावा, कई छात्र, कामकाजी व्यक्ति, पेशेवर, सेवानिवृत्त व्यक्ति आदि शिक्षा, स्वास्थ्य, कृषि, आर्थिक विकास, संवैधानिक अधिकारों, खेल, आध्यात्मिक और सांस्कृतिक सभाओं की रक्षा के क्षेत्र में जनजातियों के लिए विभिन्न परियोजनाओं के लिए समर्पित हैं। वनवासी कल्याण आश्रम मूलतः आत्मनिर्भर, शिक्षित, सशक्त जनजाति आदि को केंद्र में रख कर चलती है। कल्याण आश्रम का उद्देश्य सामाजिक एकीकरण के माध्यम से मुख्यधारा के भारतीय समुदाय और उनके आदिवासी भाइयों के बीच की खाई को खत्म करना, आवासीय शिक्षा सहित औपचारिक और गैर-औपचारिक शिक्षा प्रणाली के माध्यम से आदिवासियों को शिक्षित करना, आदिवासियों

को विशेष रूप से दूरदराज के क्षेत्रों में स्वास्थ्य सुविधाएं प्रदान करना जहां औपचारिक स्वास्थ्य देखभाल सुविधाएं उपलब्ध नहीं हैं, आदिवासियों को विशेष रूप से उनके पारंपरिक खेलों में उत्कृष्टता प्रदान करने के लिए सुविधाएं प्रदान करना, आदिवासियों को उनकी पारंपरिक आजीविका के साथ-साथ नए और वैकल्पिक आजीविका क्षेत्रों में कौशल वृद्धि के माध्यम से आर्थिक रूप से ऊपर उठाना, आदिवासियों को उनके संवैधानिक अधिकारों, उनके लिए उपलब्ध सरकारी कल्याण योजनाओं, उनके संगठन के बारे में जागरूकता पैदा करके सशक्त बनाना, आदिवासी महिलाओं को सशक्त बनाना, आदिवासियों की आस्था, संस्कृति, परंपराओं और रीति-रिवाजों को मजबूत करना तथा आदिवासियों के कल्याण और सशक्तिकरण से संबंधित विभिन्न विषयों पर अनुसंधान एवं विकास और नीति नियोजन करना है।

शिक्षा के प्रसार के लिए भी वनवासी कल्याण आश्रम सुदूर जनजाति क्षेत्र में विभिन्न प्रकार के प्रयास कर रहा है। जैसे अनौपचारिक शिक्षा के प्रयास, बालवाड़ी, संस्कार केन्द्र, रात्री पाठशाला, एकल विद्यालय, औपचारिक शिक्षा: प्राथमिक शाला, माध्यमिक शाला, अन्य प्रयास: अभ्यासिका (ट्युशन क्लास), पुस्तकालय, वाचनालय इत्यादि।

एकल विद्यालय किसी वनवासी युवक के अतिरिक्त किसी भी सामाजिक कार्यकर्ता को प्रेरणा देनेवाला प्रकल्प है। जिस गाँव में एकल विद्यालय चलता है उसी गाँव का कोई युवक विभिन्न कक्षा में अध्ययन कर रहे बालकों को 3-4 घण्टे के लिए किसी घर के आंगन में, किसी मंदिर परिसर में अथवा किसी पेड़ के नीचे प्रतिदिन एकत्रित करता है और शिक्षा के साथ साथ संस्कार सिंचन के भी प्रयास करता है। वर्तमान में लगभग 20000 से अधिक एकल विद्यालय कल्याण आश्रम द्वारा चलाए जा रहे है।

छात्रावास

यह भी शिक्षा क्षेत्र से ही जुड़ा प्रकल्प है। वैसे कल्याण आश्रम की स्थापना ही एक छात्रावास के द्वारा हुई थी और किसी भी व्यक्ति हम उसी के माध्यम से कल्याण आश्रम का काम दिखा सकते है। आज हम देश में

238 छात्रावासों का संचालन कर रहे है। इसमें 48 छात्रावास बालिका छात्रावास है। कुल 7320 बालक, बालिकाएँ इन छात्रावासों में अध्ययन कर रहे है। आज कई ग्रामीण वनवासी कार्यकर्ता अपना परिचय देते समय – 'मैं कल्याण आश्रम के छाघ्त्रावास में पढ़ा हुँ ऐसा कहते है।' अर्थात यह कार्यकर्ता देनेवाला प्रकल्प है। शिक्षा के साथ संस्कार देने की व्यवस्था है। उत्तर ख्र पूर्वांचल के ग्रामीण क्षेत्र के कई बालक अध्ययन हेतु देश के विभिन्न नगरों में चल रहे छात्रावासों में आकर पढ़ाई करते है। उनके लिए चल रहा यह एक अनोखा प्रकल्प है। इसमें शिक्षा के माध्यम से राष्ट्रीय एकात्मता की भावना को भी दृढ़ किया जाता है। स्वास्थ्य आरोग्यः

किसी भी संवेदनशील व्यक्ति को पीड़ा देनेवाली बात यह है कि वन पर्वतों में बसे गाँवों में यदि किसी बीमार व्यक्ति को दवाई अथवा उपचार की आवश्यकता है और वह उसके गाँव में यदि उपलब्ध नहीं है तो उसकी क्या स्थिति होगी? तब उसे कई किलो मीटर दूर जाना आवश्यक है। आरोग्य सेवा सभी को उपलब्ध हो इस हेतु वनवासी कल्याण आश्रम जनजाति क्षेत्र में कार्यरत है। कहीं चिकित्सा केन्द्र तो कहीं छोटा-सा अस्पताल, कहीं चल चिकित्सालय (मोबाईल मेंडिकल युनिट) तो कहीं आरोग्य रक्षक योजना जैसे विविध प्रयास चल रहे है। लाखों रोगियों को वर्ष भर में दवाईयाँ अथवा उपचार की सुविधा उपलब्ध कराई जाती है। इसलिए नगरों से कई सेवाभावी चिकित्सक अपना मूल्यवान समय देकर सेवारत है। देश के कुछ राज्यों में पशुओं की चिकित्सा हेतु भी काम चल रहा है। वर्षभर में हजारों चिकित्सा शिविरों में लाखों वनवासी बन्धु लाभान्वित होते है। आरोग्य क्षेत्र में कल्याण आश्रम की सेवा यदि किसी को अपनी परम्परा, आस्था, संस्कृति के साथ जोड़े रखती है तो यह आश्रम का सार्थक प्रयास है, इसमें कोई दो राय नहीं।

महिला कार्य

अपने यहाँ महिला शक्तिस्वरूपा है, सृजनशील है। भारत में घर का आधार वास्तव में महिला ही होती है और जहाँ तक जनजाति समाज का विचार है, महिला घर तो सम्भालती ही है, साथ में खेती, पशुपालन से जुड़े

कामों में भी मदद करती है। किसी भी वनवासी क्षेत्र के बाजार/हाट में जाईए, वहां खरीददारी करने आई महिलाओं की संख्या सविशेष होती है और व्यापार करनेवाली भी अधिकतम महिलाएं ही होती है। आज भी देश के कई गाँव ऐसे है जहाँ न्याय पंचायत बैठती है, वहाँ भी महिलाओं की बघत का विशेष स्थान है। पूर्वांचल में कुछ जनजाति क्षेत्र ऐसा है, जहाँ महिलाओं को घर में, समाज में मुख्य स्थान प्राप्त है। वनवासी कल्याण आश्रम की स्थापना से ही महिलाएँ अपने कार्य से जुड़ी थी, परन्तु सुश्री लीलाताई पराडकरजी के आगमन के पश्चात महिला कार्य के रूप में योजना बनी। वे प्रथम महिला पूर्णकालीन कार्यकर्ता के रूप में सन् 1973 में जशपुर आई। धीरे-धीरे कार्य आगे बढ़ता गया। दिल्ली में सन् 1981 में आयोजित राष्ट्रीय सम्मेलन में भी 250 बहनें सहभागी हुई थी। सन् 1985 में भिलाई में और 2007 में राँची में अखिल भारतीय महिला सम्मेलन आयोजित किया गया था। आज महिला कार्य ग्राम समिति से लेकर अखिल भारतीय स्तर तक कार्यरत है। पूर्णकालीन कार्य करनेवाली भी महिला कार्यकर्ता है। हर क्षेत्र में महिला कार्यकर्ता आगे बढ़ चढ़कर कार्य कर रही है और प्रकल्पों का संचालन करती है। देश में आज बालिकाओं के लिए छात्रावास है, सभी खेल महोत्सव में वनवासी बालिकाएँ अपने कौशल का परिचय कराती है। अधिकतम संस्कार केन्द्र तथा बचतगुटों का संचालन महिला ही करती है। नगर समितियों में सेवापात्र योजना चलाने में महिलाएँ विशेष सक्रिय है। इतना ही नहीं तो देश के विभिन्न प्रान्तों में कल्याण आश्रम के माध्यम से जो पत्र-पत्रिकाएँ प्रकाशित होती है, उनमें भी महिलाओं ने अपनी प्रतिभा का परिचय दिया है। संक्षेप में कहे तो वनवासी कल्याण आश्रम के सभी प्रकार के कामों में महिलाओं का योगदान है।

खेलकूद

शारीरिक क्षमता एवं कौशल प्राय: प्रचुर मात्रा में वनवासी बन्धुओं में देखा जाता है। खेलकूद के क्षेत्र में कार्यरत वनवासी कल्याण आश्रम ने कई उपलब्धियाँ पाई। खेल जगत को कई युवा खिलाड़ी मिले है। आश्रम में प्रति चार वर्षों में एक बार राष्ट्रीय स्तर पर एक खेल प्रतियोगिता आयोजित की जाती है। तहसील स्तर से लेकर जिला एवं प्रान्त स्तर पर भी प्रतियोगिताएं

आयोजित की जाती है। देश में हजारों-लाखों वनवासी युवा इसमें भाग लेते है। प्रशिक्षण और खेलने का अवसर, दोनों प्राप्त होने के कारण प्रतिभा निखरती है। परिणामस्वरूप सुदूर छोटे-छोटे गाँव के खिलाड़ियों को आगे बढ़ने का अवसर मिलता है। प्रतिवर्ष वनवासी कल्याण आश्रम द्वारा तीरंदाजी प्रतियोगिता होती है। साथ ही किसी एक खेल की प्रतियोगिता भी राष्ट्रीय स्तर पर होती है। खेलकूद आयाम के माध्यम से दैनिक अथवा साप्ताहिक खेल केन्द्र चलते है जिसके कारण ग्रामीण युवा संगठित होते है। दिसम्बर 2018 के अंत में गुवाहाटी (असम) में अखिल भारतीय वनवासी कल्याण आश्रम द्वारा राष्ट्रीय खेल महोत्सव का भव्य आयोजन किया गया। इस प्रतियोगिता में देश भर के जनजाति युवक-युवतियों ने उत्साह से भाग लिया। वहां पर एक स्मारिका का प्रकाशन भी हुआ है।

श्रद्धा जागरण

अपनी श्रद्धा, आस्थाओं के प्रति मन में दृढ़ता रहे इस हेतु श्रद्धाजागरण आयाम कार्यरत है। स्थान-स्थान पर भजन-सत्संग केन्द्र चल रहे है। यज्ञ, धर्मसभा, पदयात्रा जैसे कई प्रकार धार्मिक कार्यक्रमों का आयोजन होता है, जिसमें सन्त-महात्मा समाज को मार्गदर्शन करते है। इन सभी प्रयासों से जो जागरण होता है, परिणामस्वरूप वनवासी समाज स्वयं अपना हित-अहित क्या है? इस पर विचार करने लगता है। जो बन्धु अपनी आस्था छोड़ चुके थे, उन्हें वापस लाने के प्रयास समाज स्वयं करता है। वनवासी कल्याण आश्रम के कार्य का जब प्रारम्भ हुआ तो वह एक छोटे से छात्रावास के माध्यम से, परन्तु उसके पश्चात जशपुर के आसपास के वनवासी बन्धुओं के बीच जो जागरण हुआ उसका प्रमुख कारण है ख्र अपने श्रद्धाजागरण के प्रयास। कई गाँवों में हनुमान मंदिरों की स्थापना, जशपुर में विष्णुयाग का आयोजन, गाँव-गाँव में भजन-सत्संग केन्द्रों का प्रारम्भ, सन्त-महन्तों का ग्रामीण प्रवास इत्यादि। इसके कारण समाज जागरण हुआ। मतान्तरण की समस्या पर रोक अवश्य आई। वनवासी बन्धुओं को अपनी अस्मिता और उसके अस्तित्व के सन्दर्भ सजग करना ही श्रद्धाजागरण आयाम का प्रमुख कार्य है।

ग्राम विकास

भारत की जान गाँव में बसती है। गाँव का विकास ही सही में भारत का विकास है। जनजाति समाज भी अधिकतम छोटे-छोटे गावों में व टोले में बसता है। सुदूर वन पर्वतों में बसता है। इस जनजाति समाज का विकास करना ही हम सभी का लक्ष्य है। इस हेतु ग्राम विकास यह एक आयाम के रूप में कार्य कर रहा है। ग्राम विकास के अन्तर्गत शिक्षा, आरोग्य, स्वावलम्बन और संस्कार ऐसे विभिन्न प्रकार के काम होते है। कल्याण आश्रम का लक्ष्य है कि ग्राम की एक छोटी-सी समिति बने और अपने गाँव के विकास हेतु विचार करें।

नगरीय कार्य

सामान्य रूप से ऐसी धारणा है कि नगरवासियों से वनवासी क्षेत्र के सेवाकार्य के लिए धन तथा संसाधन की पूर्तता यही नगरीय कार्य है। यद्यपि 'नगरीय कार्य' का यह कार्य अवश्य है, परन्तु इससे भी अधिक महत्त्वपूर्ण है नगरवासियों के ध्यान में यह लाना की वनवासी समाज इस राष्ट्रपुरूष का एक अंग है। वनवासी बन्धुओं ने आज भी अपनी संस्कृति का, अपने जीवनमूल्यों को सम्भाल के रखा है। वनवासी आर्थिक रूप में अभावग्रस्त हो सकता है, किन्तु सांस्कृतिक जीवनमूल्यों की दृष्टि से सम्पन्न है। अतः नगरीय एवं वनवासी समाज के बीच आत्मीय सम्पर्क, सम्बन्ध स्थापित होने से जहाँ एक ओर अपने वनवासी बन्धुओं की भौतिक उन्नति का मार्ग प्रशस्त होगा वहीं दूसरी ओर नगरीय परिवारों में सांस्कृतिक जीवनमूल्यों की सम्भावनाएँ बढ़ सकती है। अतः वह आत्मीय सम्बन्ध स्थापित करने में कल्याण आश्रम सेतु का कार्य कर रहा नगरीय वनवासी सन् 1947 में अंग्रेज यहाँ से चले गये। अपने देशवासियों के हाथों में देश की बागडोर आई। विविध प्रकार की योजनाओं को कार्यान्वित किया गया। समय के चलते कुछ मात्रा में विकास भी हुआ। इसका लाभ अपने जनजाति बन्धुओं को भी मिला। शिक्षा का स्तर, रोजगार के अवसर, विविध प्राथमिक सुविधाओं की उपलब्धता इत्यादि। वनवासी क्षेत्र में वे सारा जितने प्रमाण में मिलना चाहिए उतने प्रमाण में मिला है कि नहीं, यह चर्चा का विषय

हो सकता है। वनवासी अथवा जनजाति बन्धुओं की संख्या आज नगरों में भी है। चकाचौंध नगरीय जीवन में ये सारे कहीं खो न जाए, यह भी तो देखना होगा। कार्यकर्ता बैठकों में 'नगरों में इन बन्धुओं से सम्पर्क की व्यवस्था होनी चाहिए' ऐसा विषय चला। वर्तमान में छोटे-छोटे गाँवों में रह रहे कई वनवासी बन्धु आरोग्य सेवा हेतु अथवा रोजगार पाने नगरों में आते है। वहाँ वे जानकारी न होने से इधर-उधर भटकते रहते है। नगर में रहनेवाले जनजाति बन्धुओं को ऐसे बन्धुओं की सहायता करनी चाहिए।

संपर्क

वनवासी कल्याण संपर्क आश्रम का कार्य 1952 में प्रारम्भ हुआ। समय के साथ उसका क्रमिक विकास हुआ। कार्य की आवश्यकतानुसार नये-नये आयाम भी जुड़ते गए। जैसे जनजाति क्षेत्र में हम काम कर रहे है वैसे कई व्यक्ति एवं संगठन भी जनजाति बन्धुओं के बीच अपनी क्षमतानुसार विभिन्न क्षेत्रों में कार्यरत है। इनमें कुछ सकारात्मकता के साथ कार्य कर रहे है तो कुछ भ्रातियाँ फैलाने से लेकर समाज घातक कार्य में कार्यरत है। समाज की सज्जन शक्ति का सम्पर्क कर उसे समाजहित में एकत्रित करने के आशय से वनवासी कल्याण आश्रम सकारात्मकता के साथ जो व्यक्ति, संस्थाएँ, संगठन कार्यरत है, उनके सम्पर्क करता है। चर्चासत्रों का आयोजन करता है। इसके कारण विचारों का आदान-प्रदान होता है। सम्पर्क आयाम के द्वारा ख्रचर्चासत्र, परिसंवाद, सम्मेलनों का आयोजन होता है। संस्थाओं के बीच सम्पर्क बढ़ता है। सम्पर्क आयाम का सूत्र है हमारा गोत्र जनजाति, मंत्र समन्वय और उद्देश्य द्रुतगति से जनजाति समाज का सर्वांगीण विकास।

प्रचार- प्रसार, प्रकाशन

वर्तमान युग के अनुरूप अद्यतन सभी व्यवस्थाओं का उपयोग कर जनजाति जगत से जुड़ी जानकारियों के प्रचार हेतु वनवासी कल्याण आश्रम सदैव प्रयासरत है। इसके माध्यम से वनवासी क्षेत्र की समस्या तथा चुनौतियों को भी उजागर करना है। न केवल नगरीय कार्यकर्ता अपितु जनजाति कार्यकर्ता भी प्रचार के विभिन्न कार्यक्रमों का आयोजन करे, यही अपेक्षित है और समाज इसका अनुभव भी कर रहा है। देश विभिन्न

प्रादेशिक भाषाओं में पत्र-पत्रिकाओं का प्रकाशन करना, साहित्य का प्रकाशन करना, पावर-पॉइंट प्रजेन्टेशन, सी.डी., वेब साईट का प्रयोग करना जैसे कई माध्यमों का कल्याण आश्रम उपयोग करता है। कार्यकर्ता पत्रकार वार्ता भी आयोजित करते है।

5. भारतीय जनता पार्टी

भारतीय जनता पार्टी एक राष्ट्रवादी राजनीतिक दल है जो भारत को एक सुदृढ़, समृद्ध एवं शक्तिशाली राष्ट्र के रूप में वैश्विक स्तर पर स्थापित करने के लिए कृतसंकल्प है। भाजपा का गठन 6 अप्रैल, 1980 को नई दिल्ली के कोटला मैदान में आयोजित एक कार्यकर्ता अधिवेशन में किया गया, जिसके प्रथम अध्यक्ष श्री अटल बिहारी वाजपेयी थे। अंतर्राष्ट्रीय, राष्ट्रीय एवं लोकहित के विषयों को लेकर भारतीय जनता पार्टी अस्तित्व में आई। भारतीय राजनीति को भारतीय जनता पार्टी ने दो ध्रुवीय बनाकर एक गठबंधन-युग के सूत्रपात में अग्रणी भूमिका निभाई है।

पृष्ठभूमि

हालांकि भारतीय जनता पार्टी का गठन 6 अप्रैल, 1980 को हुआ। इसका इतिहास भारतीय जनसंघ से जुड़ा हुआ है। स्वतंत्रता और बंटवारे के साथ देश में एक नई राजनीतिक समस्या उत्पन्न हुई। वह थी कि गांधी जी की हत्या की घटना के बाद से राष्ट्रीय स्वयंसेवक संघ पर प्रतिबंध लगाया गया। तत्पश्चात सरदार पटेल के देहावसान के बाद कांग्रेस में नेहरू का अधिनायकवाद प्रबल होने लगा। गांधी और पटेल की मृत्यु के कारण कांग्रेस 'नेहरूवाद' की चपेट में आ गई तथा अल्पसंख्यक तुष्टिकरण, लाइसेंस-परमिट-कोटा राज, राष्ट्रीय सुरक्षा पर लापरवाही, राष्ट्रीय मसलों जैसे कश्मीर आदि पर घुटनाटेक नीति, अंतर्राष्ट्रीय मामलों में भारतीय हितों की अनदेखी आदि अनेक विषय देश में राष्ट्रवादी नागरिकों को उद्विग्न करने लगे। पाकिस्तान एवं बांग्लादेश में हिन्दू अल्पसंख्यकों पर हो रहे अत्याचार पर भारत के चुप रहने से क्षुब्ध होकर डॉ श्यामा प्रसाद मुखर्जी ने नेहरु मंत्रिमंडल से त्यागपत्र दे दिया। इधर, राष्ट्रीय स्वयंसेवक संघ के कुछ स्वयंसेवकों ने भी प्रतिबंध के दंश को झेलते हुए महसूस किया कि

संघ के राजनीतिक क्षेत्र से सिद्धांततः दूरी बनाये रखने के कारण वे अलग-थलग तो पड़े ही, साथ ही संघ को राजनीतिक तौर पर निशाना बनाया जा रहा था। ऐसी परिस्थिति में एक राष्ट्रवादी राजनीतिक दल की आवश्यकता देश में महसूस की जाने लगी। जिसके परिणामस्वरूप 21 अक्टूबर, 1951 को भारतीय जनसंघ की स्थापना डॉ श्यामा प्रसाद मुखर्जी की अध्यक्षता में दिल्ली के राघोमल आर्य कन्या उच्च विद्यालय में हुई।

डॉ श्यामा प्रसाद मुखर्जी के नेतृत्व में भारतीय जनसंघ ने कश्मीर एवं राष्ट्रीय अखंडता के मुद्दे पर आंदोलन छेड़ा। जिसके फलस्वरूप डॉ श्यामा प्रसाद मुखर्जी को कश्मीर की जेल में डाल दिया गया, यहां उनकी मृत्यु हो गई। इसके बाद नई पार्टी को सशक्त बनाने का काम पण्डित दीनदयाल उपाध्याय के ऊपर आ गया। भारतीय जनसंघ एवं पंडित दीनदयाल उपाध्याय के नेतृत्व 1967 में पहली बार भारतीय राजनीति पर लम्बे समय से बरकरार कांग्रेस का एकाधिकार टूटा, जिससे कई राज्यों के विधानसभा चुनावों में कांग्रेस की पराजय हुई।

भारतीय जनसंघ का जनता पार्टी में विलय

सत्तर के दशक में कांग्रेस सरकार के विरूद्ध देश में जन-असंतोष उभरने लगा। इस दौरान गुजरात के नवनिर्माण आन्दोलन और बिहार में छात्र आंदोलन शुरू हो गए। लोकनायक जयप्रकाश नारायण ने आंदोलन का नेतृत्व अपने हाथों में लिया और जिससे कांग्रेस शासन के खिलाफ जन-असंतोष मुखर हो उठा। 1971 में देश पर भारत-पाक युद्ध तथा बांग्लादेश में विद्रोह के परिप्रेक्ष्य में बाह्य आपातकाल लगाया गया था जो युद्ध समाप्ति के बाद भी लागू था। उसे हटाने की भी मांग तीव्र होने लगी। जनान्दोलनों से डरकर कांग्रेस सरकार ने जनता की आवाज को कुचलने का प्रयास किया। जिसका परिणाम यह हुआ कि 25 जून, 1975 को देश पर दूसरी बार आपातकाल धारा 352 के अंतर्गत 'आंतरिक आपातकाल' के रूप में थोप दिया गया। इस समय देश के अधिकतर सभी बड़े नेता नजरबंद कर दिये गए अथवा जेलों में डाल दिए गये। समाचार पत्रों पर भी 'सेंसरशिप' लगा दी गई। साथ ही अनेक राष्ट्रवादी संगठनों पर भी प्रतिबंध

लगा दिया गया और हजारों कार्यकर्ताओं को 'मीसा' के तहत गिरफ्तार कर कारावास में डाल दिया गया। इससे यह साफ हुआ कि देश में लोकतंत्र खतरे में है। इसके लिए जनसंघर्ष को तेज किया जाने लगा परिणामतः भूमिगत गतिविधियों ने भी तेजी पकड़ी। इन जनान्दोलनों से डरकर इंदिरा गांधी ने 18 जनवरी, 1977 को लोकसभा भंग कर दी तथा नये जनादेश प्राप्त करने की इच्छा व्यक्त की।

जयप्रकाश नारायण के आह्वान पर एक नये राष्ट्रीय दल 'जनता पार्टी' का गठन किया गया। चुनाव में कम समय होने के कारण 'जनता पार्टी' का गठन पूर्ण रूप से राजनीतिक दल के रूप में नहीं हो पाया। फिर भी आम चुनावों में कांग्रेस की हार हुई तथा 'जनता पार्टी' एवं अन्य विपक्षी पार्टियां भारी बहुमत के साथ सत्ता में आई। पूर्व घोषणा के अनुसार 1 मई, 1977 को भारतीय जनसंघ ने करीब 5000 प्रतिनिधियों के एक अधिवेशन में अपना विलय जनता पार्टी में कर दिया।

भाजपा का गठन

जनता पार्टी आपसी स्पर्धा की शिकार हो गयी। वर्चस्व की लड़ाई में भारतीय जनसंघ के कार्यकर्ताओं के खिलाफ 'दोहरी सदस्यता' का मुद्दा उठाया गया। जनसंघ के लोग या तो जनता पार्टी छोड़ें या फिर संघ से अपने रिश्ते समाप्त करें। इस मुद्दे पर जनसंघ के नेतओं ने जनता पार्टी छोड़ दी तथा 6 अप्रैल, 1980 को पंच निष्ठाओं के आधार पर भारतीय जनता पार्टी का गठन हुआ। इसका लाभ लेकर कांग्रेस ने भी जनता पार्टी को तोड़ने में राजनीतिक दांव-पेंच खेलने से परहेज नहीं किया। भारतीय जनसंघ से जनता पार्टी में आये सदस्यों को अलग-थलग करने के लिए 'दोहरी-सदस्यता' का मामला उठाया गया। राष्ट्रीय स्वयंसेवक संघ से संबंध रखने पर आपत्तियां उठायी जाने लगीं। यह कहा गया कि जनता पार्टी के सदस्य राष्ट्रीय स्वयंसेवक संघ के सदस्य नहीं बन सकते। तत्पश्चात 4 अप्रैल, 1980 को जनता पार्टी की राष्ट्रीय कार्यसमिति ने अपने सदस्यों के राष्ट्रीय स्वयंसेवक संघ के सदस्य होने पर प्रतिबंध लगा दिया। हालाँकि पुराने भारतीय जनसंघ से संबद्ध सदस्यों ने इसका विरोध किया और जनता पार्टी

से भिन्न नये संगठन 'भारतीय जनता पार्टी' की घोषणा कर दी। कुल मिलाकर इस प्रकार भारतीय जनता पार्टी की स्थापना हुई। सिद्धांतों और आदर्शों पर आधारित राजनीतिक दल है भारतीय जनता पार्टी (भाजपा)। भाजपा की विचारधारा को एक पंक्ति में कहना हो तो वह है 'भारत माता की जय'। भारत का अर्थ है 'अपना देश'। देश जो हिमालय से कन्याकुमारी तक फैला है और जिसे प्रकृति ने एक अखंड भू-भाग के रूप में हमें दिया है। भारत हमारी माता है और हम सभी भारतवासी उसकी संतान हैं। भारत माता कहने से एक भूमि और एक जन के साथ हमारी एक संस्कृति का भी ध्यान बना रहता है। इस माता की जय में हमारा संकल्प घोषित होता है और परम वैभव में है मां की सभी संतानों का सुख और अपनी संस्कृति के आधार पर विश्व में शांति व सौख्य की स्थापना। यही है 'भारत माता की जय'।

एकात्म मानववाद बीजेपी का मूल दर्शन है। यह दर्शन एकात्म यानि समग्र विचार करना सिखाता है। मनुष्य के शरीर, मन, बुद्धि और आत्मा का एकात्म ही इसका दर्शन है। यह दर्शन मनुष्य और समाज के बीच कोई संघर्ष नहीं देखता, बल्कि मनुष्य के स्वाभाविक विकास-क्रम और उसकी चेतना के विस्तार से परिवार, गाँव, राज्य, देश और सृष्टि तक उसकी पूर्णता देखता है।

भाजपा के संविधान की धारा 4 में पांच निष्ठाएं वर्णित हैं। ये पांचों निष्ठाएं हमारे वैचारिक अधिष्ठान का पूरा ताना-बाना बुनती हैं:

राष्ट्रवाद और राष्ट्रीय एकात्मता: भारत राष्ट्रों का समूह नहीं है, नवोदित राष्ट्र भी नहीं है, बल्कि यह सनातन राष्ट्र है। सभी इस विशाल देश की विविधता से परिचित हैं। विविधता इस देश की शोभा है और इन सबके बीच एक व्यापक एकात्मता भी है। यही विविधता और एकात्मता भारत की विशेषता है। भारत का राष्ट्रवाद केवल भौगोलिक नहीं है बल्कि सांस्कृतिक भी । इसीलिए भारत में अनेक राज्य रहे, पर संस्कृति ने राष्ट्र को एकात्म रूप से हमेंशा बांधकर रखा।

लोकतंत्र: विश्व की प्राचीनतम ज्ञात पुस्तक ऋग्वेद में यह मंत्र 'एकं सदविप्रा: बहुधा वदन्ति' उल्लेखनीय है। जिसका अर्थ है, सत्य एक ही है। विद्वान इसे अलग-अलग तरीके से व्यक्त करते हैं। विचार स्वातंत्र्य (फ्रीडम ऑफ थॉट्स एंड एक्सप्रेशन) का आधार यह मंत्र है।

संस्कृत में एक और मंत्र है- 'वादे वादे जायते तत्त्वबोध:'। इसका अर्थ है चर्चा से हम ठीक तत्त्व तक पहुँच जाते हैं। चर्चा से सत्य तक पहुंचने का यह मंत्र भारत में लोकतंत्रीय स्वभाव बनाता है। इन दोनों मन्त्रों ने भारत में लोकतंत्र का स्वरूप गढा-निखारा है। भारतीय समाज ने इसी लोकतंत्र का स्वभाव ग्रहण किया है। लोकतंत्र भारतीय समाज के अनुरूप व्यवस्था है।

भाजपा ने लोकतंत्रीय व्यवस्था को मजबूती से अपनाया है। भाजपा संभवत: अकेला ऐसा राजनीतिक दल है, जो हर तीसरे साल में एक बार स्थानीय समिति से लेकर राष्ट्रीय अध्यक्ष तक के नियमित चुनाव कराता है। यही वजह है कि चाय बेचने वाला युवक देश का प्रधानमंत्री बना है और इसी तरह सभी प्रतिभावान लोगों का पार्टी के अलग-अलग स्तरों से लेकर चोटी तक पहुंचना संभव होता रहा है। लोकतंत्र विकेन्द्रित शासन व्यवस्था है। इसमें केन्द्र, राज्य, नगरपालिका और पंचायत सभी के काम और जिम्मेदारियां बंटी हुई हैं। सभी की जिम्मेदारियां भारत के संविधान में निहित हैं। संविधान में निहित अपने-अपने दायित्त्वों को पूरा करने के लिए सभी (केंद्र, राज्य, नगरपालिका और पंचायत) स्वतंत्र हैं। इसीलिए गांव के लोग पंचायत द्वारा गांव का शासन स्वयं चलाते हैं।

मूल्य आधारित राजनीति: भाजपा की पांचवीं निष्ठा है 'मूल्य आधारित राजनीति'। एकात्म मानववाद मूल्य आधारित राजनीति पर विश्वास करता है। नियमों और मूल्यों के निर्धारण के वायदे के बिना राजनीतिक गतिविधि सिर्फ निज स्वार्थपूर्ति का खेल है। भाजपा 'मूल्य आधारित राजनीति' के निर्माण के लिए प्रतिबद्ध है और सार्वजनिक जीवन का शुद्धिकरण एवं नैतिक मूल्यों की पुन:स्थापना उसका लक्ष्य है।

एकात्म मानववाद

'एकात्मक मानववाद' भाजपा का मूल दर्शन है। पंडित दीनदयाल उपाध्याय ने अपने सुदीर्घ चिन्तन, अध्ययन एवं मनन के बाद सन् 1964-65 में इसका प्रणयन किया था। मानव को 'सेक्यूलरवाद, व्यक्तिवाद (पूंजीवाद) समाजवाद एवं साम्यवाद की विचार धाराएं पाश्चात्य राजनैतिक चिन्तन ने दी थीं। आजाद भारत के नेतृत्व भी इन्हीं वादों में भारत का भविष्य खोज रहा था। सामान्यत: भारत के राजनैतिक क्षेत्र में स्थापित सभी दल यह सोचते थे कि हमें कुछ संशोधनों के साथ इन पाश्चात्य वादों को ही स्वीकारना पड़ेगा क्योंकि हमारे पास कोई अन्य चिंतन नहीं है।

भारतीय जनसंघ या भारतीय जनता पार्टी भारत को सनातन राष्ट्र मानती है। पश्चिम की राष्ट्र-राज्य परिकल्पना से भी पुरानी कल्पना भारत के 'सांस्कृतिक राष्ट्रवाद' की है। भारतीय संस्कृति की एक गौरव सम्पन्न ज्ञान-परम्परा हैं इसी ज्ञान-परम्परा में भारत का भविष्य खोजना चाहिए। मानव की तरफ देखने की पाश्चात्य दृष्टि खण्डित हैं वह व्यक्तिवाद पे आधारित है और समाजवाद की दुश्मन है तथा समाजवाद, व्यक्तिवाद का शत्रु है। वे प्रकृति पर मानव की विजय चाहते हैं, इस प्रकार यहां भी प्रकृति बनाम मानव उनका समीकरण है। समाजवाद को अपना कर उन्होंने अपने सार्वजनिक जीवन को अध्यात्म से काट लिया जिससे भौतिकवाद बनाम अध्यात्म, स्टेट बनाम चर्च तथा रिलिजन बनाम सांइस के द्वंद्मूलक समीकरण वहां उत्पन्न हुए।

दीनदयाल जी मानते थे कि पश्चिम के इस द्वंद्मूलक निष्कर्षों का अनुयायी नहीं बनना चाहिए। इसलिए उन्होंने भारतीय चिन्तन के आधार पर विकल्प देने की जिम्मेदारी ली। सभी कार्यकर्ताओं ने इसकी जिम्मेदारी ली और इसके लिए कार्य करना प्रारंभ कर दिया। इस दृष्टि से 1959 का पूना अभ्यासवर्ग, 1964 का ग्वालियर अभ्यास वर्ग तथा 1964 के संघ शिक्षा वर्ग का विशेष महत्त्व है। इन वर्गों में परिपक्व हुये विचारों को दीनदयाल जी ने सिद्धांत और नीति प्रलेख में 'एकात्म मानववाद' नाम से प्रस्तुत किया। 1965 में भारतीय जनसंघ के विजयवाड़ा वार्षिक अधिवेशन में 'एकात्म मानववाद' को मूल दर्शन के रूप में स्वीकार किया गया तथा

1985 में भारतीय जनता पार्टी ने भी इसे अपने मूल दर्शन के रूप मंर स्वीकार किया। यह विचार व्यक्ति और समाज की एकात्मता का विचार, प्रकृति की एकात्मता का विचार है और भौतिक बनाम अध्यात्मिक की एकात्मता का विचार है। भारत में इसे धर्म कहा गया है 'यतो अभ्युदय नि:श्रेयस संसिद्धि स धर्म।' अर्थात् यह व्यष्टि, समिष्ट, सृष्टि व परमेंष्ठी की एकात्मता का विचार है।

विचार एवं दर्शन

भारतीय जनता पार्टी एक सुदृढ़, सशक्त, समृद्ध, समर्थ एवं स्वावलम्बी भारत के निर्माण के लिए निरंतर सक्रिय है। पार्टी की कल्पना एक प्रगतिशील एवं प्रबुद्ध समाज का प्रतिनिधित्व करती है तथा प्राचीन भारतीय सभ्यता एवं संस्कृति तथा उसके मूल्यों से प्रेरणा लेते हुए महान 'विश्वशक्ति' एवं 'विश्व गुरू' के रूप में उसे विश्व स्टार पर स्थापित करना चाहती है।

भाजपा भारतीय संविधान में निहित मूल्यों तथा सिद्धांतों के प्रति कार्य करते हुए लोकतांत्रिक व्यवस्था पर आधारित राज्य को अपना आधार मानती है। पार्टी का उद्देश्य ऐसे लोकतान्त्रिक राज्य की स्थापना करना है जिसमें जाति, सम्प्रदाय अथवा लिंगभेद के बिना सभी नागरिकों को राजनीतिक, सामाजिक एवं आर्थिक न्याय, समान अवसर तथा धार्मिक विश्वास एवं अभिव्यक्ति की स्वतंत्रता सुनिश्चित हो। पार्टी का अंत्योदय, सुशासन, सांस्कृतिक राष्ट्रवाद, विकास एवं सुरक्षा पर भी विशेष बल है। पार्टी ने पांच प्रमुख सिद्धांतों के प्रति भी अपनी निष्ठा व्यक्त की, जिन्हें 'पंचनिष्ठा' की संज्ञा दी गई हैं। ये पांच सिद्धांत (पंच निष्ठा) हैं- राष्ट्रवाद एवं राष्ट्रीय अखंडता, लोकतंत्र, सकारात्मक पंथ-निरपेक्षता (सर्वधर्मसमभाव), गांधीवादी समाजवाद (सामाजिक-आर्थिक विषयों पर गाँधीवादी दृष्टिकोण द्वारा शोषण मुक्त समरस समाज की स्थापना) तथा मूल्य आधारित राजनीति।

उपलब्धियां

भारतीय जनता पार्टी के प्रथम अध्यक्ष श्री अटल बिहारी वाजपेयी निर्वाचित हुए थे। अपनी स्थापना के साथ ही भाजपा राष्ट्रीय राजनीति में

सक्रिय हो गई। बोफोर्स एवं भ्रष्टाचार के मुद्दे पर पुनः गैर-कांग्रेसी दल एक मंच पर आये तथा 1989 के आम चुनावों में राजीव गांधी के नेतृत्व में कांग्रेस को पराजय का सामना करना पड़ा। वी.पी. सिंह के नेतृत्व में गठित राष्ट्रीय मोर्चे की सरकार को भाजपा ने बाहर से समर्थन दिया। इसी समय देश में राम मंदिर के लिए आंदोलन प्रारंभ हुआ। तत्कालीन भाजपा अध्यक्ष श्री लालकृष्ण आडवाणी ने सोमनाथ से अयोध्या तक के लिए रथयात्रा प्रारंभ की। राम मंदिर आन्दोलन को प्राप्त जनसमर्थन एवं भाजपा की बढ़ती लोकप्रियता से डर आडवाणी जी की रथयात्रा को बीच में ही रोक दिया गया। फलस्वरूप भाजपा ने राष्ट्रीय मोर्चा सरकार से समर्थन वापस ले लियाऔर वी.पी. सिंह की सरकार गिर गई तथा कांग्रेस के समर्थन से बाद में चन्द्रशेखर देश के प्रधानमंत्री बने। इससे आने वाले आम चुनावों में भाजपा का जनसमर्थन लगातार बढ़ता गया। इसी बीच नरसिम्हाराव के नेतृत्व में कांग्रेस तथा कांग्रेस के समर्थन से संयुक्त मोर्चे की सरकारों का प्रभुत्व देशभर में रहा, जिस दौरान भ्रष्टाचार, अराजकता एवं कुशासन के कई 'कीर्तिमान' स्थापित हुए।

भाजपा को लगातार जनसमर्थन मिल रहा था। 1996 में श्री अटल बिहारी वाजपेयी के नेतृत्व में पहली बार भाजपा सरकार ने शपथ ली, परन्तु पर्याप्त समर्थन न मिलने के कारण यह सरकार मात्र 13 दिन ही चल पाई। इसके बाद श्री अटल बिहारी वाजपेयी के नेतृत्व में राष्ट्रीय जनतांत्रिक गठबंधन की सरकार ने शपथ ली। परन्तु जयललिता के नेतृत्व में अन्नाद्रमुक द्वारा समर्थन वापस लिए जाने के कारण सरकार लोकसभा में विश्वासमत के दौरान एक वोट से गिर गई, जिसके पीछे वह अनैतिक आचरण था, जिसमें उड़ीसा के तत्कालीन कांग्रेसी मुख्यमंत्री गिरिधर गोमांग ने पद पर रहते हुए भी लोक सभा की सदस्यता नहीं छोड़ी तथा विश्वासमत के दौरान सरकार के विरुद्ध मतदान किया। कांग्रेस के इस अवैध और अनैतिक आचरण के कारण ही देश को पुनः आम चुनावों का सामना करना पड़ा। 1999 में भाजपा 182 सीटों पर पुनः विजय मिली तथा राष्ट्रीय जनतांत्रिक गठबंधन को 306 सीटें प्राप्त हुईं। एक बार पुनः श्री अटल बिहारी वाजपेयी के नेतृत्व में भाजपा-नीत राजग की सरकार बनी।

भाजपा–नीत राजग सरकार ने श्री अटल बिहारी के नेतृत्व में विकास के अनेक नये प्रतिमान स्थापित किए। पोखरण परमाणु विस्फोट, अग्नि मिसाइल का सफल प्रक्षेपण, कारगिल विजय जैसी सफलताओं से भारत का कद अंतर्राष्ट्रीय मंचों पर ऊंचा हुआ। राष्ट्रीय राजमार्गों का निर्माण, सार्वजनिक वितरण प्रणाली में सुधार, शिक्षा एवं स्वास्थ्य में नयी पहल एवं प्रयोग, कृषि, विज्ञान एवं उद्योग के क्षेत्रों में तीव्र विकास के साथ-साथ महंगाई न बढ़ने देने जैसी अनेकों उपलब्धियां इस सरकार के खाते में दर्ज हैं। भारत–पाक संबंधों को सुधारने, देश की आंतरिक समस्याओं जैसे नक्सलवाद, आतंकवाद, जम्मू एवं कश्मीर तथा उत्तर पूर्व के राज्यों में अलगाववाद पर कई प्रभावी कदम उठाए गये। राष्ट्रीय एकता एवं अखंडता को सुदृढ़ कर सुशासन एवं सुरक्षा को केन्द्र में रखकर देश को समृद्ध एवं समर्थ बनाने की दिशा में अनेक निर्णायक कदम उठाये गए। तत्कालीन प्रधानमंत्री श्री अटल बिहारी वाजपेयी एवं उपप्रधानमंत्री श्री लालकृष्ण आडवाणी के नेतृत्व में राजग शासन ने देश में विकास की एक नई राजनीति का सूत्रपात किया।

वर्तमान स्थिति

आज भाजपा देश में एक प्रमुख राष्ट्रवादी शक्ति के रूप में उभर रही है। यह देश के सुशासन, विकास, एकता एवं अखंडता के लिए कृतसंकल्प है। 10 साल पार्टी ने विपक्ष की सक्रिय और शानदार भूमिका निभाई। 2014 में श्री नरेन्द्र मोदी के नेतृत्व में देश में पहली बार भाजपा की पूर्ण बहुमत के साथ सरकार बनी। आज 'सबका साथ, सबका विकास' की उद्घोषणा के साथ भाजपा गौरव सम्पन्न भारत का पुननिर्माण कर रही है।

26 मई, 2014 को श्री नरेंद्र दामोदरदास मोदी ने भारत के प्रधानमंत्री के तौर पर शपथ ग्रहण की। आज मोदी जी के नेतृत्व में भाजपा सरकार ने कम समय में ही अभूतपूर्व उपलब्धियां हासिल कर ली हैं। भाजपा ने भारत की गरिमा को पुन:स्थापित किया और राजनीति पर लोगों के विश्वास को फिर से स्थापित किया है। भाजपा ने 'मेंक इन इंडिया', 'स्किल इंडिया', अमृत मिशन, दीनदयाल ग्राम ज्योति योजना, डिजिटल इंडिया जैसी

योजनाओं से भारत को आधुनिक और सशक्त बनाने की दिशा में मजबूत कदम उठाया है। जनधन योजना, बेटी बचाओ-बेटी पढाओ, सुकन्या समृद्धि योजना जैसी अनेक योजनाएं देश में एक नयी क्रांति का सूत्रपात कर रही हैं।

अन्त्योदय

अंत्योदय का मतलब समाज के सबसे निचले स्तर पर मौजूद व्यक्ति का कल्याण है। अंत्योदय के विचार से प्रेरित होकर केन्द्र में प्रधानमंत्री नरेन्द्र मोदी के नेतृत्व में मौजूद एनडीए सरकार और तमाम प्रदेशों में शासन करने वाली भाजपा सरकारें अंत्योदय के रास्ते पर बढ़ने की ओर अग्रसर हैं तथा गरीब, ग्रामीण एवं किसानों के लिए और समाज के सबसे शोषित वर्ग से आने वाले युवाओं और महिलाओं के कल्याण की ओर प्रतिबद्ध हैं। गरीब को सामाजिक सुरक्षा प्रदान करते हुए औसत जीवन स्तर में पहले के मुकाबले बढ़ोतरी हुई है। मुद्रा, जनधन, उज्जवला (गरीबों को गैस कनेक्शन प्रदान करना) स्वच्छता मिशन, शौचालयों का निर्माण, दीनदयाल ग्राम ज्योति योजना, आवास योजना, सस्ती दवाएं और इलाज, इन सभी योजनाओं पर कार्य को आगे बढ़ा दिया गया है। तकनीक के प्रयोग से कृषि में सुधार किया जा रहा है एवं किसानों की आय दुगनी करने के इरादे से सिंचाई तकनीकों के लिए विशेष व्यवस्थाएं भी की जा रही हैं। केन्द्रिय बजट की सहायता से गांवों में भी कई निवेश किए जा रहे हैं। दीनदयाल जी के विचारों से प्रेरित बीजेपी सरकार देश के संसाधनों का उपयोग केवल देश की उन्नति के लिए करने के लिए प्रतिबद्ध है जिसके लिए यह सरकार भ्रष्टाचार पर लगाम लगाने, काले धन को रोकने और जनता की कमाई की लूट रोकने के लिए कड़े कदम उठा रही है। एक भारत श्रेष्ठ भारत का रास्ता गरीबी दूर करके ही मिलेगा।

6. भारतीय मजदूर संघ

"भारतीय मजदूर संघ" की स्थापना 23 जुलाई 1955 को वरिष्ठ संघ-प्रचारक श्री दत्तोपन्त ठेंगड़ी ने की। यह राष्ट्रहित के लिए समर्पित श्रमिक-संगठन है। अधिकार के साथ कर्तव्य को भी जोड़ने वाला, लाल

झंडे के स्थान पर भगवा ध्वज को अपनाने वाला और मई दिवस के स्थान पर विश्वंकर्मा-जयन्ती को श्रमिक-दिवस मानने वाला भारतीय मजदूर संघ आज देश का सबसे बड़ा श्रमिक-संगठन है जिसकी सदस्य-संख्या लगभग 50 मिलियन से भी अधिक है। भारतीय मजदूर संघ भारत का सबसे बड़ा केंद्रीय व्यापार संघ है। भारत के अन्य श्रमिक संगठनों की तरह इसका गठन किसी संगठन के विभाजन के कारण नहीं बल्कि एक विचारधारा के लोगों के सम्मिलित प्रयासों का परिणाम था।

यह देश का पहला श्रमिक संगठन है, जो किसी राजनीतिक दल की श्रमिक इकाई नहीं है, बल्कि श्रमिकों द्वारा, श्रमिकों के लिए चलाया जाने वाला एक स्वतंत्र श्रमिक संगठन है। आज यह देश में सबसे बड़ी ट्रेड यूनियनों वाली संस्था है। भारतीय संरक्षण कामगार संघ और भारतीय प्रतिरोध मजदूर संघ महाराष्ट्र में भारतीय संरक्षण कामगार संघ आयुध निर्माणी देहूरोड पुणे से संबद्ध इकाई हैं। यह भारत में नंबर एक श्रमिक के शीर्ष पर पहुंच गया है और अब यह भारत में नंबर एक श्रमिक है। संगठन है। अन्य श्रमिक संगठनों का नारा है- दुनिया के मजदूरों एक हो! भारतीय मजदूर संघ का नारा है- "मजदूर एक करो विश्व को"। भारतीय मजदूर संघ का गीत है - देशहित में काम करेंगे, काम का पूरा दाम लेंगे! भारतीय मजदूर संघ के हर छोटे-बड़े कार्यक्रम की शुरुआत इसी गीत से होती है:

हम मानवता के लिए आशा की किरण हैं,
हम ही शोषितों, पीड़ितों, वंचितों का भाग्य बनाने वाले लोग हैं।
हम अपनी मेहनत से कब्र में सोना उगाएंगे,
कंकड़-पत्थर समतल कर देंगे, काँटों में फूल खिला देंगे।
निरंतर परिश्रम से हम अपनी शान स्वयं हैं,
हम ही शोषितों, पीड़ितों, वंचितों का भाग्य बनाने वाले लोग हैं।
किसी और के मुँह की रोटी छीनना आपका काम नहीं है,
लेकिन अपना अधिकार खोकर आप आराम नहीं कर सकते.
हम अपने हितों को दूसरों के हितों के साथ जोड़ते हैं,
हम ही शोषितों, पीड़ितों, वंचितों का भाग्य बनाने वाले लोग हैं।
रोटी, कपड़ा, मकान, शिक्षा है जीवन की जरूरत,

जब व्यक्ति और परिवार खुश होंगे तभी मुक्ति है।
हम वो लोग हैं जो हँसते–हँसते देश के काम में ऊर्जा लगाते हैं,
हम ही शोषितों, पीड़ितों, वंचितों का भाग्य बनाने वाले लोग हैं।
भारत माता का सुख और वैभव जीवन से भी प्यारा है।
युग–युग तक मानव कल्याण करने का सनातन धर्म हमारा है।
हम वो लोग हैं जो एक ही माँ को जीवन शक्ति प्रदान करते हैं,
हम ही शोषितों, पीड़ितों, वंचितों का भाग्य बनाने वाले लोग हैं।

जिन परिस्थितियों में भारतीय मजदूर संघ (बीएमएस) भारत के ट्रेड यूनियन क्षेत्र में अस्तित्व में आया, उसने ट्रेड यूनियन आंदोलन में इसकी महत्त्वपूर्ण भूमिका को आकार दिया है। अन्य ट्रेड यूनियनों के मामले के विपरीत, बीएमएस का गठन मौजूदा ट्रेड यूनियन संगठनों में विभाजन का परिणाम नहीं था। इसलिए उस पर जमीनी स्तर से अपने संगठनात्मक ढांचे के निर्माण की महती जिम्मेदारी थी। इसकी शुरुआत शून्य से हुई, जिसमें कोई ट्रेड यूनियन नहीं, कोई सदस्यता नहीं, कोई कार्यकर्ता नहीं, कोई कार्यालय नहीं और कोई फंड नहीं। पहले ही दिन इसकी कल्पना एक ट्रेड यूनियन के रूप में की गई थी। यह एक वास्तविक ट्रेड यूनियन के रूप में काम करेगा, जो खुद को पार्टी की राजनीति से दूर रखेगा। यह अन्य ट्रेड यूनियनों से भी भिन्न था जो किसी न किसी राजनीतिक दल से खुले तौर पर या अन्यथा जुड़े हुए थे।

संगठनात्मक विकास

1955 में बी.एम.एस. का विचार केवल कुछ ही व्यक्तियों के दिमाग में मौजूद था जो श्री डी.बी. के मार्गदर्शन में भोपाल में इकट्ठे हुए थे। ठेंगड़ी एक विचारक और बुद्धिजीवी, जिन्होंने पहले भी आत्मत्याग के महान सिद्धांत को स्वीकार करते हुए अपना पूरा जीवन सामाजिक कार्यों के लिए समर्पित कर दिया था। उन्होंने निःस्वार्थ भाव से इस संगठन के लिए काम करने के लिए अपने आसपास दृढ़ संकल्पित कार्यकर्ताओं का एक समूह इकट्ठा किया। पहला कार्य पहले से घोषित महान सिद्धांतों पर एक मजबूत संगठनात्मक संरचना का निर्माण करना था। श्री ठेंगड़ी जी के लगातार देश भ्रमण और उनके तत्कालीन सहयोगियों के स्थानीय प्रयासों का परिणाम यह

हुआ कि एक यहाँ संघ और एक वहाँ संघ की स्थापना हुई। निःसंदेह ट्रेड यूनियन क्षेत्र के व्यापक कैनवास में वह किसी बड़े मानचित्र पर छोटे बिंदुओं की तरह महत्त्वहीन लग रहा था। इनमें से अधिकतर यूनियनें असंगठित क्षेत्र की थीं। अनुभव में वृद्धि के साथ, धीरे-धीरे, बी.एम.एस. यूनियनें महत्त्वपूर्ण उद्योगों में उभरीं। कुछ राज्यों में राज्य समितियों का गठन किया गया। इसके गठन के बारह साल बाद, 1967 में ही बी.एम.एस. का पहला अखिल भारतीय सम्मेलन दिल्ली में आयोजित किया गया था, जिसमें प्रारंभिक राष्ट्रीय कार्यकारिणी का चुनाव किया गया था। उस समय संबद्ध यूनियनों की संख्या 541 थी और कुल सदस्यता 2,46,000 थी। श्री ठेंगड़ी जी को महासचिव और श्री रामनरेशजी को प्रथम अध्यक्ष चुना गया।

उसके बाद से उन्होंने कभी पीछे मुड़कर नहीं देखा। 1967 में इसके 2,36,902 सदस्य थे। 1984 में केंद्र सरकार ने सभी प्रमुख केंद्रीय श्रमिक संगठनों की सदस्यता सत्यापन के बाद 12,11,355 सदस्यों के साथ बीएमएस को दूसरा सबसे बड़ा केंद्रीय ट्रेड यूनियन संगठन घोषित किया और 1996 के दौरान भारत सरकार, श्रम मंत्रालय द्वारा 31,17,324 सदस्यता के साथ इसे पहला सबसे बड़ा संगठन घोषित किया गया। सदस्यता सत्यापन के उद्देश्य से भारत सरकार के श्रम मंत्रालय द्वारा वर्गीकृत 44 उद्योगों में से बीएमएस के पास सभी उद्योगों में संबद्ध यूनियनें हैं। बीएमएस की सभी राज्यों में लगभग 1 करोड़ सदस्यता है, जिसमें 5000 से अधिक संबद्ध यूनियनें शामिल हैं।

बी.एम.एस. उत्पादकता उन्मुख गैर-राजनीतिक सीटीयूओ है। यह राज्य नियंत्रण के विचार को अस्वीकार करता है, बल्कि इसे रक्षा जैसे अपरिहार्य क्षेत्र तक सीमित रखने वाली बुराई के रूप में देखता है, लेकिन प्रत्येक उद्योग की सार्वजनिक जवाबदेही के सिद्धांत और परिणामस्वरूप सार्वजनिक अनुशासन की स्थापना के लिए दृढ़ता से खड़ा है। यह उपभोक्ताओं को औद्योगिक संबंधों में तीसरे और सबसे महत्त्वपूर्ण पक्ष के रूप में लाने का प्रयास करता है। अपने लक्ष्यों और उद्देश्यों को आगे बढ़ाने और साकार करने के लिए बी.एम.एस. राष्ट्रवाद और देशभक्ति की भावना के अनुरूप सभी वैध साधनों का उपयोग करता है।

भारतीय श्रम सम्मेलन (आई.एल.सी), स्थायी श्रम समिति, केंद्रीय श्रमिक शिक्षा बोर्ड, ई.एस.आई., ई.पी.एफ., राष्ट्रीय उत्पादकता परिषद्, राष्ट्रीय सुरक्षा सहित केंद्र सरकार द्वारा गठित अधिकांश द्विपक्षीय/त्रिपक्षीय श्रम और औद्योगिक समितियों/बोर्डों में बीएमएस का महत्त्वपूर्ण प्रतिनिधित्व है। परिषद्, बीएचईएल, एनटीपीसी, एनएचपीसी, बीईएल, कोयला जैसे सार्वजनिक क्षेत्र के उपक्रमों की वार्ता समितियां, जूट, कपड़ा, इंजीनियरिंग, रसायन-उर्वरक, चीनी, बिजली, परिवहन की औद्योगिक समितियां और सरकारी कर्मचारियों की सलाहकार मशीनरी और विभिन्न अन्य समितियां / बोर्ड . बीएमएस अंतर्राष्ट्रीय श्रम संगठन (आईएलओ) के सम्मेलनों में भारतीय कार्यबल के प्रतिनिधिमंडल का नेतृत्व भी करता है।

राष्ट्रवादी दृष्टिकोण की अभिव्यक्ति

दृष्टिकोण में राष्ट्रवादी होने के कारण यह स्वाभाविक था कि यह उसकी गतिविधियों में भी वह प्रकट होता। राष्ट्रीय हित को सर्वोच्च माना गया और श्रमिक हित को इसके ढांचे के भीतर संरक्षित और बढ़ावा दिया गया।

7. विद्या भारती

विद्या भारती, भारत में शिक्षा के क्षेत्र में सबसे बड़ी गैर-सरकारी संस्था है। इसका पूर्ण नाम षविद्या भारती अखिल भारतीय शिक्षा संस्थान है। इसकी स्थापना सन् 1977 में हुई थी। वर्तमान में भी कई हजार शिक्षा संस्थान का कार्य किया जा रहा हैं। शिक्षा के सभी स्तरों - प्राथमिक, माध्यमिक एवं उच्च आदि पर विद्या भारती कार्य कर रही है। इसके अतिरिक्त यह शिक्षा के क्षेत्र में अनुसंधान करती है। इसका अपना शोध विभाग भी है। इसके तहत, हजारों शिक्षण संस्थान संचालित होते है। विद्या भारती -शिशुवाटिका, सरस्वती शिशु मंदिर ,सरस्वती विद्या मंदिर, प्राथमिक, उच्च प्राथमिक, माध्यमिक, वरिष्ठ माध्यमिक, संस्कार केंद्र, एकल विद्यालय, पूर्ण एवं अर्द्ध आवासीय विद्यालय और महाविद्यालयों के छात्रों के लिए शिक्षा प्रदान करता है। भारत का सबसे बड़ा गैर-सरकारी संगठन विद्या भारती आज लक्षद्वीप और मिजोरम को छोड़कर सम्पूर्ण भारत में कई प्रांतीय एवं क्षेत्रीय

समितियाँ से सम्बद्ध हैं। इनके अंतर्गत कुल मिलाकर 30,000 शिक्षण संस्थाओं में 9,00,000 शिक्षकों के मार्गदर्शन में 45 लाख छात्र-छात्राएं शिक्षा एवं संस्कार ग्रहण कर रहे हैं। इनमें से 49 शिक्षक प्रशिक्षक संस्थान एवं महाविद्यालय, 2353 माध्यमिक एवं 923 उच्चतर माध्यमिक विद्यालय, 633 पूर्व प्राथमिक एवं 5312 प्राथमिक, 4164 उच्च प्राथमिक एवं 6127 एकल शिक्षक विद्यालय तथा 3679 संस्कार केंद्र हैं। आज नगरों और ग्रामों में, वनवासी और पर्वतीय क्षेत्रों में झुग्गी-झोंपड़ियों में, शिशु वाटिकाएं, शिशु मंदिर, विद्या मंदिर, सरस्वती विद्यालय, उच्चतर शिक्षा संस्थान, शिक्षक प्रशिक्षण केंद्र और शोध संस्थान हैं। इन सरस्वती मंदिरों की संख्या में निरंतर बढ़ोतरी हो रही है। जिसके परिणामस्वरूप आज विद्या भारती भारत में सबसे बड़ा गैर-सरकारी शिक्षा संगठन बन चुका है। इतिहास 1952 में संघ पीढ़ी को सुयोग्य शिक्षा और शिक्षा के साथ संस्कार देने के लिए ष्सरस्वती शिशु मंदिरष की प्रेरणा से कुछ निष्ठावान लोग शिक्षा के पुनीत कार्य में जुटे। इस राष्ट्र निर्माण के कार्य में लगे लोगों ने नई आधारशिला गोरखपुर में पांच रुपये मासिक किराये के भवन में पक्की बाग में रखकर प्रथम शिशु मंदिर की स्थापना से किया। इससे पहले कुरुक्षेत्र में गीता विद्यालय, की स्थापना 1946 में की जा चुकी थी। जिससे उत्तर प्रदेश में भी शिशु मंदिरों की संख्या तेज गति से बढ़ने लगी। सर्वप्रथम 1958 में श्शिशु शिक्षा प्रबंध समितिश नाम से प्रदेश समिति का गठन किया गया। सरस्वती शिशु मंदिरों को सुशिक्षा एवं सद्संस्कारों के केन्द्रों के रूप में समाज में प्रतिष्ठा एवं लोकप्रियता प्राप्त होने लगी। अन्य प्रदेशों में भी जब विद्यालयों की संख्या बढ़ने लगी तो उन प्रदेशों में भी प्रदेश समितियों का गठन हुआ। पंजाब एवं चंडीगढ़ में सर्वहितकारी शिक्षा समिति, हरियाणा में हिन्दू शिक्षा समिति, असम में शिशु शिक्षा समिति बनी। इसी प्रयत्न ने 1977 में अखिल भारतीय स्वरुप लिया और विद्या भारती संस्था का प्रादुर्भाव दिल्ली में हुआ। इसके बाद सभी प्रदेश समितियां विद्या भारती से सम्बद्ध हो गईं। विद्या भारती 1952 से गुणवत्तापूर्ण शिक्षा प्रदान कर रही है और युवा पीढ़ी को भारतीय मूल्यों और संस्कृति के अनुसार शिक्षित करने के लिए प्रतिबद्ध है। कुछ प्रतिबद्ध और देशभक्त लोग, जो शिक्षा को

भारतीय मूल्यों और संस्कृति के अनुसार युवा पीढ़ी को शिक्षित करने की एक कला मानते थे, ने 1952 में यूपी के गोरखपुर में पहला स्कूल शुरू किया। उन्होंने इस स्कूल का नाम सरस्वती शिशु मंदिर-देवी सरस्वती मंदिर रखा। उनके उत्साह, समर्पण और कड़ी मेंहनत का ही परिणाम है कि अन्य स्थानों पर भी इसी तरह के स्कूल स्थापित होने लगे। उत्तर प्रदेश में ऐसे स्कूलों की संख्या तेजी से बढ़ी। उनके उचित मार्गदर्शन एवं योजनाबद्ध विकास के लिए 1958 में राज्य स्तरीय शिशु शिक्षा प्रबन्ध समिति का गठन किया गया। सरस्वती शिशु मंदिरों में अच्छी शिक्षा और अच्छे संस्कारों ने समाज में मान्यता, सम्मान और लोकप्रियता अर्जित की। शिशु मंदिर अन्य राज्यों में फैलने लगे और कुछ ही वर्षों में कई विद्यालयों की स्थापना हो गयी।

8. भारत विकास परिषद्

जिस संगठन ने भारतीय दर्शन एवं मूल्यों को केन्द्र बिन्दु मानकर सेवा और संस्कारों के विविध प्रकल्पों को हाथ में लेकर देश के सम्पूर्ण एवं सर्वांगीण विकास का संकल्प लिया है, जिसकी आस्था मातृभूमि के प्रति समर्पण और भारतीय जीवन मूल्यों पर आधारित है, जिसने राष्ट्रीय दृष्टिकोणों को प्रखर बनाने में अपनी विशिष्ट भूमिका का निर्वहन किया है, भारतीय जनमानस में भारतीय संस्कारों एवं आदर्शों के ज्ञान एवं अनुपालन को जन-आन्दोलन का सृजन किया है और समाज के गरीब एवं विपदाग्रस्त व्यक्तियों की सेवा के लिए उदार भावनाओं को सुदृढ़ किया है, उस संगठन का नाम है ख्र भारत विकास परिषद्। भारत विकास परिषद् समाज में विभिन्न व्यवसायों व कार्यों में लगे श्रेष्ठतम् लोगों का एक राष्ट्रीय, अराजनैतिक, निःस्वार्थ, समाजसेवी एवं सांस्कृतिक संगठन है। इस संस्था की स्थापना का उद्देश्य भारतीय समाज का सर्वांगीण विकास करना है। इस विकास में सामाजिक, सांस्कृतिक, नैतिक, राष्ट्रीय एवं आध्यात्मिक सभी प्रकार का विकास समाहित है। स्वामी विवेकानन्द जी के विचारों से प्रेरणा लेकर, उनके जन्म शताब्दी वर्ष 1963 में, समाज के विचारशील, समर्पित एवं उत्साही व्यक्तियों ने भारत विकास परिषद् की स्थापना की। दिल्ली के भूतपूर्व महापौर लाला हंस राज एवं डॉ. सूरज प्रकाश ने इसकी नींव रखी।

स्वामी विवेकानन्द के जन्मशताब्दी के अवसर पर 12 जनवरी 1963 को डॉ. सूरज प्रकाश व लाला हंस राज जैसे सुधारकों द्वारा "नागरिक मिति" (Citizens Council) की स्थापना की गयी थी। बाद में इसी का नाम "भारत विकास परिषद्" (BVP) रखा गया। 10 जुलाई सन् 1963 को सोसायटीज पंजीकरण अधिनियम, 1860 के अन्तर्गत इसका पंजीकरण हुआ। इस प्रकार यह परिषद् स्वामी विवेकानन्द के आदर्शों एवं शिक्षाओं पर कार्यरत है।

भारत विकास परिषद् एक सेवा एवं संस्कार-उन्मुख अराजनैतिक, सामाजिक-सांस्कृतिक स्वयंसेवी संस्था है जो स्वामी विवेकानंद जी के आदर्शो को अपनाते हुए मानव-जीवन के सभी क्षेत्रों जैसे- संस्कृति, समाज, शिक्षा, नीति, अध्यात्म, राष्ट्रप्रेम आदि में भारत के सर्वांगीण विकास के लिए समर्पित है। भारत विकास परिषद् इसका लक्ष्यवाक्य है – "स्वस्थ, समर्थ, संस्कृत भारत"।

1963 में दिल्ली से प्रारंभ हुई भारत विकास परिषद् की शाखा से अब समस्त देश में इसकी लगभग 1430 शाखाएँ हैं। इसके 68,000 परिवार अर्थात् एक लाख छतीस हजार सदस्य (परिषद् में पति पत्नी समान रूप से भागीदार हैं), निःस्वार्थ भाव से समाजिक एवं सेवा कार्यों में जुटे हुए हैं। कार्य की दृष्टि से देश को 7 रीजन व 71 प्रान्तों में बांटा गया है। अब कोई भी प्रान्त परिषद् की शाखाओं से अछूता नहीं है। परिषद् का दृष्टिकोण है मानव-जीवन के हर पहलू यथा सामाजिक, सांस्कृतिक, नैतिक, राष्ट्रीय एवं आध्यात्मिक क्षेत्रों में देश का विकास व संबर्धन जिससे भारत स्वस्थ, समर्थ व संस्कारित बने।

उद्देश्य

परिषद् का उद्देश्य है समाज के उच्च वर्ग, बुद्धिजीवियों व सुविधासम्पन्न लोगों में अपने देश के गरीब, असमर्थ, अशिक्षित व अज्ञानी लोगों के प्रति सेवा-भाव जागृत करना। लेकिन ये सेवा दया भाव के रूप में नहीं बल्कि अपनी देश की संस्कृति में बसी सेवा के कर्तव्य के रूप में है।

परिषद् के उद्देश्यों व कार्यक्रमों को मूर्त रूप देने के लिए निम्नलिखित सूत्रों का अनुसरण किया जाता हैं:

1. **सम्पर्क:** उन व्यक्तियों को चिन्हित करते हैं, और उनसे व्यक्तिगत सम्पर्क स्थापित करते हैं जो कि परिषद् के सदस्य के रूप में परिषद् की गतिविधियों में जिम्मेदारीपूर्वक सहायता प्रदान करने को तैयार हो सकते हैं।

2. **सहयोग:** समाज के प्रभावशाली लोगों का सक्रिय सहयोग प्राप्त करते हैं और फिर उन लोगों को जिम्मेदारियाँ सौंपते हैं तथा उनके सहयोग से परिषद् के उद्देश्यों के अनुरूप कार्य करते हैं।

3. **संस्कार:** अपने देश की धरोहरों के सर्वश्रेष्ठ पहलुओं व आध्यात्मिक मूल्यों के प्रति अपने सदस्यों को शिक्षित व प्रेरित करते हैं।

4. **सेवा:** परिषद् की समस्त गतिविधियों का बिन्दु 'सेवा' है। निःस्वार्थ व समर्पित सेवा और यह सेवा किसी दया या कमजोर के प्रति हीनभाव से प्राप्तकर्ता को नहीं दी जाती है, बल्कि हमारी संस्कृति के अनुरूप सच्ची भावना से पूजा भाव के साथ प्रदान की जाती है। 'नर सेवा नारायण सेवा' का भाव रहता है।

5. **समर्पण:** ऊपर वर्णित समस्त सूत्रों के अनुरूप परिषद् परिवार के सदस्यों को समाजोन्मुखी, अहंकार रहित पूर्ण समर्पित भाव जागृत करने का प्रयास रहता है व उचित समर्पित मनोस्थिति के साथ मातृभूमि की सेवा के लिए तैयार करने हेतु समर्पण अपरिहार्य है

कार्य

1967 से परिषद् देशभक्ति गीतों का राष्ट्रीय समूह गान प्रतियोगिता करती है, जिसमें स्कूली बच्चें भाग लेते हैं। यह कार्यक्रम शाखा स्तर से राज्य और राष्ट्रीय स्तर तक आयोजित होती है। लगभग 5,000 स्कूलों द्वारा लाखों बच्चें इस प्रतियोगिता में हिस्सा लेते हैं। भारत विकास परिषद् देश का एक मात्र संगठन है जो संस्कृत भाषा में देशभक्ति गीत प्रतियोगिता आयोजित करती है। जो शाखा से राष्ट्रीय स्तर तक होती है। गुरु वन्दना छात्र अभिनन्दन कार्यक्रम, प्रत्येक साल करती है जिसमें 40 लाख से ज्यादा

छात्र भाग लेते हैं। ऐसे कार्यक्रम का उद्देश्य बच्चों में अपने माता-पिता और गुरु के प्रति सम्मान की भावना जगे। साल दर साल भारत विकास परिषद् अपने 13 केन्द्रों के द्वारा मुफ्त में कृत्रिम पैर विकलांग लोगो को उपलब्ध करती है। वर्ष 2007-08 में कृत्रिम पैर, व्हील चेअर 23658 विकलांग लोगो को उपलब्ध कराई।

वर्तमान में देश के सभी प्रदेशों में 1500 से अधिक शाखाएं एवं 75000 से अधिक सदस्य परिवार परिषद् के माध्यम से भारत माता की सेवा में संलग्न है। परिषद् की कार्यपद्यति संपर्क, सहयोग, संस्कार, सेवा और समर्पण के पंचसूत्रों के आधार पर निर्धारित की गई है।

प्रकल्प एवं कार्यक्रम

संस्कारः राष्ट्रीय समूहगान, भारत जाने,गुरु वंदन छात्र अभिनन्दन, महिला एवं बाल विकास, सामूहिक सरल विवाह, प्रौढ़ साधना शिविर, गुरु तेग बहादुर बलिदान दिवस व अन्य प्रेरक आयोजन।

सेवाः दिव्यांग सहायता एवं पुनर्वास, वनवासी सहायता, स्वास्थ्य सेवाएं, रक्तदान, समग्र ग्राम विकास, अभियान, पर्यावरण संरक्षण, योग, प्राकृतिक आपदा राहत, पुनर्वास कार्य आदि।

संपर्कः संकृति सप्ताह, गोष्ठी, जन संपर्क।

स्थायी प्रकल्पः शिक्षा, स्वास्थ्य, स्वावलंबन तथा अन्य सामाजिक कार्य क्षेत्र में 1600 से अधिक स्थायी प्रकल्प चलाए जा रहे हैं।

9. विश्व हिन्दू परिषद्

हिन्दू समाज पराधीनता काल में अपना गौरव और महत्त्व भूल गया। उसने उन सब महान विशेषताओं को अन्धकार में विलीन कर दिया, जिनके बल पर वह विश्वगुरु था। यही वह समय है जब ईसाई पादरियों द्वारा अपनी ताकत के बल पर म0प्र0 में सामाजिक दृष्टि से निम्न वर्गों के धर्मान्तरण के समाचार मिल रहे थे। इस समस्या की वास्तविकता जानने के लिए नियुक्त नियोगी कमीशन की रिपोर्ट 1957 में प्रकाशित होते ही देश में हडकंप मच गया। विदेशों में बसे हिन्दुओं की संस्कृति और संस्कारों के

संरक्षण की चिंता भी अनेक श्रेष्ठजनों को सता रही थी। त्रिनिदाद से भारत आये एक सांसद डा0 कपिलदेव ने राष्ट्रीय स्वयंसेवक संघ के तत्कालीन सरसंघचालक श्री गोलवलकर (श्रीगुरु जी) से भेंट करके उन्हें कैराबियाई द्वीप समूह में रह रहे हिन्दुओं पर मंडराते खतरे की बात कही और विदेशस्थ हिन्दुओं से संपर्क स्थापित करने की आवश्यकता पर बल दिया। इन्हीं परिस्थितियों में यह अनुभव किया जाने लगा था कि हिंदू समाज के बीच काम करने वाला एक संगठन खड़ा किया जाए तभी हिन्दुओं के प्रभाव पूर्ण गौरव को जाग्रत किया जा सकता है। इसी का परिणाम है विश्व हिन्दू परिषद्।

हिन्दू धर्माचार्य यह अनुभव कर रहे थे कि हिन्दू राष्ट्र के रूप में भारत विश्व के समस्त हिन्दुओं की आस्था केन्द्र के रूप में स्थापित हो और विश्व कल्याण के अपने प्रकृति प्रदत्त दायित्व का निर्वाह करे। इस उदात्त लक्ष्य की पूर्ति के लिए पूज्य स्वामी चिन्मयानंद जी (चिन्मय मिशन के संस्थापक) की अध्यक्षता में उन्हीं के मुम्बई स्थित आश्रम ''सांदीपनी साधनालय'' में आयोजित बैठक में मास्टर तारा सिंह, ज्ञानी भूपेन्द्र सिंह (अध्यक्ष-शिरोमणि अकाली दल), डॉ0 के. एम. मुंशी, श्रीगुरु जी (तत्कालीन सरसंघचालक-राष्ट्रीय स्वयंसेवक संघ), स्वामी शंकरानंद सरस्वती, राष्ट्र सन्त तुकड़ो जी महाराज, वी. जी. देशपांडे (तत्कालीन महामंत्री-हिन्दू महासभा) बैरिस्टर एच.जी. आडवाणी, पद्मश्री के. का. शास्त्री, श्रीपाद् शास्त्री किंजवड़ेकर, डॉ. वी. ए. वणीकर, प्रिंसीपल महाजन, के. जे. सोमय्या, राजपाल पुरी, श्री सूद एवं श्री पोद्दार (नैरोबी), श्रीराम कृपलानी (त्रिनिदाद), धर्मश्री मूलराज खटाऊ, डॉ0 नरसिंहाचारी आदि 40 से भी अधिक सनतों एवं विचारकों ने चिन्तन किया। इस अवसर पर मास्टर तारा सिंह ने स्पष्ट कहा कि हिन्दू और सिख दो अलग जातियां नहीं हैं। सिखों का उत्थान तभी संभव है, जब तक हिन्दू धर्म जीवित है। संस्था का नाम ''विश्व हिन्दू परिषद्'' की घोषणा भी इन्हीं श्रेष्ठजनों ने विक्रमी संवत 2021, 29 अगस्त, 1964 ई0 श्रीकृष्ण जन्माष्टमी (भगवान श्रीकृष्ण का जन्मदिन) को की।

विश्व हिन्दू परिषद् का उद्देश्य

डॉ0 के. एम. मुंशी ने परिषद् के उद्देश्यों को निम्नलिखित प्रकार से रखा

1. हिंदू समाज को सुसंगठित एवं सुदृढ़ बनाने की ओर अग्रसर रहना।
2. आधुनिक युग के अनुकूल समस्त विश्व में हिंदू धर्म के नैतिक एवं आध्यात्मिक सिद्धांतों तथा आचार-विचार का प्रचार करना।
3. विदेश स्थित समस्त हिंदुओं से सुदृढ़ संपर्क स्थापित करना तथा उनकी सहायता करना।

संस्था का पंजीकरण एक्ट 1860' के अंतर्गत दिल्ली में 08 जुलाई, 1966 को हुआ (पंजीकरण संख्या एस 3106) और पंजीकृत संविधान में उद्देश्य लिखे गए-

1. भारत तथा विदेशों में हिंदुओं की भाषा, क्षेत्र, मत, सम्प्रदाय और वर्ग सम्बन्धी भेदभाव मिटाकर एकात्मता का अनुभव कराना।
2. हिन्दुओं को सुदृढ़ और अखंड समाज के रूप में खड़ा कर उनमें धर्म और संस्कृति के प्रति भक्ति, गौरव और निष्ठा की भावना उत्पन्न करना।
3. हिंदुओं के नैतिक एवं आध्यात्मिक जीवन मूल्यों को सुरक्षा प्रदान कर उनका विकास और विस्तार करना।
4. छुआछूत की भावना समाप्त कर हिन्दू समाज में समरसता पैदा करना।
5. हिंदू समाज के बहिष्कृत और धर्मान्तरित, पर हिंदू जीवन पद्धति के प्रति लगाव रखने वाले भाई-बहिनों को हिंदू धर्म में वापस लाकर उनका पुनर्वास करना।
6. विश्व के भिन्न-भिन्न देशों में बसे हिंदुओं को धार्मिक एवं सांस्कृतिक आधार पर परस्पर स्नेह के सूत्र में बांधकर उनकी सहायता करना और उन्हें मार्गदर्शन देना।
7. संपूर्ण विश्व में मानवता के कल्याण हेतु हिन्दू धर्म के सिद्धांतों और व्यवहार की व्याख्या करना।

कुल मिलाकर विश्व हिन्दू परिषद् का उद्देश्य हिंदू समाज को संगठित करना, हिंदू धर्म की रक्षा करना, और समाज की सेवा करना है। भारत के लाखों गांवों और कस्बों में विश्व हिन्दू परिषद् को एक मजबूत, प्रभावी, स्थायी, और लगातार बढ़ते हुवे संगठन के रूप में देखा जा रहा है। विश्व हिन्दू परिषद् हिंदू समाज की जड़ों को फिर से मजबूत करने के लिए प्रयासरत है। विश्व हिन्दू परिषद् हिंदू समाज में व्याप्त अस्पृश्यता जैसी सामाजिक बुराइयों के उन्मूलन के निरंतर प्रयासों के माध्यम से, समाज को विमुक्त, और अंतर्निहित हिंदू एकता को पुनर्जाग्रत करने के लिए समाज का कायाकल्प कर रही है, साथ ही विश्व हिन्दू परिषद् अपने मूल मूल्यों, विश्वासों और पवित्र परंपराओं की रक्षा के लिए श्री रामजन्मभूमि, श्री अमरनाथ यात्रा, श्री रामसेतु, श्री गंगा रक्षा, गौ रक्षा, हिंदू मठ-मंदिर मुद्दा, ईसाई चर्च द्वारा हिंदुओं का धर्मांतरण, इस्लामी आतंकवाद, बांग्लादेशी मुस्लिम घुसपैठ, जैसे मुद्दों को उठाकर हिंदू समाज की अदम्य शक्ति के रूप में स्वयं को स्थापित कर रही है।

घोष वाक्य

हिंदू समाज को गतिशील, सक्रिय और सुधरे रूप में प्रतिष्ठापित करने हेतु निम्न घोष वाक्य दिये गये:-

"हिन्दवः सोदराः सर्वे, ना हिंदु पतितो भवेत
मम दीक्षा हिंदू रक्षा, मम मंत्रः समानता।"

विश्व हिन्दू परिषद् का प्रभाव

वर्तमान में विश्व हिन्दू परिषद् के ही परिणाम स्वरूप हिंदू धर्म के सभी संप्रदायों (धर्मों) के सभी धर्माचार्यों का एक मंच पर एकत्रीकरण होता है। हिंदू समाज की सेवा करने की प्रवृत्ति विकसित करने के साथ, सेवा परियोजनाओं की विस्तृत श्रृंखला की संस्थापना होना। इसके कारण ही सामाजिक कुरीतियों के उन्मूलन में अथक प्रयासो के साथ अपार सफलता मिली है। हाल के दिनों में अपने मूल हिंदू धर्म में लाखों लोगों की स्वैच्छिक घर वापसी या "परावर्तन" भी हुआ है। विश्व हिन्दू परिषद्, भारत तथा विदेश में रह रहे हिंदुओं की एक सामाजिक, सांस्कृतिक संस्था

है, सेवा इसका प्रधान गुण है। इसकी स्थापना हिन्दुओं के धर्माचार्यों और संतों के आशीर्वाद तथा विश्व विख्यात दार्शनिकों और विचारकों के परामर्श से हुई है।

सम्मेलन पर्व

प्रथम विश्व हिन्दू सम्मेलनः 22, 23 और 24 जनवरी, 1966 ख्र प्रयागराज (उत्तर प्रदेश) गंगा, यमुना एवं सरस्वती के संगम पर हुआ। इसमें चारों पूज्य शंकराचार्यों सहित हिंदुओं के सभी संप्रदायों और पंथों के प्रमुख धर्माचार्यों ने भाग लिया। सम्मेलन में उन हिन्दुओं के लिए, जो अपना धर्म एवं समाज किन्हीं परिस्थितियों में त्याग चुके थे, एक महत्त्वपूर्ण प्रस्ताव था कि "आज यह बहुत ही आवश्यक हो गया है कि ऐसे जो भी व्यक्ति बिना किसी दबाव के स्वेच्छा से अपने पूर्वजों के धर्म में वापस आना चाहते हैं उन्हें आत्मसात् कर लिया जाए।" स्वीकार किया गया। इस प्रकार स्वधर्म में वापसी को पूज्य सन्तों द्वारा मान्यता मिली, इस सम्मेलन की यह महत्त्वपूर्ण उपलब्धि है।

विदेशों में स्थित हिन्दुओं के सम्बन्ध में पारित प्रस्ताव में कहा गया कि विदेश में रहने वाले हिन्दू धीरे-धीरे अपनी मातृभूमि और धर्म से कटते जा रहे हैं, वे अपने परम्परागत धार्मिक, सामाजिक संस्कारों से भी दूर होते जा रहे हैं अतः उनसे सम्पर्क बनाकर रखना और उनमें अपनी संस्कृति को सुदृढ़ करना आवश्यक है। सम्मेलन में कुल 11 प्रस्ताव पारित हुए, जिनमें मंदिरों का वैभव, गोरक्षा, संस्कृत का शिक्षण भी थे। उडुप्पी सम्मेलन - कर्नाटक राज्य का प्रथम ऐतिहासिक हिंदू सम्मेलन 13-14 दिसंबर, 1969 को उडुप्पी में हुआ। इसमें सभी जगद्गुरुओं और धर्माचार्यों ने 'हिन्दवः सोदरा सर्वे' का उद्घोष कर संपूर्ण हिंदू जगत से छुआछूत को मिटाने का आह्वान किया। जोरहाट सम्मेलन ख्र असम के जोरहाट में 27, 28, 29 मार्च, 1970 को हुए सम्मेलन में पधारे वनवासी, गिरिवासी और नगरवासियों में हिंदुत्व के प्रति प्रेम और आस्था जाग्रत हुई। इसमें भारत के सभी प्रमुख तीर्थों और 45 नदियों का पवित्र जल जलकुंड में डाला गया। इससे यहां के लोगों में भारत की एकता का सन्देश प्रसारित करने में परिषद् को बड़ी सफलता मिली। इसी सम्मेलन के परिणामस्वरूप अरुणाचल, मणिपुर,

त्रिपुरा, मेंघालय में भी परिषद् की इकाई गठित हुई। हिन्दू समाज में व्यापक जन जागरण, राष्ट्रीय एवं क्षेत्रीय समस्याओं के प्रति तथा सामाजिक कुरीतियों के विरुद्ध जागरूकता निर्माण करने के लिए राष्ट्र, प्रान्त एवं जिला स्तर पर हिन्दू सम्मेलन हुए हैं।

सम्मेलन विवरण-

पूर्वोत्तर भारत सम्मेलनः अक्टूबर, 1966 - गुवाहाटी में हुआ। ईसाइयों की बढ़ती गतिविधियों पर चिंता प्रकट की गई, घोषणा हुई कि सभी हिंदू प्रकृति पूजक हैं, स्वार्थी तत्व हमारे समाज की एकता, देश की अखंडता और धर्म की व्यापकता को सहन नहीं कर पा रहे हैं, हमें ध्यान रखना होगा कि हम सब हिन्दू हैं और यह देश हिन्दू राष्ट्र है। 1980 का नौगाँव (असम)। 1980 से 1982 के बीच असम के अनेक जिलों, तहसीलों में कुल 27 सम्मेलन हुए। मणिपुर प्रान्त सम्मेलन- 1983 में इम्फाल, 1984 में थीबल व मोइरांग में सम्मेलन हुए। 2001 में त्रिपुरा में हुआ। बिहार ख्र 1982 किशनगंज (बिहार) के सम्मेलन में घुसपैठियों के विरुद्ध समाज व सरकार का ध्यान आकृष्ट किया गया। इसके अतिरिक्त 1970 में राजस्थान सम्मलेन, 1981 में जम्मू सम्मेलन, 1983 में पश्चिम बंगाल, मार्च, 1983 में पंजाब, 1983 में अंडमान द्वीप समूह सम्मेलन, , महाराष्ट्र सम्मेलन इत्यादि हुए है। इन सम्मेलनों ने समाज में स्वाभिमान पैदा किया, यह भाव पनपा कि "हम सब हिन्दू हैं।" जहाँ-जहाँ सम्मेलन हुए वहाँ संगठन की इकाइयाँ गठित होने लगीं।

समरसता का प्रयास-

समाज में समरसता स्थापित करने के लिए सामूहिक कार्यक्रमों का आयोजन, त्योहारों पर, तीर्थयात्राओं के अवसर पर, सभी को सम्मानित करने का कार्य, वाल्मीकि जयन्ती, रविदास जयन्ती मनाना आदि कार्यक्रम किए जाते हैं। इस सम्पूर्ण कार्य के लिए 300 कार्यकर्ता रात-दिन भ्रमण व परिश्रम करते हैं। जातियों का चयन कर उनके लिए विशेष प्रकल्प तैयार करके, भिन्न-भिन्न प्रकार के सेवा कार्य ऐसे क्षेत्रों में चलाए जा रहे हैं।

10. अखिल भारतीय साहित्य परिषद्

अखिल भारतीय साहित्य परिषद् भारतीय भाषाओं का एक राष्ट्रव्यापी संगठन है। इसकी स्थापना 27 अक्टूबर 1966 को दिल्ली में हुई थी। इसी वर्ष इसका राष्ट्रीय अधिवेशन प्रसिद्ध साहित्यकार जैनेन्द्र कुमार की अध्यक्षता में हुआ। इसके आयोजन की जिम्मेदारी सरदार जीत सिंह 'जीत' को दी गयी। वर्तमान में इसके अध्यक्ष त्रिभुवन नाथ शुक्ल हैं। साहित्य के क्षेत्र में भारतीय भाषाओं के साहित्यकारों, आलोचकों, विचारशील विचारकों और साहित्यिक रूप से सुशिक्षित नागरिकों के इस वैचारिक और रचनात्मक साहित्यिक संगठन की स्थापना की गई थी। प्रारंभ में इसका नाम भारतीय साहित्य परिषद् रखा गया। इसकी अध्यक्षता के लिए सर्वसम्मति से प्रसिद्ध हिंदी साहित्यकार जैनेंद्र कुमार का नाम तय किया गया। उन्होंने ही इसकी पहली आम सभा की अध्यक्षता की। बाद में इसके कार्य का विस्तार हुआ और इसका नाम अखिल भारतीय साहित्य परिषद् रखा गया। साहित्य के क्षेत्र में यह राष्ट्रीय स्वयंसेवक संघ का अनुषांगिक संगठन है। प्रांतीय एवं स्थानीय स्तर पर कार्यरत परिषद् की सभी इकाइयों को संगठन की दृष्टि से जोड़ने के लिए 1998 में अखिल भारतीय साहित्य परिषद् ट्रस्ट का गठन किया गया। इसका पंजीकृत केंद्रीय कार्यालय बाबासाहेब आप्टे भवन देशबंधु गुप्ता मार्ग, नई दिल्ली में है। परिषद् अखिल भारतीय साहित्य परिषद् ट्रस्ट के तत्वावधान में कार्य करती है।

परिषद् आम तौर पर साहित्य की विभिन्न विधाओं में निम्नलिखित कार्यक्रम आयोजित करती है जैसे-काव्य गोष्ठियाँ, काव्य सम्मेलन एवं काव्य पाठ प्रतियोगिताएँ, साहित्यिक सम्मेलन, साहित्यिक पुरस्कार समारोह और उभरती प्रतिभाओं का प्रोत्साहन, कहानी, कविता, निबंध एवं नाटक लेखन प्रतियोगिता, प्रशिक्षण शिविर एवं संस्कार कार्यशाला, साहित्यकारों की जयंती पर सेमिनार, पुस्तक समीक्षा एवं साहित्यिक चर्चा आदि।

यह परिषद् साहित्य के क्षेत्र में भारतीय दृष्टि स्थापित करने, देश के बौद्धिक वातावरण को स्वस्थ बनाने, सभी भारतीय भाषाओं और उनके साहित्य को संरक्षित करने तथा नवोदित लेखकों को प्रोत्साहित करने के

लिए कार्य करने के लिए प्रतिबद्ध संस्था है। इस प्रकार, 1966 में अपनी स्थापना के बाद से, साहित्य परिषद् विभिन्न भारतीय भाषाओं के रचनात्मक और आलोचनात्मक लेखन में देशभक्ति की भावना जागृत करने के लिए एकाग्र मन से कार्य कर रही है। अखिल भारतीय साहित्य परिषद् राष्ट्रीय पुनर्निर्माण के व्यापक लक्ष्य के साथ साहित्य के क्षेत्र में सक्रिय भारतीय भाषाओं के लेखकों, आलोचकों, विचारशील विचारकों और साहित्य-प्रेमी नागरिकों का एक राष्ट्रीय संगठन है। आज यह संगठन देश में देशभक्ति की भावना को जागृत कर और भारत की भावनाओं को साकार कर आत्म-जागरूक भारत का निर्माण कर साहित्य एवं आलोचना के क्षेत्र में एक विचारधारा स्थापित करने के अपने संकल्प को साकार करने से लाभान्वित हो रहा है।

उद्देश्य

अखिल भारतीय साहित्य परिषद् निम्न उद्देश्य को लेकर चलता है:-

1. भारतीय साहित्य एवं भारतीय भाषाओं की उन्नति ।
2. भारतीय साहित्य एवं भाषाओं के शोध कार्य को बढ़ावा देना एवं उस पर शोध केन्द्र की स्थापना करना।
3. भारतीय भाषाओं में आपसी आदान-प्रदान एवं सहयोग को बढ़ावा देना।
4. भारतीय मूल्यों में विश्वास रखने वाले लेखकों को प्रोत्साहित करना तथा ऐसे साहित्य के प्रकाशन एवं प्रसार में सहयोग करना।
5. जनता में भारतीय साहित्य के प्रति आस्था और रुचि पैदा करना।

अखिल भारतीय साहित्य परिषद् का दायरा पूरे देश में है और यह सभी भारतीय भाषाओं के लिए काम करती है। साहित्य परिषद् में संगठन मंत्री तथा सह-संगठन मंत्री तथा सह-संगठन मंत्री के रूप में दो पूर्णकालिक कार्यकर्ता अखिल भारतीय स्तर पर परिषद् का कार्य संभाल रहे हैं।

संगठन की वर्तमान स्थिति

अखिल भारतीय साहित्य परिषद् न्यास के साहित्यिक अनुष्ठान के रूप में परिषद् देश के विभिन्न प्रांतों में सक्रिय है। प्रांतों से प्राप्त रिपोर्ट के

अनुसार वर्तमान में देश के 21 प्रांतों में 107 इकाइयां कार्यरत हैं और 111 स्थानों पर इनके संपर्क हैं। इसके अलावा मध्य भारत हिंदी साहित्य सभा, ग्वालियर, जातीय साहित्य परिषद्, आंध्र प्रदेश और अखिल भारतीय नवोदित साहित्यकार परिषद्, उत्तर प्रदेश सहित कई अन्य प्रांतों की स्थानीय साहित्यिक संस्थाएं भी परिषद् से जुड़ी हुई हैं।

11. क्रीडा भारती

परिचय

खेल से चरित्र का निर्माण, राष्ट्र से चरित्र का निर्माण "इस एहसास की सजा के साथ, क्रीड़ा भारती की स्थापना पुणे (महाराष्ट्र) में वर्ष 1929 में खेल के माध्यम से चिकित्सा के एक राष्ट्र के निर्माण के लिए की गई थी। स्थापित खेलों के साथ, स्वदेशी खेलों और ग्रामीण क्षेत्रों के पारंपरिक खेलों को बढ़ावा दिया जाना चाहिए, ताकि समाज के सभी वर्ग मैदान पर आएं और खेलें। इसके माध्यम से खिलाड़ी को राष्ट्रीय चरित्र की भावना को प्राप्त करना चाहिए। स्वस्थ शरीर, तेज बुद्धि, मानसिक और मूल्य। क्रीड़ा भारती" किसी एक खेल के बारे में सोचे बिना सभी खेलों पर विचार करते हुए संघटन का रूप है। महाराष्ट्र में काम के विस्तार के बाद, वर्ष 2009 में, क्रीड़ा भारती का विस्तार अखिल भारतीय स्तर पर हुआ। क्रीड़ा भारती की स्थापना चेतनजी चौहान की अध्यक्षता में हुई। पिछले चार वर्षों मी देश के लगभग सभी प्रांतों में काम शुरू हो गया है।

क्रीड़ा भारती का बोधिचिन

किसी भी संगठन का बोधिचिन, संक्षेप में उस संस्था का परिचय देता है, केवल बोधिचिन्ह ही संगठन की सभी बातें बताता है, उपयुक्त बोधिचिन क्रीड़ा भारती के कार्य और लक्ष्य को प्रकट करता है। शरीर, बुद्धि और दिमाग के विकास पर, क्रीड़ा भारती का कार्य और लक्ष्य इन त्रिकोणों पर केंद्रित है। समबाहु त्रिभुज इसी का प्रतीक है। शरीर का विकास और मन पर संस्कार के विश्वास पर बुद्धि का विकास समबाहु त्रिभुज की रेखाएँ हैं। सर्वोच्च समबाहु त्रिभुज भी भारतीय संस्कृति का मंगल प्रतीक है। क्रीडाज्योत

खेल का परिचय है। हमें खेल जगत में अपनी रचना बढ़ानी होगी। अग्नि शुद्धता दिखाती है। हमारा उद्देश्य स्वस्थ शरीर और शुद्ध बौद्धिक विकास के साथ शुद्ध शरीर बनाना है। अग्नि द्वारा पवित्रता हमारे शुद्ध कार्य की परीक्षा है। हमें अपना काम पूरी दुनिया में करना है। इसीलिए हमने प्रतीक को पृथ्वी रूप के गोलाकार, समबाहु त्रिभुज के नीचे अंकित किया है।

गतिविधि

क्रीड़ा क्षेत्र में "आदर्श क्रीड़ा संस्कृति, शुद्ध चरित्र और देश भक्ति" की ओर ध्यान बढाने के लिए विविध उपक्रम किये। सभी जगह पंचसूत्री के आधारपर कार्यक्रम होते हे।

सूर्यनमस्कार एवं विश्व योग दिवस

सूर्यनमस्कार एवं विश्व योग दिवस: 21 जून को सारे विश्व में योग दिवस मनाया जाए इसलिए वर्ष भर संपर्क करते है। देश में वर्षाऋतु के कारण अधिकतम हिस्सेमें लेटकर या बैठकर योगासन करने में सार्वजनिक जगहों पर रूकावटे आती है। इसलिए क्रीड़ा भारती प्रतिवर्ष खड़े रहकर सहजता से किये जाने वाले आसनों की मालिका प्रसिद्ध करती हैं। ग्राम, बस्ती तक विश्व योग दिवस कार्यक्रम करने का लक्ष्य रखा हैं।

पर्वतारोहण

पर्वतारोहण: साहसी खेलों का प्रचार-प्रसार करने के लिए और छत्रपति शिवाजी महाराज के ऐतिहासिक किलों पर जाकर समझने के लिए नवम्बर 2015 में पर्वतारोहण अभियान का आयोजन किया गया। राष्ट्रीय स्वयंसेवक संघ के प.पू. सरसंघ चालक मा. डॉ. मोहन जी भागवत ने अपने कर कमलों से झण्डी दिखाकर इस अभियान का शुभारम्भ किया।इस अभियान में शिवनेरी, सिंहगढ, राजगढ, प्रतापगढ एवं पुरन्दर किलों पर चढकर कायकर्ताओं ने उत्साह प्राप्त किया। इस अभियान का समापन शिवाजी महाराज के चरित्र लेखक एवं शिवकथाकार श्रीमान् बाबासाहेब पुरंदरेजी की उपस्थिति में हुआ।

राष्ट्रीय खेल दिवस एवं युवा चेतना दौड़

राष्ट्रीय खेल दिवस एवं युवा चेतना दौड़: स्वामी विवेकानंद ने 11 सितम्बर को शिकागो में दिए

वीरमाता जिजाऊ पुरस्कार

वीरमाता जिजाऊ पुरस्कार: विपरीत परिस्थितिओं में भी साथियों को साथ लेकर राष्ट्रनिर्माण का आदर्श छत्रपति शिवाजी महाराज ने प्रस्तुत किया। परन्तु छत्रपति शिवाजी में वीरता, धीरता और संकल्पशक्ति को भरने का कार्य किया था माता जीजाबाई ने। माता जीजाबाई के योग्य लालन-पालन के कारण ही छत्रपति में राष्ट्रनिर्माण के लिए योग्य गुणों का निर्माण हो सका था। राष्ट्रीय और अन्तरराष्ट्रीय प्रतियोगिताओं में विजेता खिलाडियों को तो पुरस्कार मिलते है। किन्तु उनके पालकों को कोई नही जान पाता। इस लिए ऐसे खिलाडियों की माताओं का सम्मान करने के लिए क्रीड़ा भारती "वीरमाता जीजाऊ पुरस्कार" प्रदान करती है। यह कार्यक्रम प्रत्येक प्रान्त और जिला स्तर पर आयोजित किया जाता है। भाषण से भारतीय संस्कृति का परिचय पूरे विश्व को हुआ था। इसी की स्मृति में युवा चेतना दौड़ का आयोजन देश के विभिन्न क्षेत्रो में होता है।

श्री हनुमान जयन्ती

हनुमान जयन्ती चौत्र पूर्णिमा को क्रीड़ा भारती का कार्य आरम्भ हुआ। अत: शक्ति, बुद्धि और युक्ति के प्रतिमान श्री हनुमान जी के जन्म दिवस पर विविध कार्यक्रम एवं प्रतियोगिताओं का आयोजन किया जाता है। इस दिवस को क्रीड़ा भारती स्थापना दिवस के रुप में मनाया जाता है। भूपेन्द्र सिंह राठौड़ ने बताया कि खेल हमारे जन्म से ही प्रारम्भ हो जाता है। शिशु अपने आहार और जीवन को चलाने के लिए अपने हाथ पैर चलाता हैं जिसमें योग का भी समावेश होता है। कुम्भक व रेचक क्रिया के माध्यम से शिशु अपना शरीर संतुलित रखता है। इस अवसर पर आयोजित गोष्ठी में विभिन्न खेलों के प्रशिक्षक, योग एवं व्यायाम शालाओं के प्रमुख उपस्थित रहे। सभी ने अपने विचार रखते हुए कहा राष्ट्र निर्माण में खेलों

एवं योग की महती आवश्यकता है। डॉ. नवनीत कुमार ने कहा कि आज विदेशी लोग योग साधना पर आकर्षित हो रहे हैं। खेल व योग के माध्यम से हमारा शरीर निरोगी रहता है मन स्वस्थ रहता है। मन स्वस्थ रहेगा तो हमारा हर लक्ष्य भी प्राप्त किया जा सकता है। क्रीड़ा भारती ने अपने स्थापना दिवस (हनुमान जन्मोत्सव) पर आयोजित गोष्ठी समर्थ व श्रेष्ठ भारत में खेल तथा योग की भूमिका में डॉ. भूपेन्द्र सिंह राठौड़ कार्यक्रम अध्यक्ष, नवनीत कुमार योग विभागाध्यक्ष, राष्ट्रीय संस्कृत संस्थान त्रिवेणी नगर, मुख्य अतिथि राजस्थान विश्वविद्यालय के योग आचार्य रमाकांत मिश्रा, क्रीड़ा भारती के राष्ट्रीय अध्यक्ष एवं ओलम्पियन गोपाल सैनी भी उपस्थित रहे। कार्यक्रम का शुभारम्भ हनुमान जी के चित्र के समक्ष दीप प्रज्ज्वलन से हुआ। प्रस्तावना मेंघसिंह क्षेत्र संयोजक क्रीड़ा भारती ने रखी।

क्रीड़ा ज्ञान परीक्षा

क्रीड़ाज्ञान परीक्षाः छात्रों तथा अभिभावकों में खेलों के प्रति रुचि बढाने के लिए क्रीड़ाज्ञान परीक्षा का आयोजन किया जाता है। प्रश्घ्न पत्रिका बालकों को घर से हल करने के लिए दी जाती है। सभी परिवार जन मिल कर प्रश्नों का उत्तर खोजते है। इससे सभी में खेलों के प्रति रूचि बढती है, खेलों के प्रति ज्ञान बढता है और क्रीड़ा भारती की जानकारी भी घर-घर तक पहुँचती है।

रिले अल्ट्रा मैराथन

भारतीय स्वतंत्रता के 50 वर्ष पूर्ण होने के उपलक्ष्य में 1997 में पुणे-शनिवार वाडा से मुम्बई गेट वे ऑफ इण्डिया तक 475 किमी. की दौड का आयोजन किया गया। 10 धावकों का एक संघ इस प्रकार के कुल 300 धावकों ने इस दौड में सहभागिता की। 4 दिनों में दौड पूरी हुई। एक दिन में 137 कि मी की दूरी पूरी करने का इतिहास इसी दौड में रचा गया। इस उपक्रम ने क्रीड़ा भारती की पहचान क्रीड़ा जगत में करा दी।

साईकिल भ्रमण यात्रा

व्यक्तिगत साहस तथा प्रदूषण रहित साधन का उपयोग बढे इसी उद्देश्य

को ध्यान में रखकर दिसम्बर 2011 में दिल्ली, उज्जैन एवं बैंगलोर से एक ही समय में चारों दिशाओं में यात्रा प्रारम्भ हुई। सभी ने मिलकर 2500 कि. मी. दूरी पूर्ण की।

सेमिनार-संगोष्ठी का आयोजन

सेमीनार-संगोष्ठी का आयोजनः न केवल फिजिकल ट्रेनिंग बल्कि स्कूलों में खेल को मुख्य विषय के रूप में अनिवार्य किया जाना चाहिए इस विषय पर डोम्बिवली (मुम्बई) में सेमिनार का आयोजन किया था। चेन्नई, चंदीगढ, मध्यप्रदेश, हरियाणा, महाराष्ट्र, गोवा सहित अनेक प्रान्तों के विशेषज्ञों ने सहभागिता की। सेमिनार में पारित प्रस्ताव केन्द्र सरकार के खेल विभाग को प्रस्तुत किये, जिसमें से अधिकांश प्रस्ताव स्वीकृत किये गये।

अखिल भारतीय क्रीड़ा साहित्य सम्मेलन

अखिल भारतीय क्रीड़ा साहित्य सम्मेलनः खेल विषयों पर प्रकाशित अनेक किताबों, खेल और व्यायाम के साधनों का परिचय समाज को कराने के लिए क्रीड़ा साहित्य सम्मेलन महाराष्ट्र के कोल्हापूर में हुआ था। देश के सभी क्षेत्रों ने इसमें सहभागिता की। अप्रैल 2016 में ऐसा ही साहित्य सम्मेलन पुणे में होने वाला है।

सक्षम महिला निर्भय महिला अभियान

सक्षम महिला निर्भय महिला अभियानः बहिनों पर बढतें अत्याचारों को रोकने के लिए क्रीड़ा भारती ने 'सक्षम महिला-निर्भय महिला अभियान' चलाया है। सभी प्रान्तो में सफल प्रयोग के बाद अ.भा. प्रशिक्षण वर्ग अप्रैल 2015 में दिल्ली में हुआ। 12 प्रान्तो की 87 बहिनों ने इसमें भाग लिया। इस प्रशिक्षण वर्ग में आत्मरक्षा के गुण सिखाये गये। अपने-अपने प्रान्तों में क्रीडा केन्द्रों के द्वारा इस अभियान का प्रचार-प्रसार करने का संकल्प लिया गया

12. राष्ट्रीय मेडिकोज

वर्ष 1977 में (औपचारिक रूप से) दो डॉक्टरों और कुछ मेडिकल छात्रों ने इस संगठन का प्रारंभ किया था। इसका आधार स्तंभ नींव वंचित

लोगों के कल्याण की भावना का विचार था। समूह कार्य ही पूजा है, में विश्वास करती है और इसकी ताकत संबंधित डॉक्टरों के सिद्धांत और निःस्वार्थ प्रतिबद्धता में निहित है।

उद्देश्य

राष्ट्रीय मेडिकोज का लक्ष्य सेवा-उन्मुख, राष्ट्रवादी डॉक्टरों का निर्माण करना है जो गुरु शिष्य परंपरा (भारतीय अर्थ में शिक्षक-छात्र संबंध) का सम्मान करते हैं और भारतीय चिकित्सा प्रणाली का सम्मान करते हैं। 1977 में अखिल भारतीय विद्यार्थी परिषद् के 23वें राष्ट्रीय सम्मेलन के अवसर पर आयोजित मेंडिकल छात्रों और डॉक्टरों के एक सम्मेलन में विशेष रूप से ग्रामीण क्षेत्रों में गरीबों की सेवा के लिए चिकित्सकों को एक साझा मंच पर लाने का निर्णय लिया गया। ए.बी.वी.पी. सम्मेलन में प्रतिनिधियों और पर्यवेक्षकों के रूप में बड़ी संख्या में मेंडिकल छात्र और डॉक्टर यहां एकत्र हुए थे और उन्होंने नए संगठन का नाम नेशनल मेडिकोज ऑर्गनाइजेशन रखने का संकल्प लिया। नए संगठन का उद्देश्य राष्ट्रीय चरित्र का विकास करना, राष्ट्र और मानवता के प्रति समर्पण की भावना पैदा करना और चिकित्सा की विभिन्न प्रणालियों के छात्रों के बीच भाईचारा पैदा करना होगा। सम्मेलन में रचनात्मक कार्यों के विभिन्न क्षेत्रों में अखिल भारतीय विद्यार्थी परिषद् और अन्य देशभक्त और समान विचारधारा वाले संगठनों को सक्रिय सहयोग देने का संकल्प लिया गया। नेशनल मेडिकोज ऑर्गनाइजेशन गांवों में प्राथमिक स्वास्थ्य देखभाल सेवाएं प्रदान करने की जिम्मेदारी निभाता है। सम्मेलन ने संकल्प है कि इसकी इकाइयाँ अखिल भारतीय विद्यार्थी परिषद् के ग्राम विकास कार्यक्रम के साथ तालमेंल रखते हुए ष्एक कॉलेज, एक गाँवष के आधार पर ध्यान केंद्रित करेंगी। राष्ट्रीय चरित्र निर्माण भी इसका उद्देश्य है। उस व्यक्तित्व को विकसित करें जिसकी एक मरीज उम्मीद कर रहा है। आमतौर पर उनके कॉलेजों में छात्रवृति के दौरान इन पर जोर नहीं दिया जाता है। डॉक्टरों के बीच शारीरिक और मानसिक स्वास्थ्य को बनाए रखने का मूल्य बनाए रखना भी संस्था का ही दायित्व है ताकि वे इसे अपने मरीजों में भी प्रसारित कर सकें।

सामाजिक बंधन

ये डॉक्टरों और छात्रों को अपनी सेवाएँ प्रदान करने के लिए विभिन्न भौगोलिक क्षेत्रों से परिचित होने के लिए प्रोत्साहित करते हैं। सामाजिक संबंध बनाने में भी मदद करते हैं

निःस्वार्थ सेवा

ये डॉक्टर स्वयंसेवक - अभ्यास करने वाले डॉक्टर और छात्र दोनों संकट और आपातकाल के समय सेवाएं प्रदान करते हैं।

चिकित्सा शिविर

उन क्षेत्रों को कवर करने के लिए देश के दूरदराज के हिस्सों में नियमित चिकित्सा शिविर जो सरकारी स्वास्थ्य सेवा क्षेत्र के अंतर्गत नहीं आते हैं वहां ये चिकित्सा शिविर नके माध्यम से लोगों तक अपनी सेवाएं पहुंचा रहे हैं।

स्वास्थ्य प्रचार

ये जनता को शामिल करते हुए जीवन शैली से जुड़ी बीमारियों और पानी तथा अस्वच्छ आदतों के कारण होने वाली बीमारियों के लिए सर्वोत्तम अभ्यास विकसित कर रहे हैं।

जागरूकता अभियान

स्वास्थ्य देखभाल जागरूकता अवधारणाओं को आम जनता तक ले जाने का भी प्रयास है। सबसे आम और चुनौतीपूर्ण बीमारियों की सामान्य जानकारी देने के लिए भी संस्था कार्य कर रही है।

डॉक्टरों के लिए स्वयं सहायता

डॉक्टर समुदाय को एक साथ खड़े रहने और करियर को आकार देने में एक–दूसरे की मदद करने और छात्रों को सलाह देने में भी संस्था मदद कर रही है।

एनएमओ गीत

निर्माणों के पावन युग में हम चरित्र निर्माण नहीं करते !

साध्य साधना की तूफान में वसुधा का कल्याण न सम्बंधित !!
माना अगम अगाध सिंधु संघर्षों का पार नहीं है
डूबना मंझधारों में साहस का विकल्प नहीं है
जटिल समस्या प्लैटो को नूतन अनुसन्धान से दूर रखें !!
निर्माणों के पावन युग में हम चरित्र निर्माण नहीं करते !
शील विनय आदर्श श्रेष्ठता तार बिना झंकार नहीं है
शिक्षा क्या स्वर साधित अगर नैतिक आधार नहीं है
कीर्ति कौमुदी की गरिमा में संस्कृति का सम्मान न भूले !!
निर्माणों के पावन युग में हम चरित्र निर्माण नहीं करते !
आविष्कारों की कृतियों में यदि मानव का प्यार नहीं है
क्रीत्साहितैषी जीव का उपकार नहीं है

एनएमओ कार्य योजना

1. चिकित्सा पेशे के सर्वांगीण कल्याण और विकास के लिए काम करना।
2. केंद्र और राज्य सरकारों, शैक्षिक, पेशेवर और स्वैच्छिक और अन्य सामाजिक संगठनों की मदद से देश के वंचित लोगों, विशेष रूप से ग्रामीण और आदिवासी लोगों की विभिन्न स्वास्थ्य समस्याओं को हल करने के लिए उनकी ऊर्जा का उपयोग करना और चिकित्सा ज्ञान का प्रसार करना।
3. चिकित्सकों की मूलभूत आवश्यकताओं को पूरा करने के लिए कार्य करना तथा समय-समय पर उत्पन्न होने वाली उनकी विभिन्न समस्याओं के समाधान में उनका मार्गदर्शन एवं सहायता करना।
4. चिकित्सकों में राष्ट्रीय चरित्र एवं अनुशासन का विकास करना।
5. सामाजिक और सांस्कृतिक क्षेत्रों में रचनात्मक गतिविधियों को बढ़ावा देना और विभिन्न राष्ट्र-निर्माण गतिविधियों में चिकित्सकों की ऊर्जा का उपयोग करना।
6. एनएमओ के काम में डॉक्टरों, शिक्षाविदों, शैक्षिक और स्वास्थ्य अधिकारियों का सहयोग और सद्भावना प्राप्त करना।

7. मेंडिकल, डेंटल कॉलेजों और चिकित्सा विज्ञान संस्थानों में बेहतर शिक्षक-छात्र संबंध को बढ़ावा देना।
8. मेंडिकल कॉलेजों और संस्थानों में शैक्षणिक माहौल को बढ़ावा देना।
9. चिकित्सा समुदाय के सभी सदस्यों के लिए काम के एक सामान्य तरीके के आधार पर एक साझा मंच बनाना। राष्ट्रीय पुनर्निर्माण के व्यापक संदर्भ में चिकित्सा शिक्षा के पुनर्गठन के लिए छात्रों, डॉक्टरों और शिक्षाविदों।

13. आरोग्य भारती

स्वास्थ्य के क्षेत्र में आरोग्य भारती एक अखिल भारतीय सेवा संगठन है। रोग निदान से अधिक रोगों की रोकथाम (Prevention is Better than Cure) पर केन्द्रित इस तंत्र की 2 नवम्बर 2002 को कोच्चि (केरल) में धन्वंतरि जयन्ती के दिन स्थापना हुई। आरोग्य भारती लोक न्यास के रूप में विधिवत पंजीयन 29 जुलाई 2004 को भोपाल में हुआ था। यह संगठन, स्वस्थ जीवनशैली को आधार बनाकर सभी प्रकार के चिकित्सकों, एवं स्वास्थ्य क्षेत्र में रूचि रखने वाले व्यक्तियों के साथ 24 अलग-अलग विषयों में कार्यरत है। सेवा कार्यों से लेकर शोध करने तक, छोटे कार्यक्रमों से लेकर प्रकल्प विकसित करने तक, सामान्य व्यक्ति से लेकर प्रबुद्ध नागरिकों तक, कार्य को सर्वस्पर्शी रूप देना, प्रशिक्षणात्मक विषयों से गुणात्मक विकास करना, स्वास्थ्य जागरूकता द्वारा उत्साह और सकारात्मक वातावरण निर्माण करना, संगठन की सहज स्वाभाविक प्रक्रिया है। आरोग्य भारती की मान्यता है कि सभी चिकित्सा पद्धतियों की अपनी-अपनी विशेषताएं हैं, वहीं उनकी सीमाएं भी हैं, सभी एक दूसरे की परस्पर पूरक हैं। इसलिए आरोग्य भारती सभी को सम्मान की दृष्टि से देखती है। स्वास्थ्य को संपूर्णता में देखना अर्थात रोग निदान और रोगों के प्रति स्वास्थ्य जागरूकता दोनों ही महत्त्वपूर्ण हैं। सभी स्थानीय भाषाओं में साहित्य निर्माण करना, जिससे सामान्य व्यक्ति भी लाभान्वित हो सके, आरोग्य भारती का एक महत्त्वपूर्ण अंग है।

आरोग्य भारती का उद्देश्य है सामान्य व्यक्ति स्वस्थ जीवन शैली का अनुसरण करें, अर्थात प्रकृति आधारित दिनचर्या, ऋतु अनुसार आहार - विहार, अनिवार्य व्यायाम, सकारात्मक चिंतन-चर्चा साथ ही स्वस्थ परिवारों की संख्या में वृद्धि हो तथा जिनका चिकित्सा व्यय कम से कम हो और व्यवहार में पर्यावरण के नियमों का पालन हो।

वर्तमान में देश के सभी राज्यों में इसकी प्रांतीय इकाईयां है देश के 85 प्रतिशत जिलों में विविध कार्यक्रमों का संचालन हो रहा है। आरोग्य भारती की राष्ट्रीय कार्यकारिणी में मान्य चिकित्सा पद्धतियों के चिकित्सक, विशेषज्ञ एवं सेवाभावी गणमान्य व्यक्ति शामिल होते हैं। जो विभिन्न प्रकार के जागरण, सेवा कार्यों का संचालन करने संगठनात्मक दिशा निर्देश तैयार करते हैं। स्वास्थ्य संरक्षण, रोग प्रतिबंधन तथा स्वास्थ्य सवर्धन इन मूलभूत विषयों के प्रति समाज में जागरूकता कार्यक्रम संचालित करने के साथ-साथ आपदा की स्थिति में सेवा कार्यों में भी आरोग्य भारती के कार्यकर्ता दायित्वभाव से सक्रिय रहते हैं। नेपाल भूकम्प, गुजरात, राजस्थान की भीषण बाढ़ के साथ कोरोना की वैश्विक आपदा में भी आरोग्य भारती सेवा जागरण, प्रबोधन के विविध कार्यक्रमों का संचालन कर रही है। अपने देश की स्वास्थ्य नीति 'सर्वे भवन्तु सुखीनः सर्वे संतु निरामयाः' के चिंतन के अनुरूप बने इस हेतु भोपाल में 2006 में भारतीय स्वास्थ्य चिंतन की शुरूआत हुई थी। देश की ज्वलंत समस्याओं पर इस समिति के विशेषज्ञ नीति, निर्देश, कार्यक्रम क्रियान्वयन हेतु मार्गदर्शन करते हैं। वर्तमान भारतीय स्वास्थ्य नीति प्रारूप निर्माण प्रक्रिया में आरोग्य भारती के इस चिंतन समूह का महत्त्वपूर्ण सहभाग रहा है। वनौषधियों के संरक्षण संवर्धन के साथ पहचान व रोपण जैसे मूलभूत विषयों पर उल्लेखनीय कार्य देश भर में हो रहे हैं। इनके चिकित्सकीय उपयोग के प्रति जागरूक करने हेतु घरेलू उपचार एवं प्राथमिक उपचार संबधी राष्ट्रीय एवं प्रांतीय समितियाँ है। इसी के साथ पर्यावरण संरक्षण के क्षेत्र में भी राष्ट्रीय स्तर पर समिति के माध्यम से सहभागिता के कार्यक्रम संचालित हो रहे हैं। बाल्यावस्था से ही स्वास्थ्य के प्रति जागरूकता बढ़े व जिम्मेदारी का भाव विकसित हो इसलिए विद्यालय स्वास्थ्य कार्यक्रमों का संचालन हो रहा है। मध्यप्रदेश के मुख्यतः

ग्रामीण क्षेत्र में विद्यार्थियों के प्रबोधन एवं जागरण हेतु अभियान चिरंजीव योजना 2006 से प्रारंभ हुई हैं जिसमें प्रति वर्ष विद्यालयों में स्वास्थ्य ज्ञान परीक्षा का आयोजन होता है। प्रदेश के 40 से अधिक जिलों में 2000 से अधिक विद्यालयों में आरोग्य मित्र प्रशिक्षण, स्वास्थ्य प्रबोधन एवं स्वास्थ्य ज्ञान परीक्षाओं में एक लाख से अधिक विद्यार्थी शामिल होते है। रोग के प्रति जागरूकता लाने हेतु विभिन्न प्रशिक्षण कार्यक्रम छोटी-सी-छोटी इकाईयों में नियमित रूप से संचालित हो रहे हैं। मधुमेंह नियंत्रण में योग के महत्त्व को आरोग्य भारती ने अपने मधुमेंह योग प्रबंधन कार्यक्रम द्वारा प्रचारित किया है। इसके साथ ही गर्भसंस्कार, स्वस्थ जीवन शैली जैसे विषयों पर भी राष्ट्रीय स्तर पर संगोष्ठी, कार्यशाला, सेमिनार आदि का आयोजन होता है। आरोग्य भारती द्वारा मासिक पत्रिका आरोग्य सम्पदा का नियमित रूप से प्रकाशन विगत 12 वर्षों से किया जा रहा है। इसके अतिरिक्त विद्यार्थियों हेतु बाल आरोग्य मित्र तथा प्रशिक्षण हेतु आरोग्य मित्र दिग्दर्शिका का प्रकाशन हुआ है। समय-समय पर होने वाले विभिन्न राष्ट्रीय कार्यक्रमों में स्मारिका का प्रकाशन देश भर में हो रहा है। सकारात्मक जीवन शैली के प्रति जागरूक करने हेतु सकारात्मक स्वास्थ्य विशेषांक उल्लेखनीय है। उपरोक्त सभी कार्यक्रम कार्यकर्ताओं के समर्पण से सीमित संसाधनों में भी संपन्न हो रहे है।

14. शिक्षा संस्कृति उत्थान न्यास

शिक्षा संस्कृति उत्थान न्यास भारत में शिक्षा एवं संस्कृति के क्षेत्र में कार्य करने वाला न्यास है। इसकी स्थापना 18 मई 2008 को की गयी थी। इसके संस्थापक दीनानाथ बत्रा हैं जो राष्ट्रीय स्वयंसेवक संघ के पूर्व प्रचारक तथा विद्या भारती के पूर्व निदेशक हैं। न्यास अपने सहयोगी संगठनों जैसे, शिक्षा बचाओ आन्दोलन समिति के निकट सहयोग से काम करता है। इस न्यास का घोषित लक्ष्य वर्तमान शिक्षा व्यवस्था की वैकल्पिक व्यवस्था की स्थापना करना है। इस लक्ष्य की प्राप्ति के लिए यह संस्था शिक्षा का पाठ्यक्रम, प्रणाली, विधि और नीति को बदलने तथा शिक्षा के शभारतीयकरणश को आवश्यक मानती है।

कार्य

2014 में न्यास का कार्य छः मुख्य क्षेत्रों में केन्द्रित है छात्र का सम्पूर्ण विकास, चरित्र निर्माण, पर्यावरण, वैदिक गणित व हिन्दी तथा भारतीय भाषाएँ।

शिक्षा क्षेत्र की स्वायत्तता

स्वायत्तता के सन्दर्भ में न्यास का विचार है कि एक अखिल भारतीय, स्वायत्त अशासकीय शिक्षा आयोग का निर्माण किया जाए। न्यास ने 'भारतीय शिक्षा नीति आयोग' नामक 29 सदस्यीय एक आयोग का भी निर्माण किया है तथा उसके 9 सदस्यों को नियुक्त भी किया है।

चरित्र निर्माण एवं व्यक्तित्व विकासः

'चरित्र निर्माण एवं व्यक्तित्व का समग्र विकास' शिक्षा संस्कृति उत्थान न्यास का आधारभूत विषय हैं, क्योंकि मूल्यपरक शिक्षा के अभाव में मनुष्य के चरित्र का निर्माण एवं व्यक्तित्व का समग्र विकास एवं कठिन कार्य है। इसलिए 'चरित्र निर्माण एवं व्यक्तित्व का समग्र विकास' विषय को न्यास बल देता है। आधुनिक विचारकों व चिंतकों ने शिक्षा का लक्ष्य 'मनुष्य का चरित्र का निर्माण' बताया है। इस दृष्टि से 'पंचकोश की संकल्पना' को केन्द्र में रखकर न्यास निरंतर इस विषय की कार्यशालाओं का आयोजन कर रहा है। इस विषय पर न्यास के द्वारा विद्यालय स्तर का पाठ्यक्रम एवं अन्य पुस्तकें तैयार करके देश के 300 से अधिक विद्यालयों में प्रयोग प्रारंभ किए जा चुके हैं। उच्च शिक्षा हेतु प्रमाण पत्र पाठ्यक्रम (सर्टिफिकेट कोर्स) एवं क्रेडिट पाठ्यक्रम तैयार करने तीन विश्वविद्यालयों में अनुबंध (MOU) करके लागू किया जा रहा है।

वैदिक गणित

भारतीय ज्ञान परंपरा का महत्त्वपूर्ण अंग वैदिक गणित ही है। ज्ञान के आदि स्रोत वेद हैं। शून्य एवं शून्य आधारित स्थानीय मान पद्धति भारत की विश्व को अनुपम देन है। इस पद्धति का प्रचुर मात्रा में उल्लेख वेदों में है। गणनाओं को खेल-खेल में मौखिक रूप से हल करना हमारी परंपरा रही है। इस परंपरा का निर्वाह कुछ शैक्षणिक संस्थानों एवं विद्धानों द्वारा शार्ट

कट्स, स्पीडी मेंथड्स, मैथड्स आदि नामों से किया जा रहा है। इन विधियों का उपयोग करते हुए प्रतियोगी परीक्षाओं में प्रश्न भी पूछे जाते है। सभी के पीछे की पृष्ठभूमि वैदिक गणित से प्रभावित है। इसी ज्ञान परंपरा को शिक्षा क्षेत्र में व्यावहारिक धरातल पर उतारने के उद्देश्य से वैदिक गणित विषय को न्यास ने एक विषय के रूप में आगे बढ़ाया है। वैदिक गणित पर कक्षा 1 से 12 तक का पाठ्यक्रम एवं डिप्लोम पाठ्यक्रम एवं डिप्लोम पाठ्यक्रम तैयार करके देश के दर्जनों विश्वविद्यालयों के साथ अनुबंध किया जा चुका है। अभी हाल ही में जवाहर लाल नेहरू विश्वविद्यालय के साथ भी इस दिशा में कदम बढ़ाया जा चुका है। अब तक देश के 10 राज्यों में वैदिक गणित की न्यूनाधिक मात्रा में विद्यालयी पाठ्यक्रमों का हिस्सा बनाया जा चुका है। इस विषय पर अब तक कई राष्ट्रीय एवं अंतर्राष्ट्रीय सम्मेलन/सेमिनार इत्यादि सम्पन्न हो चुक है।

पर्यावरण शिक्षा

वैश्विक धरातल पर्यावरण शिक्षा आज एक प्रासंगिक विषय बनकर उभर रहा है। क्योंकि आज पर्यावरण संकट सबसे बड़ी चुनौती बन गया है। ऐसे में पर्यावरण शिक्षा की अत्यंत है। मनुष्य प्रकृति का एक अंग है, इस लिए प्रकृति का संरक्षण एवं बौद्धिक प्राणी होने के नाते उसका अहम दायित्त्व है। बढ़ते हुए औद्योगिकरण, उपभोक्ता संस्कृति के प्रसार और घोर भौतिकतावाद के कारण पर्यावरण के प्रति लोगों में एक अपेक्षा भाव गया है, जिस दूर करने के लिए यह आवश्यक है कि शिक्षा में पर्यावरण की भारतीय दृष्टि का समावेश हो। इसी के ध्यानार्थ न्यास ने एक विषय के रूप में पर्यावरण शिक्षा को रखा है। न्यास ने कक्षा 1 से 12 तक का पाठ्यक्रम तैयार किया है और एक पत्रक प्रकाशित करके शैक्षणिक संस्थानों में पर्यावरण जागरूकता हेतु अभियान भी चलाया है, जिसके सुखद परिणाम सामने आ रहे हैं। इस विषय पर अनेक राष्ट्रीय और अंतर्राष्ट्रीय सम्मेलन किए जा चुके हैं।

शिक्षा में स्वायत्तता

शिक्षा में भारतीयता तभी आ सकती है, जब शिक्षा में स्वायत्तता का

समर्थन नहीं करती है। यह स्वायत्तता प्रत्येक स्तर पर होनी चाहिए – छात्रों को अपनी रूचि का पाठ्यक्रम चुनने का अवसर मिले, शोधार्थियों को अपनी रूचि एवं क्षमता के अनुरूप शोध विषय चुनने ही स्वायत्तता मिले, ये सारी बातें भी सम्मिलित होनी चाहिए। शैक्षणिक संस्थानों के प्रमुखों को केवल सरकार से स्वायत्तता मिल जाए, इसका प्रयास न करके यह भी प्रयास करना चाहिए कि उनके, संस्थानों में शिक्षकों इत्यादि की कितनी स्वायत्तता प्राप्त है। इस प्रकार शिक्षा में चतुर्दिक स्वायत्तता प्राप्त हो, इस उद्देश्य के साथ यह विषय कार्य करता है। शिक्षा में आमूल–चूल परिवर्तन हेतु शिक्षा का स्वायत्तत होना अनिवार्य है। इस हेतु विद्यालय/महाविद्यालय /विश्वविद्यालयों एवं राज्य तथा केन्द्र सरकार के स्तर पर शिक्षा में स्वायत्तता की दृष्टि का विकास करने हेतु संगोष्ठियों परिचर्चाओं का आयोजन करके इस विषय में जागरूकता एवं सहमति बनाकर देश की शिक्षा स्वायत्त बने इस हेतु कार्य प्रारंभ किया गया है।

मातृभाषा में शिक्षा

सर्वप्रथम मौलिक चिंतन मातृभाषा में ही होता है। इसलिए न्यास के माध्यम से देशभर में प्राथमिक शिक्षा का माध्यम मातृभाषा कराने के लिए प्रयास चल रहे हैं। नयी शिक्षा नीति–2020 में भी इस बिन्दू को प्रमुखता से रखा गया है। न्यास के आग्रह पर लाखों लोगों ने अपने घर में अपनी मातृभाषा में बच्चों से बात करना और हस्ताक्षर अपनी मातृभाषा में करने प्रारंभ किये हैं। भारतीय भाषाओं पर संगोष्ठियों, कार्यशालाओं एवं परिसंवादों का आयोजन किया जा रहा है। न्यास के माध्यम से प्रकाशित पुस्तक 'मातृभाषा में प्राथमिक शिक्षा' को विभिन्न भाषाओं में लाखों की संख्या में प्रकाशित कर वितरित किया जा रहा है। केन्द्र एवं राज्य सरकारों द्वारा भाषा कानून के विरुद्ध जो कार्य किये जा रहे हैं उसमें सुधार हेतु तीन हजार से अधिक पत्र सरकारों को लिखे गये हैं। इसके सकारात्मक परिणाम प्राप्त हुए हैं।

तकनीकी शिक्षा

राष्ट्र निर्माण में तकनीकि शिक्षा में महत्त्वपूर्ण योगदान है। तकनीकि शिक्षा पर कार्य 2016 में प्रारम्भ हुआ। शुरूआत में एन.आई.टी प्रयागराज,

जालन्धर, सूरत, त्रिची एवं त्रिपुरा में कार्यशालाओं का आयोजन किया गया। तकनीकि शिक्षा (NITS) के पाठ्यक्रम एवं पूर्ण व्यवस्था में किस प्रकार एवं क्या-क्या सुधार किये जा सकते है तथा इसकी गुणवता को किस प्रकार बढ़े। न्यास के द्वारा देश के प्रतिष्ठित संस्थानों भारतीय प्रौद्योगिकी संस्थान (आई.आई.टी), भारतीय सूचना प्रौद्योगिकी संस्थान (आई.आई. आई.टी), राष्ट्रीय प्रौद्योगिकी संस्थान (एन.आई.टी), विश्वविद्यालयों के साथ विभिन्न विषयों को लेकर राष्ट्रीय संगोष्ठियाँ आयोजित की गई। पिछले कई वर्षों से शिक्षा संस्कृति उत्थान न्यास प्रयास कर रहा है कि शिक्षा हमारी संस्कृति, प्रकृति एवं प्रगति के अनुरूप बने। विश्व के विकसित देशों में शिक्षा मातृभाषा में दी जा रही है। हमारे यहाँ तकनीकि शिक्षा अंग्रेजी भाषा में दी जा रही थी। न्यास का स्पष्ट मानना है कि मां, मातृभूमि, मातृभाषा का कोई विकल्प नहीं हो सकता है। हाल ही में निर्णय लिया गया है कि अब अभियांत्रिकी की पढ़ाई अंग्रेजी के साथ-साथ अन्य सात राज्यों की भाषा में भी होगी। ऑनलाइन शिक्षण और सीखने के लिए शिक्षाशास्त्र, वर्चुअल लैब, ऑनलाइन मूल्यांकन और आकलन और मूल्य शिक्षा और तकनीकि छात्रों का समग्र विकास भी न्यास के माध्यम से हो रहा है।

15. दीनदयाल शोध संस्थान

दीनदयाल उपाध्याय जी के स्मरण में 1972 में स्थापित 'दीनदयाल शोध संस्थान' की स्थापना की गई। प्रारम्भिक बौद्धिक कार्यकलापों के पश्चात् श्री नानाजी देशमुख की अध्यक्षता में इसके ग्राम-पुनर्रचना-कार्यों को विशेष बल दिया गया। उत्तरप्रदेश में गोंडा जिले के अलावा महाराष्ट्र, उड़ीसा और बिहार के भी जिलों में संस्थान के समग्र विकास प्रकल्प चल रहे हैं। मध्यप्रदेश में चित्रकूट ग्रामोदय विश्वविद्यालय इस संस्थान का विशिष्ट प्रकल्प है। पंडित दीनदयाल उपाध्याय का एकात्म मानववाद प्राचीन भारतीय विचार के सार की पुनर्व्याख्या है जो वासुदेव कुटुंबम की अवधारणा में समाहित है। यह अवधारणा समाज को एक-दूसरे के कल्याण के लिए जिम्मेदार बनाती है, यह मानती है कि प्रत्येक सदस्य समग्र का आंतरिक हिस्सा है और सभी के अस्तित्व के लिए आवश्यक है।

दीनदयाल जी ने अपनी सोच को इस प्रकार परिभाषित किया है "ऐसे कई विद्यालय रहे हैं जिन्होंने मानवतावाद को प्रतिपादित किया है। लेकिन उनकी सोच पश्चिमी दर्शन में निहित है और इसलिए यह मूलतः भौतिकवादी है। ये विचारक मनुष्य के नैतिक स्वभाव या व्यवहार के लिए कोई दार्शनिक व्याख्या नहीं दे पाए हैं। यदि आप अध्यात्मवाद को नकारते हैं, तो मानवीय संबंधों और व्यवहार तथा मनुष्य और ब्रह्मांड के बीच के संबंधों की व्याख्या नहीं की जा सकती।"

इसके सार में, "एकात्म मानववाद" वह नाम है जिसे हमने भारतीय संस्कृति की विभिन्न विशेषताओं, स्थायी, गतिशील, संश्लेषण और उदात्तता के योग को दिया है। यही वह आदर्श है जो हमारी दिशा निर्धारित करता है। लेकिन हमारे आदर्शवाद का मतलब कोई सैद्धांतिक रूढ़िवादिता नहीं है। आदर्श को व्यवहार में परिणित करना होगा। इसलिए, हमारे कार्यक्रम को यथार्थवाद पर आधारित होना चाहिए। वास्तव में यथार्थवाद हमारे कार्यक्रम की ताकत है, हमारी उपलब्धियों का माप है और हमारे आदर्श की कसौटी है।" 1968 में दीनदयाल उपाध्याय ने 22 अप्रैल से 25 अप्रैल 1965 तक मुंबई में भाषण दिया, जहाँ उन्होंने इस अवधारणा को रेखांकित किया।

चित्रकोट परियोजना एक आत्मनिर्भरता अभियान है जिसे 26 जनवरी 2002 को शुरू किया गया था और यह 2 चरणों में चित्रकोट के आसपास के 500 गांवों को कवर करेगा। पहले चरण में लिए गए 80 गाँव 15 अगस्त 2005 तक आत्मनिर्भर हो गए और शेष गाँव 15 अगस्त 2010 तक आत्मनिर्भर हो गए। यह अभियान गोंडा और बीड जिलों में संस्थान द्वारा कवर किए गए गाँवों में भी शुरू किया गया है।

आत्मनिर्भरता अभियान में ग्रामीणों के व्यक्तिगत, पारिवारिक और सामाजिक जीवन के सभी पहलुओं को शामिल किया गया है। अभियान की कुंजी समाज शिल्पी दम्पति (एस.एस.डी) की अवधारणा है, जो श्स्नातकश जोड़े हैं जो गांवों के भीतर ही रहते हैं और 5 गांवों के समूह को प्रेरित करने और मार्गदर्शन करने के लिए जिम्मेदार हैं।

कवर किए गए पहलुओं में सबसे महत्त्वपूर्ण है आय सृजन। जहां आवश्यक हो वहां जलसंभर और मृदा प्रबंधन तकनीकों को शुरू करके इसे

हासिल किया जाता है; 2.5 और 1.5 एकड़ मॉडल फार्मों के माध्यम से नई और बेहतर कृषि प्रौद्योगिकियां जो छोटे और सीमांत किसानों को जो ग्रामीण आबादी का 80% हिस्सा हैं, परिवार की जरूरतों की देखभाल करने और बचत करने में सक्षम बनाती हैं; और उद्यमी प्रशिक्षण और आय-सृजन करने वाले स्वयं सहायता समूहों (एस.एच.जी) के गठन के माध्यम से गैर-कृषि क्षेत्र की आय में वृद्धि करके, जो अकेले और लंबवत रूप से एकीकृत दोनों हैं।

स्वास्थ्य और स्वच्छता के मुद्दे अभियान का दूसरा सबसे महत्त्वपूर्ण पहलू हैं, क्योंकि एक अस्वस्थ व्यक्ति अपनी आर्थिक स्थिति को सुधारने के लिए काम करने में असमर्थ है। आयुर्वेद और प्राकृतिक चिकित्सा के कई गुना लाभों के बावजूद एलोपैथिक हस्तक्षेप जब जनसंख्या में डॉक्टरों का अनुपात 1,10,000 से अधिक हो और दवा की लागत अधिक हो, तो यह अव्यावहारिक है। इसलिए, स्वास्थ्य से संबंधित मुद्दों में, चित्रकोट परियोजना ग्रामीणों को स्वस्थ रखने के लिए आयुर्वेद और प्राकृतिक चिकित्सा पर ध्यान देती है। स्थानीय रूप से उपलब्ध जड़ी-बूटियाँ और पोषण संबंधी वनस्पति उद्यान इस क्षेत्र में उपयोग किए जाने वाले प्रमुख हस्तक्षेप हैं, जिनमें दादिमा का बुटुआ, 34 आयुर्वेदिक स्थानीय जड़ी-बूटियों और तैयारियों का संग्रह शामिल है जिनका उपयोग सामान्य बीमारियों के इलाज के लिए किया जा सकता है। चित्रकूट में दीनदयाल अनुसंधान संस्थान के आयुर्वेदिक और प्राकृतिक चिकित्सा अस्पताल और अनुसंधान केंद्र, आरोग्यधाम में अत्याधुनिक सुविधाएं प्रदान की गई हैं।

निरक्षरता और सामाजिक चेतना अभियान द्वारा कवर किया गया तीसरा क्षेत्र है। टी.सी.एस द्वारा विकसित एक 'कार्यात्मक साक्षरता अभियान' भी ग्रामीणों के लिए समाज शिल्पी दम्पति, हमारे शैक्षिक अनुसंधान केंद्र और परियोजना क्षेत्र के भीतर संचालित 4 स्कूलों द्वारा संचालित किया गया था। राम दर्शन, एक अनूठा संग्रहालय है जो भगवान राम के जीवन के सामाजिक रूप से प्रासंगिक पहलुओं पर प्रकाश डालता है, जो ग्रामीणों को एक-दूसरे के साथ सहयोग और सद्‌भाव की भावना से रहने के लिए प्रोत्साहित करने के लिए मानवीय मूल्यों को विकसित करने में मदद करता

है। संस्थान को विज्ञान एवं प्रौद्योगिकी मंत्रालय, भारत सरकार द्वारा वैज्ञानिक एवं औद्योगिक अनुसंधान संगठन (SIRO) के रूप में भी मान्यता प्राप्त है।

दीनदयाल शोध संस्थान के कार्यों में बेरोजगार, अच्छा स्वास्थ्य, निरक्षरता, गांव में विवाद, सामाजिक चेतना, सार्वजनिक सुविधाएं जैसे: खेल का मैदान, विद्यालय, पंचायत भवन, श्रुध केंद्र (पूजा का स्थान), वेल्स, तालाब, हैंडपंप, शौचालय, पोस्ट ऑफिस, प्राथमिक स्वास्थ्य केंद्र, किनारा, टेलिफोन एक्सचेंज, विद्युत सुविधा, पुस्तकालय और सड़कें और गलियाँ आदि शामिल है।

2011 की जनगणना के अनुसार, भारत की कुल साक्षरता दर 74% है। उच्चतम और निम्नतम साक्षरता दर के बीच का अंतर बहुत अधिक है और यह शहरी/ग्रामीण विभाजन में व्यापक अंतर की विशेषता है। भारत में बड़ी संख्या में निरक्षर आबादी है। ग्रामीण क्षेत्रों में अधिकांश लोग निरक्षर हैं और उन्हें यह भी ज्ञान नहीं है कि साक्षर कैसे बनें। अधिकांश ग्रामीणों के पास खुद को शिक्षित करने के लिए धन नहीं है। पुरुष और महिला साक्षरता दर में भी व्यापक विभाजन है। पुरुष साक्षरता दर 80.9% और महिला साक्षरता दर 63.6% है। भारत में सामाजिक व्यवस्था पुरुषों के लिए शिक्षा को बढ़ावा देती है। राष्ट्रीय शिक्षा नीति, 1986 में घोषणा की गई कि पूरे देश को विशेषकर 15–35 वर्ष आयु वर्ग में निरक्षरता उन्मूलन के लिए कार्य करने का संकल्प लेना चाहिए। राष्ट्रीय साक्षरता मिशन 1988 में अस्तित्व में आया और साक्षरता प्रयास में समुदाय के सभी वर्गों को शामिल करने का प्रयास शुरू किया। 1992 की शिक्षा नीति में भारत के 21वीं सदी में प्रवेश करने से पहले 14 वर्ष की आयु तक के सभी बच्चों के लिए संतोषजनक गुणवत्ता की मुफ्त और अनिवार्य प्रारंभिक शिक्षा की परिकल्पना की गई थी। इन तमाम कोशिशों के बावजूद कोई संतोषजनक नतीजा नहीं निकला। फिर भी ग्रामीण क्षेत्रों में जनसंख्या का एक बड़ा प्रतिशत निरक्षर है। दीनदयाल शोध संस्थान साक्षरता पर जागरूकता पैदा करने के लिए कदम उठा रहा है। बेरोजगारी की समस्या भी आज भारत की सबसे गंभीर समस्या है। शहरों, कस्बों और यहाँ तक कि गाँवों में भी बेरोजगारी है। बेरोजगारी की कुछ विशेषताएं इस प्रकार पहचानी गई हैं:

1. बेरोजगारी की घटना ग्रामीण क्षेत्रों की तुलना में शहरी क्षेत्रों में बहुत अधिक है।
2. महिलाओं की बेरोजगारी दर पुरुषों की तुलना में अधिक है।
3. शिक्षित वर्गों में बेरोजगारी की घटना कुल बेरोजगारी प्रतिशत से बहुत अधिक है।
4. औद्योगिक और अन्य क्षेत्रों की तुलना में कृषि क्षेत्र में अधिक बेरोजगारी है।

बेरोजगारी कम करने के उपचारात्मक उपाय स्व-रोजगार के अवसरों के निर्माण, उत्पादकता में वृद्धि और 'कामकाजी गरीबों' के आय स्तर पर अधिक जोर देते हैं और 'राहत कार्य' रोजगार के निर्माण से लेकर टिकाऊ उत्पादक निर्माण पर जोर देते हैं। 26 जनवरी 2002 को शुरू किए गए आत्मनिर्भर अभियान के तहत 500 गांवों में बेरोजगारी की समस्याओं और उनके समाधान पर दीनदयाल शोध संस्थान, चित्रकूट ने गहन अध्ययन किया।

16. भारतीय इतिहास संकलन योजना

यह भारतीय इतिहास के क्षेत्र में एक राष्ट्रव्यापी संगठन है। यह संगठन संस्कृति, परम्परा व इतिहास आदि के क्षेत्र में तथ्यपूर्ण, प्रमाणिक तथा इतिहास-लेखन तथा प्रकाशन आदि की दिशा में कार्य करता है। देश एवं विदेशों के इतिहासकार, पुरातत्त्व के विद्वान, विश्वविद्यालयों में कार्यरत प्राध्यापक अध्यापक, अनुसन्धान-केन्द्रों के संचालक, भूगोल, खगोल, भौतिशास्त्रादि क्षेत्रों के विद्वान् तथा वैज्ञानिक एवं इतिहास में रुचि रखने वाले विद्वान इस कार्य से जुड़े हुए हैं। भारतीय इतिहास के सन्दर्भ में राष्ट्रीय स्वयंसेवक संघ के प्रथम प्रचारक श्री उमाकान्त केशव (बाबा साहेब) आपटे (1903-1972) ने इतिहास के सम्यक् दृष्टि एवं सत्यापन के लिए बड़ा कार्य किया।

उनके देहान्त के बाद सन् 1973 में श्री मोरेश्वर नीळकण्ठ (मोरोपन्त) पिंगळे (1919-2003) की प्रेरणा से नागपुर में 'बाबा साहेब आपटे स्मारक समिति' की स्थापना हुई। प्रारम्भ में इस समिति ने निम्नलिखित दो कार्यों का दायित्व अपने हाथों में लिया -

1. संसार की प्राचीनतम भाषा संस्कृत का प्रचार-प्रसार।
2. भारतीय-इतिहास का पुनर्लेखन एवं इसके निमित्त सामग्री का संकलन।

भारत का इतिहास देश, काल एवं घटना की दृष्टि से खण्डित, विसंगतिपूर्ण एवं विकृत है। पाश्चात्य दृष्टि से लिखित इतिहास तथ्य, सत्य एवं लेखक तीनों ही कसौटियों पर अप्रामाणिक, अश्रद्धेय तथा पूर्वाग्रहों से युक्त है। इसलिए भारतीय इतिहास-बोध को जाने के बाद स्वाधीनता के पश्चात् सरकारी एवं गैर-सरकारी स्तरों पर इतिहास-संशोधन के अनेक प्रयत्न हुए और हो रहे हैं। इसलिए प्रामाणिक एवं भारतीय कालक्रमानुसार सत्यपरक इतिहास पुनर्रचना के लिए संकल्पित समाज-चिन्तक श्री उमाकान्त केशव (बाबा साहेब आपटे (1903-1972) की स्मृति में कलियुगाब्द 5075 (1973 ई.) में नागपुर में भारतीय इतिहास लेखन, संकलन तथा प्रकाशन आदि की दृष्टि से 'बाबा साहेब आपटे स्मारक समिति' की स्थापना हुई। बाद में 1994 में 'अखिल भारतीय इतिहास संकलन योजना' नामक राष्ट्रीय संगठन दिल्ली में पंजीकृत हुई।

इस वैचारिक पृष्ठभूमि के आधार पर अखिल भारतीय इतिहास संकलन योजना ने भारतीय कालगणना के आधार पर महाभारतकाल से लेकर वर्तमान समय तक के इतिहास के पुनर्संकलन का कार्य लिया है। यह पुनसंकलन सत्य, तथ्यों पर आधारित, पूर्वाग्रहरहित, भारतीय कालगणना, आधुनिक वैज्ञानिक अनुसंधानों और नवीनतम पुरातात्त्विक खोजों और समसामयिक वैज्ञानिक व्याख्यात्मक प्रतिमानों के आधार पर हो रहा है। इस प्रकार 'योजना' हमारे देश की सामाजिक, सांस्कृतिक, धार्मिक, आध्यात्मिक, आर्थिक, राजनैतिक तथा जीवन के अन्य सभी पक्षों को दर्शाते हुए हमारे देश के प्रमाणिक सूत्रबद्धात्मक तथा व्यापक इतिहास का संकलन कर रही है।

इसके साथ ही योजना ने विसंगतियाँ और त्रुटियों की ओर विश्व का ध्यान आकृष्ट करने के साथ-साथ इतिहास के उन पृष्ठों को भी उद्घाटित करने का प्रयास किया है जो सृजित नहीं किए गए थे। योजना से जुड़े विद्वान् इतिहासकारों द्वारा उद्घाटित तथ्य, सत्य की कसौटी पर कसे होने

के कारण मील के पत्थर सिद्ध हुए हैं और योजना के वैज्ञानिक दृष्टिकोण के कारण इन्हें वैश्विक स्तर पर मान्यता मिली है। इसके कारण भारतीय और विश्व इतिहास से जुड़े अनेक भ्रामक तथ्यों से निराकरण में योजना को पर्याप्त सफलता प्राप्त हुई है। कुछ मौलिक अनुसंधान, जिसमें योजना ने सफलता प्राप्त की है और जो योजना के द्वारा वर्तमान में प्रकल्प के रूप में चल रहे हैं तथा जिनपर योजना ने पुस्तकें भी प्रकाशित की हैं, इस प्रकार हैं–

'आर्य आक्रमण सिद्धान्त' का उन्मूलन
वैदिक सरस्वती नदी शोध प्रकल्प
भारतीय कालगणना वैज्ञानिक एवं वैश्विक
प्राचीन नगरों का युगयुगीन इतिहास
तीर्थ क्षेत्रों का इतिहास–लेखन
पुराणों के अंतर्गत इतिहास
जनजातीय इतिहास–लेखन
जिलों के इतिहास का संकलन
युवा एवं महिला इतिहासकार

योजना–गीत

इतिहास गा रहा है

इतिहास गा रहा है, दिन रात गुण हमारा,
दुनिया के लोग सुन लो, यह देश है हमारा।।
इस पर जन्म लिया है, इसका पिया है पानी,
माता है यह हमारी, यह है पिता हमारा।।
यह देवता हिमालय, हमको पुकारता है,
गुण गा रही है निशिदिन, गंगा की शुभ्र धारा।।
पोरस की वीरता को, झेलम तू ही बता दे,
यूनान का सिकंदर, था तेरे तट पे हारा।।
उज्जैन फिर सुना दे, विक्रम की वह कहानी,
जिसमें प्रकट हुआ था, संवत् नया हमारा।।
आता है याद रह–रह, गुप्तों का वह जमाना,
सारे जहाँ पे छाया, वह स्वर्ण युग हमारा।।

चित्तौड़, रायगढ़ और, चमकौर फिर है गरजा,
सदियों लड़ा निरन्तर, आजाद खूँ हमारा।।
दी क्रान्तिकारियों ने, अंग्रेज को चुनौती,
पल-पल प्रकट हुआ था, स्वातन्त्र्य वह हमारा।।
हम इनको भूल जायें, सम्भव नहीं कभी यह,
इनके लिए जियेंगे, यह धर्म है हमारा।।
होगा भविष्य उज्ज्वल, संसार में अनोखा,
बतला रहा है हमको, यह संगठन हमारा।।

प्रकल्प

भारतीय इतिहास विद्या (हिस्टोरिओग्राफी)

भारतीय परम्परा में जो कुछ घट चुका है अर्थात् अतीत की घटनाएं इतिहास है। हिन्दुओं के प्राचीन ग्रन्थों में इतिहास की विपुल सामग्री समाहित है और उसमें इतिहास लेखन की विविध प्रवृत्तियाँ भी परिलक्षित होती हैं। 'योजना' उन प्रवृत्तियों का अध्ययन कर कार्य-योजना निर्धारित कर रही है।

पुराणांतर्गत इतिहास

पुराणों में भारतवर्ष के हजारों-लाखों वर्षों का इतिहास सुरक्षित है। जिसपर प्रायः बड़े-बड़े विद्वानों का भी ध्यान नही गया है। लेकिन योजना का ध्यान उन पर गया है। योजना ने पुराणों के इतिहास के एक महत्त्वपूर्ण स्रोत के रूप में स्वीकार किया है और पुराणों के विभिन्न विषयों पर देशभर में राष्ट्रीय, क्षेत्रीय एवं प्रान्तीय स्तर पर अनेक संगोष्ठियों एवं कार्यशालाओं का आयोजन किया है। पुराणों पर विशेष कार्य के लिए 'योजना' ने दिल्ली में भारतीय पुराण अध्ययन संस्थान की भी स्थापना की है।

भारतीय कालगणना वैज्ञानिक एवं वैश्विक

महाभारतकाल से वर्तमान समय तक अपने देश भारत के इतिहास का संकलन करना अखिल भारतीय इतिहास संकलन योजना का लक्ष्य है। इसके लिए योजना ने सर्वप्रथम कलियुग की तिथि को मानक बनाया है तथा कलि संवत् (कलियुगाब्द) का प्रचलन प्रारम्भ किया है। 'योजना' ने

इतिहास में काल के विशिष्ट महत्त्व को समझकर दो वर्ष सम्पूर्ण देश में कालगणना विषय लेकर इतिहास-दिवसों का आयोजन किया, संगोष्ठियाँ आयोजित की तथा अनेक प्रकाशन किए जिसमें वासुदेव पोद्दार की कालजयी रचना 'विश्व की कालयात्रा: कालपुरुष-इतिहास पुरुष' विद्वानों के बीच विशेष रूप से चर्चित रही है। योजना की यह विशिष्ट उपलब्धि रही है कि उसने वैदिक विद्वानों को इस कार्य में लगाया तथा कालगणना पर अनेक उपयोगी सन्दर्भ-ग्रन्थ प्रकाशित किए हैं। इसके फलस्वरूप सम्पूर्ण देश में भारतीय कालगणना के विषय में जानकारी का वातावरण बना है और 'कलियुगाब्द' का प्रचलन भी प्रारम्भ हुआ है।

संघर्ष और प्रतिरोध का इतिहास

कृषि आधारित आर्थिक इतिहास

जिलों के इतिहास का संकलन

जिलों के इतिहास का संकलन और प्रकाशन 'योजना' का एक प्रकल्प है। इस प्रकल्प में जिले के स्थानीय विद्वानों द्वारा स्थानीय स्रोतों के आधार पर अपने जिले का इतिहास, जिले की सांस्कृतिक, ऐतिहासिक स्थल, महापुरुष, पुरातत्त्व, सामाजिक एवं आर्थिक स्थिति, नदी, तीर्थ, इत्यादि का विवरण संकलन एवं प्रकाशन का कार्य प्रस्तावित किया गया है।

जनजातीय इतिहास-लेखन

भारतीय इतिहास की एक विसंगति उसका राजवंशीय आधार माने जाते है। जबकि वास्तविकता यह है कि इतिहास की सर्वांगीणता में समाज के सभी वर्गों, जातियों तथा युगों का इतिहास सम्मिलित है। वास्तव में भारत का प्रामाणिक इतिहास जन एवं उसकी जातीय परम्पराओं, रीति-रिवाजों एवं जीवन-मूल्यों के इतिवृत्त के साथ ही लिखा जा सकता है। इसलिए 'योजना' ने श्रीराम साठे की स्मृति में हैदराबाद में 'जनजातीय इतिहास केन्द्र' स्थापित किया है।

भारत की कला परम्परा का इतिहास

संस्कृति की वाहिका कला है। भारतीय संस्कृति के विविध आयामों उसके कला-रूपों में ही परिलक्षित होते हैं। रसात्मकता कला का प्राण है।

रस हमें स्थूल से चेतन सत्ता तक एकरूप कर देता है। मानवीय संबंधों और स्थितियों की विविध भावलीलाओं और उसके माध्यम से चेतना को कला उजागार करती है। भारतीय कला जहाँ एक ओर वैज्ञानिक और तकनीकि आधार रखती है, वहीं दूसरी ओर भाव एवं रस को सदैव प्राणतत्व बनाकर रखती है। भारतीय कला को जानने के लिए उपवेद, शास्त्र, पुराण और पुरातत्त्व और प्राचीन साहित्य का सहारा लेना पड़ता है। इन्ही शास्त्रों का सहारा लेकर योजना कला के इतिहास की सम्यक जानकारी प्राप्त करने का कार्य कर रही है।

भारत की लोकतान्त्रिक परम्पराओं का इतिहास

भारत में लोकतंत्र का इतिहास उतना बहुत है। प्रजातांत्रिक भारतीय संस्कृति की प्राणवायु रही है। जब पश्चिमी राष्ट्रों में प्रजातंत्र को लेकर आपाधापी मची थी, उस समय 19 वीं सदी में स्वामी दयानन्द ने सत्यार्थ प्रकाश में प्राचीन भारतीय आदर्शों के आधार पर प्रजातंत्र की स्थापना का समर्थन किया था। जब पाश्चात्य साम्राज्यवाद भारतीय सभ्यता को लोकतंत्र के बीजारोपण के लिए प्रतिकूल भूति मानते रहे थे, तब भी राष्ट्रवादियों ने इसके प्रति गंभीर निष्ठा व्यक्त की। प्राचीन समय में भारत में राजसत्ता राजा तथा राजतंत्र में अन्तर्निहित रही थी, लेकिन वह जागरूक राजतंत्र रहा था। राजा तथा राजतंत्र रूपी राजसत्ता पर नियंत्रण सदैव रहा है। एक तरफ संस्कार द्वारा जनता के धर्म के बारे में प्रशिक्षित कर जागरूक बनाया जाता तो दूसरी ओर राजा एवं राजतंत्र को उनके कर्त्तव्यों के प्रति क्रियाशील बनाया जाता था। भारत में प्रजातांत्रिक व्यवस्था है। प्रजातांत्रिक व्यवस्था के अंतर्गत जनता का निर्णय व विचार सर्वोपरी माना जाता है। जब इसका बोध योजना को हुआ तो उसने इस क्षेत्र में भी कार्य करना प्रारंभ किया।

अखिल भारतीय इतिहास संकलन योजना: बृहत्तर भारत का इतिहास

आयाम

योजना द्वारा कार्यों के निर्वहन के लिए वरिष्ठ इतिहासकार परिषद्, युवा इतिहासकार परिषद्, महिला इतिहासकार, लेखक परिषद्, विद्वत् परिषद् और प्रचार विभाग आयाम चलाएँ जाते हैं।

17. भारतीय किसान संघ

किसानों का किसानों के लिए किसानों के द्वारा चलाया जाने वाला आखिल भारतीय स्वयंसेवी गैर राजनीति संगठन है भारतीय किसान संघ। इस संगठन की स्थापना 4 मार्च 1979 को दत्तोपन्त ठेंगड़ी जी द्वारा हुई। किसानों को संगठित करने एवं स्वावलंबी बनाने के उद्देश्य से यह प्रारंभ किया गया। किसान का अपने अधिकारों के प्रति जागरूक और संगठित ना होने के कारण उनका शोषण हो रहा था। भारतीय किसान संघ किसानों को उनके अधिकारों, कर्तव्य के प्रति उन्हें जाग्रत करने व उनके आत्मविश्वास को जगाने का काम कर रहा है जिसके कारण आज 40 वर्ष के बाद देश के सभी राज्यों में 535 से अधिक जिले के 2600 से अधिक विकासखंडों के लगभग 50,000 गांव में किसान भारतीय किसान संघ के झंडे तले विश्वास के साथ खड़ा है। गांव और देश का विकास करने के लिए खेती किस का संपन्न होना अनिवार्य है। इसका विचार भारतीय किसान संघ ने किया। भारतीय किसान संघ किसानों का संगठन निर्माण करने के अलावा रचनात्मक कार्य और संघर्ष गतिविधि भी चलाता है। इनका विश्वास संघर्षात्मक कार्यक्रमों की अपेक्षा रचनात्मक कार्यों पर ज्यादा है। आवश्यकता पड़ने पर आंदोलन का रास्ता भी ज्यादा कड़ा अपनाया जाता है। किंतु किसानों को जागृत, जागरुक करते हुए प्रशिक्षण वर्गों, अभ्यास वर्गों ,बैठकों के द्वारा प्रशिक्षित करते हुए संगठित करने पर जोर रहता है।

गांव को संपन्न बनाने के लिए किसानों की आय में वृद्धि व जमीन की उर्वरकता भी बनाए रखनी आवश्यक है। इस साध्या सफल करने के लिए किसान संघ गोवंश आधारित खेती का पुरस्कार करता है। इस दृष्टि से भारत के प्राचीन कृषि संबंधित ज्ञान आज के संदर्भ में कैसे उपयोग किया जाए, इसका परीक्षण कृषि वैज्ञानिक के साथ में लेकर किया जाता है किसानों की सम्पन्नता तभी आ सकती है, जब वह 'गौ-कृषि-वाणिज्यिम' इस सूत्र को अपनाएंगे। भारतीय किसान संघ इस संदर्भ कृषि उपज का प्रसंस्करण गाँव-गाँव में हो, यह प्रशिक्षण देता है। भारतीय किसान संघ के प्राथमिक में किसानों के आत्मविश्वास को जगाना और उनको आत्महत्या जैसी विकृतियों से उभारना है। इस कार्य में भारतीय किसान संघ काफी हद

तक सफल भी रहा है। अभी तक खेती को प्राथमिकता देकर कर मात्र उत्पादन बढ़ाने पर बल दिया जाता था लेकिन अब केवल खेती नहीं तो किस की चिंता की जाने लगी है, यह भारतीय किसान संघ की महत्त्वपूर्ण उपलब्धि है।

पहले खेती में केवल विदेशी तंत्र के प्रयोगों एवं विचारों का ही बोल-बाला था। किंतु भारतीय किसान संघ के प्रयासों से इसमें परिवर्तन हो रहा है। भारत के परंपरागत कृषि ज्ञान का संज्ञान नीतिकार और वैज्ञानिक लेने लगे है। इसका परिणाम सरकार की नीतियों और अनुसंसाधन में दिखाई दे रहा है। यह किसान के सम्मान को पुनः स्थापित करने में दिशा में संगठन कार्य करता है।

18. संस्कार भारती

संस्कार भारती की स्थापना ललित कला के क्षेत्र में राष्ट्रीय चेतना लाने का उद्देश्य सामने रखकर की गयी थी। कमलेशदत्त त्रिपाठी के शब्दों में "कलाओं की सर्जनात्मकता, सामाजिकता तथा शिक्षाप्रद्ता का संवर्धन और मनुष्य में सत्य,शिव तथा सुन्दर का साक्षात्कार कराते हुए परमानंद की अनुभूति जाग्रत करने के उद्देश्य से 'संस्कार भारती' की स्थापना हुई है।" इसकी पृष्ठभूमि में भाऊराव देवरस, हरिभाऊ वाकणकर, नानाजी देशमुख, माधवराव देवले और योगेन्द्र जी जैसे मनीषियों का चिन्तन तथा अथक परिश्रम था। 1954 से संस्कार भारती की परिकल्पना विकसित होती गयी और 1981 में लखनऊ में इसकी विधिवत स्थापना हुई। 1988 में फाल्गुन शुक्ल पक्ष की एकादशी (रंगभरी एकादशी) को मीरजापुर इकाई का गठन किया गया। साकला या विमुक्तये अर्थात् कला वह है जो बुराइयों के बन्धन काटकर मुक्ति प्रदान करती है के घोष-वाक्य के साथ आज देशभर में संस्कार भारती की 1200 से अधिक इकाइयाँ कार्य कर रही हैं। समाज के विभिन्न वर्गों में कला के द्वारा राष्ट्रभक्ति एवं योग्य संस्कार जगाने, विभिन्न कलाओं का प्रशिक्षण व नवोदित कलाकारों को प्रोत्साहन देकर इनके माध्यम से सांस्कृतिक प्रदूषण रोकने के उद्देश्य से संस्कार भारती कार्य कर रही है।

संस्कार भारती का उद्देश्य सामाजिकता, शिक्षाप्रद्ता, कला के सृजनात्मकता का संवर्धन और मनुष्य में सत्य, शिवम् और सुन्दरम् की कसौटी को चरितार्थ करना है। कला, मानवता एवं करुणा की त्रिवेणी ही सामाजिक जीवन का आधार है। "संस्कार भारती" का उद्देश्य इसी सिद्धांत को पुनः स्थापित करना और प्राचीन कलाओं को उनके पुराने वैभव को प्राप्त कराना है।

1990 से संस्कार भारती के वार्षिक अधिवेशन कला साधक संगम के रूप में आयोजित किये जाते हैं जिनमें संगीत, नाटक, चित्रकला, काव्य, साहित्य और नृत्य विधाओं से जुड़े देशभर के स्थापित व नवोदित कलाकार अपनी कला का प्रदर्शन करते हैं। भारतीय संस्कृति के उत्कृष्ट मूल्यों की प्रतिष्ठा करने की दृष्टि से राष्ट्रीय गीत प्रतियोगिता, कृष्ण रूप-सज्जा प्रतियोगिता, राष्ट्रभावना जगाने वाले नुक्कड़ नाटक, नृत्य, रंगोली, मेंहदी, चित्रकला, काव्य-यात्रा, स्थान-स्थान पर राष्ट्रीय कवि सम्मेलन आदि बहुविध कार्यक्रमों का आयोजन संस्कार भारती द्वारा किया जाता है।

19. संस्कृत भारती

संस्कृत भारत की अत्यंत प्राचीन भाषा है किन्तु आधुनिक काल में इसकी उपेक्षा की जा रही है। स्व. बाबासाहब आप्टे संस्कृत के परम आग्रही थे। वे स्वयंसेवकों को संस्कृत सीखने तथा उसके प्रचार के लिए प्रेरित करते थे। परिणाम स्वरूप अनेक स्वयंसेवक इस दिशा में कार्यरत हुए और प्रान्तीय तथा स्थानीय स्तर पर भारत संस्कृत परिषद्, स्वाध्याय मंडलम्, विश्व संस्कृत प्रतिष्ठान इत्यादि अनेक कार्य प्रारम्भ किए गए। फरवरी, 1996 में संस्कृत के क्षेत्र में कार्य करने वाले देश के सभी कार्यकर्ता दिल्ली में संगठित हुए जहां उपरोक्त संस्थाओं का विलय करके अखिल भारतीय स्तर पर ष्संस्कृत भारतीश की स्थापना की गई। संस्कृत भारती का मुख्य उद्देश्य है- संस्कृत का प्रचार-प्रसार करना और संस्कृत-संभाषण सिखाकर इसे फिर से व्यावहारिक भाषा बनाना। जनमानस के मन में संस्कृत के प्रति प्रेम जागने पर ही संस्कृति के प्रति उनका व्यवहारिक पक्ष सामने आएगा। संस्कृत भारती द्वारा 'संस्कृत-संभाषण शिविर' का आयोजन भी किया जाता

हैं। इनमें दस दिन तक प्रतिदिन दो घंटे के प्रशिक्षण द्वारा बालक-बालिकाएं संस्कृत में संभाषण करने के लिए प्रबल हो जाते हैं। संस्कृत संभाषण सिखाने के लिए संस्कृत के आचार्यों को प्रशिक्षण दिया जाता है। अब तक ऐसे हजारों आचार्यों द्वारा लाखों लोगों को संस्कृत-संभाषण प्रशिक्षण दिया जा चुका है। पत्राचार द्वारा संस्कृत अध्ययन की योजना चार भाषाओं में प्रारम्भ की जा चुकी है और हजारों लोग इसका लाभ भी ले चुके हैं। देश के सभी प्रान्तों में 'संस्कृत भारती' का कार्य प्रारम्भ हो चुका है और लगभग 300 पूर्णकालिक स्वयंसेवक इसमें कार्य कर रहे हैं। 'संस्कृत भारती' द्वारा कुछ अन्य प्रयास भी किए जा रहे हैं जिनमें प्रमुख हैं- 'संस्कृत परिवार योजना' और 'संस्कृत ग्राम योजना'। 'संस्कृत बालकेन्द्रम्' योजना के द्वारा बच्चों को खेलों के माध्यम से संस्कृत व संस्कृति का ज्ञान दिया जाता है। संस्कृत भारती के सफल प्रयासों की ही दें है कि कर्नाटक के मत्तूर जिले के एक ग्राम में संस्कृत बोल-चाल की भाषा का रूप ले चुकी है। 'संस्कृत भारती' संस्कृतम भाषा के साथ-साथ इसमें निहित साहित्य, परंपरा और ज्ञान प्रणालियों के निरंतर संरक्षण, विकास और प्रसार के लिए एक आंदोलन है।

हमारा दृष्टिकोणः

पाठ्येम् संस्कृतं जगति सर्वमानवान्! प्रापयेम भारतं सपदि परमवैभवम्!!

हमारा मिशनः एक भाषा को पुनर्जीवित करना, एक संस्कृति को पुनर्जीवित करना, एक राष्ट्र अर्थात् भारत का पुननिर्माण करना!

यह एक गैर-लाभकारी संगठन है जिसमें बहुत समर्पित और उत्साही स्वयंसेवकों का एक बड़ा समूह शामिल है जो जाति, लिंग, क्षेत्र, धर्म, जाति, उम्र आदि के भेदभाव के बिना समाज के सभी वर्गों तक संस्कृत का ज्ञान पहुंचाते हैं। इसका मुख्य अखिल भारतीय कार्यालय नई दिल्ली में स्थित है और विभिन्न राज्यों की राजधानियों, जिला मुख्यालयों और जमीनी स्तर पर स्थानीय कार्यालय भी हैं।

'संस्कृत भारती' के उद्देश्य

संस्कृत के अध्ययन को बढ़ावा देना और इसे समाज के सभी वर्गों के लिए सुलभ बनाना।

संस्कृत के अधिक प्रभावी और तेजी से प्रसार के लिए दुनिया भर में संस्कृत संस्थानों के साथ काम का समन्वय करें।

एक सामंजस्यपूर्ण समाज और व्यक्तिगत चरित्र के विकास के लिए संस्कृत परंपरा और इसकी ज्ञान प्रणालियों जैसे योग, मनोविज्ञान, कला, संगीत, नृत्य, आयुर्वेद और अन्य शास्त्रों में अनुसंधान के लिए गतिविधियों को सक्षम करें।

संस्कृत और इसकी परंपराओं के संरक्षण और प्रचार के लिए काम करने वाले सामाजिक कार्यकर्ताओं, विद्वानों को सहायता, छात्रवृत्ति, मानदेय, पेंशन और समर्थन के अन्य साधन प्रदान करें।

संस्कृत तथा संस्कृत की ज्ञान परंपराओं के बारे में ज्ञान और जानकारी प्रचार-प्रसार करने के लिए किताबें, पत्रिकाएं, समाचार बुलेटिन, समाचार पत्र प्रकाशित करें और संचार के सभी साधनों का लाभ उठाएं। संस्कृत और इसकी ज्ञान प्रणालियों को बढ़ावा देने के लिए आवश्यक गतिविधियों के लिए बंदोबस्ती और वित्त पोषण तंत्र विकसित करने में सहायता करें।

'संस्कृत भारती' की उपलब्धियाँ:-

1,20,000 सम्भाषण शिविर के माध्यम से 10 मिलियन से अधिक लोगों को संस्कृत बोलने का प्रशिक्षण दिया गया।

1,35,000 से अधिक संस्कृत शिक्षकों को संस्कृत माध्यम में पढ़ाने के लिए प्रशिक्षित किया गया।

6000 से अधिक संस्कृत-गृहों को आकार दिया गया।

4 सुदूर गांवों को जीवंत संस्कृत ग्राम में बदल दिया।

दुनिया भर के 26 देशों में 4500 केंद्रों के माध्यम से संस्कृत का प्रचार-प्रसार।

2011 में पहला विश्व संस्कृत पुस्तक मेंला बैंगलोर और 2013 में साहित्योत्सव उज्जैन का आयोजन किया।

संवादशाला

संवादशाला 15 दिनों का एक अभिनव कार्यक्रम है जिसमें मौखिक संस्कृत का प्रशिक्षण दिया जाता है और उसे सिखाया भी जाता है। आई.टी एक गतिविधि आधारित सीखने की प्रक्रिया है जो संस्कृत में व्याकरण, वाक्य विन्यास, उपयोग पर ध्यान केंद्रित करती है। व्यापक अभ्यास इस कार्यक्रम की सफलता की कुंजी है। संवादशालाओं में पेश किए गए पाठ्यक्रमों से लगभग 20,000 लोग लाभान्वित हुए। इसकी विशेषता है कि दूरस्थ शिक्षा की अपेक्षा आमने-सामने की बातचीत बहुत प्रभावी है। इस शिक्षा में अन्य भाषा का उपयोग किए बिना संस्कृत (प्रत्यक्ष विधि) के माध्यम से सीखी जाती है। इससे भाषा का शीघ्र अधिग्रहण संभव हो जाता है। इसमें संस्कृत विषय के साथ बी.ए., एम.ए. शास्त्री, आचार्य के छात्र और संस्कृत का कार्यसाधक ज्ञान रखने वाले छात्र भी भाग ले सकते हैं। हर महीने की 1 से 14 तारीख तक (पहला बैच) तथा 16 से 29 तारीख तक (दूसरा बैच) दो बैच आयोजित किये जाते हैं। किसी भी बैच में प्रवेश लिया जा सकता है। लेकिन वर्कशॉप शुरू होने से एक दिन पहले पहुंचना होगा। 14वें और 29वें दिन दोपहर के भोजन के बाद बैच समाप्त हो जाते हैं। एक बार जब आप बैच में शामिल हो जाते हैं तो आपको प्रशिक्षण कार्यशाला की पूरी अवधि के लिए शिविर में रहना चाहिए। किसी को भी जाने की इजाजत नहीं है। प्रत्येक बैच की क्षमता 60 छात्रों की है।

20. राष्ट्रीय सिक्ख संगत

दशम गुरु गोविन्द सिंह जी की भावना "जगे धर्म हिन्दू, सकल भंड भाजेश के अनुरूप सिख समुदाय की शेष हिन्दू समाज से एकता-एकात्मता पुष्ट करके विधर्मी षड्यन्त्रों को विफल कर देने के लिए प्रतिबद्ध इस संगठन की स्थापना 1986 में दिल्ली में सरदार शमशेर सिंह द्वारा भा. रज्जू भैय्या के मार्गदर्शन में की गई थी।

21. स्वदेशी जागरण मंच

स्वदेशी जागरण मंच संघ का एक आर्थिक संगठन है जो स्वदेशी उद्योगों व अपनी संस्कृति के प्रसार-विकास के लिए जनता में जागरूकता

पैदा करता है। स्वदेशी जागरण मंच की स्थापना 22 नवंबर 1991 को नागपुर में दत्तोपंत ठेंगड़ी ने इसकी स्थापना की थी।

भारत की सुरक्षा, एकता सुनिश्चित करने के लिए, आत्मनिर्भर राष्ट्र का निर्माण, भारतीय सांस्कृतिक मूल्यों को बढ़ावा देना, प्राकृतिक संसाधनों का संरक्षण, सभी क्षेत्रों और सभी समाजों का संतुलित विकास करना इसका लक्ष्य और उद्देश्य है।

स्वदेशी जागरण मंच की गतिविधियां एवं कार्यक्रम

स्वदेशी जागरण मंच ने अस्तित्व में आते ही कुछ ही समय में युद्ध के मोर्चे पर अपनी गतिविधियां शुरू कर दीं। स्वामी विवेकानन्द की जयन्ती 12 जनवरी 1992 को जनजागरण कार्यक्रम के रूप में आर्थिक साम्राज्यवाद के विरूद्ध संघर्ष प्रारम्भ हुआ। इस अभियान में आर्थिक नीतियों में बदलाव, रुपये के अवमूल्यन और नीति-निर्माण निर्णयों में बाहरी शक्तियों के हस्तक्षेप और भारतीय अर्थव्यवस्था पर उनके सामूहिक हानिकारक प्रभावों को जनता के सामने उजागर किया गया। लगभग उसी समय स्वदेशी पर प्राथमिक साहित्य विभिन्न राज्यों में प्रसारित किया गया। बाद में विभिन्न संबंधित विषयों को नियमित आधार पर कवर और प्रकाशित किया गया। इनमें प्रमुख हैं श्री दत्तपंत ठेंगड़ी द्वारा लिखित 'द थर्ड अल्टरनेटिव', श्री दयाकृष्ण द्वारा लिखित 'द मेंनेस ऑफ मल्टीनेशनल्स', डॉ.एम.जी.बोकारे द्वारा लिखित 'हिंदू इकोनॉमिक्स' आदि।

22 नवंबर 1992 को मुंबई में स्वदेशी जागरण मंच की पहली बड़ी सार्वजनिक बैठक आयोजित की गई थी, जिसे प्रमुख विचारकों और राष्ट्रीय स्तर के कार्यकर्ताओं ने संबोधित किया था। इस बैठक में विभिन्न वैचारिक पृष्ठभूमि के लोग स्वदेशी जैसे सर्व-संबंधी मुद्दे पर स्वदेशी जागरण मंच के मंच पर साझा एकत्रित हुए थे।

इसका प्रथम राष्ट्रीय सम्मेलन 4-5 सितंबर, 1993 को नई दिल्ली में आयोजित किया गया था। इससे पहले स्वदेशी जागरण मंच के कई सहयोगी संगठनों जैसे बी.एम.एस., ए.बी.वी.पी, बी.के.एस, ए.बी.जी.पी आदि ने डंकल ड्राफ्ट के हानिकारक प्रभावों के बारे में जागरूकता फैलाने के लिए

अपने स्वयं के कार्यक्रम चलाए। 15 नवंबर 1993 को नागपुर में अखिल भारतीय स्तर पर मुख्य कार्यकर्ताओं की एक बैठक हुई। इस बैठक में पेप्सी, कोक और कोलगेट जैसी बहुराष्ट्रीय कंपनियों के उत्पादों का बहिष्कार करने का निर्णय लिया गया।

राष्ट्रीय परिषद् की पहली बैठक 2-3 अप्रैल, 1994 को पुणे में हुई। इसमें सभी राज्य संयोजक, संबद्ध संगठनों के प्रतिनिधि और सभी केंद्रीय समिति के सदस्य शामिल हुए। इस बैठक में एक व्यापक जन-जागरण कार्यक्रम नये सिरे से शुरू करने का निर्णय लिया गया। यह स्वदेशी जागरण मंच के लिए एक बड़ी उपलब्धि थी। 15 दिनों की समयावधि के भीतर, 5418 कस्बों और 1,09,140 गांवों में 1,83,401 श्रमिकों को संगठित किया गया। इस बैठक में लोगों ने स्वदेशी उत्पादों का उपयोग करने और इस तरह भारत को आत्मनिर्भर राष्ट्र बनने में मदद करने का संकल्प लिया। इस आंदोलन के दौरान 372 स्वदेशी डिपो खोले गए और 30 मिलियन से अधिक पर्चे लोगों के बीच वितरित किए गए। आर्थिक स्वतंत्रता के संघर्ष में स्वदेशी जागरण मंच के लिए अलग-अलग विचारधाराओं की राजनीतिक गतिविधियाँ एक साथ काम करती हैं।

राष्ट्रीय परिषद् की दूसरी बैठक मद्रास में हुई। 6-7 मई, 1995 को पशु-मांस के निर्यात के विरुद्ध राष्ट्रीय सम्मेलन हैदराबाद में आयोजित किया गया। 26 मई 1995 को मुंबई में बिजली के मुद्दे पर एक सेमिनार आयोजित किया गया था। बहुराष्ट्रीय कंपनियों के साथ सौदों में अनियमितताओं के खिलाफ लड़ने के लिए बिजली पर एक राष्ट्रीय कार्रवाई समूह की स्थापना की गई थी। इस एक्शन ग्रुप की पहली बैठक 21 अक्टूबर 1995 को हुई थी। एनरॉन कॉर्प के खिलाफ एक आंदोलन शुरू किया गया था, जिसका महाराष्ट्र राज्य सरकार के साथ दाभोल में एक मेंगा पावर शुरू करने के लिए एक समझौता था। इस सौदे ने सभी सिद्धांतों का उल्लंघन किया और जनता को समझौतों के बारे में पूरी तरह से अंधेरे में रखा गया। विश्व बैंक और केंद्रीय ऊर्जा न्यायाधिकरण की सलाह को नजरअंदाज कर दिया गया और सौदा कम से कम 2200 करोड़ रुपये अधिक हो गया। स्वदेशी जागरण मंच के जोरदार आंदोलन के कारण, जनता और मीडिया

को इस मुद्दे के बारे में पता चला और बाद में नवनिर्वाचित राज्य सरकार को इस मुद्दे के बारे में पता चला तथा उन्हें सौदे को वापस लेने के लिए मजबूर होना पड़ा। यह स्वदेशी आंदोलन की एक बड़ी जीत थी जिसने अन्य बिजली कंपनियों को अपने सौदों की कीमत कम करने के लिए मजबूर करके हजारों करोड़ रुपये बचाए। अगस्त 1995 में एक और मील का पत्थर हासिल हुआ जब स्वदेशी पत्रिका का प्रकाशन शुरू हुआ।

स्वदेशी जागरण मंच का दूसरा राष्ट्रीय सम्मेलन 4–5 नवंबर, 1995 को कलकत्ता में आयोजित किया गया था। इस सम्मेलन में 'मीडिया के माध्यम से सांस्कृतिक आक्रमण' और 'देश की आर्थिक स्थिति' पर प्रस्ताव पारित किये गये। इन मुद्दों को प्रभावी ढंग से संभालने के लिए बिजली, बुनकरों की समस्याएं, पेटेंट कानून, पशुधन सुरक्षा और गहरे समुद्र में मछली पकड़ने पर कार्रवाई करने के लिए समूह बनाए गए थे। कई मुद्दों में से पशु धन की प्रस्तुति पहला मुद्दा था जिस पर मंच ने एक सफल राष्ट्रव्यापी आंदोलन चलाया। यह अभियान 15 नवंबर, 1995 को सेवाग्राम, वर्धा से शुरू हुआ। गौ–रक्षा काफिला बापू कुटीर से फिर निकला। मार्च में देश भर से तेईस कुकरों ने भाग लिया। 600 किलोमीटर की दूरी तय करने के बाद 15 नवंबर से 6 दिसंबर तक 22 दिनों के दौरान ये गतिविधियां (पदयात्राएं) रुद्रोरम में एआई कबीर मशीनीकृत बूचड़खाने तक पहुंचीं।

पूंजीवाद पूरी तरह से जुड़वां सामाजिक–आर्थिक वितरण प्रणालियों के रूप में बाजार और राज्य पर निर्भर रहता है, वहीं समाजवाद मुख्य रूप से वितरण प्रणाली के रूप में राज्य पर निर्भर करता है। इसके विपरीत, स्वदेशी विचार बाजार और राज्य के अलावा सामाजिक–आर्थिक वितरण प्रणाली के रूप में सामाजिक संस्थागत व्यवस्था पर निर्भर करता है। इससे बाजार और राज्य सार्वजनिक स्थान को परिवार, समुदाय और समाज के साथ साझा करते हैं।

परिवारः स्वदेशी दृष्टिकोण में समाज की सबसे निचली इकाई व्यक्ति नहीं बल्कि परिवार है। यह परिवार संस्था आधुनिक राज्य को वृद्धावस्था लाभ और बेरोजगारी सहायता जैसी असाधारण कल्याण प्रतिबद्धताओं से

राहत देती है, जो संयुक्त राज्य अमेरिका और जर्मनी जैसे कई पश्चिमी देशों में सकल घरेलू उत्पाद के आधे से अधिक के बराबर है।

समुदाय, समाजः स्वदेशी विभिन्न सामाजिक इकाइयों की वैधता में विश्वास करता है। इसका मानना है कि पश्चिम जीवन समाज व समुदाय के लिए विनाशकारी है। व्यक्ति को अपनी स्वतंत्र अंत:क्रिया, रचनात्मक अभिव्यक्ति और प्रगतिशील विकास के लिए समुदाय के पारस्परिक रूप से प्रशंसात्मक और संवादात्मक संबंध की आवश्यकता होती है।

बाजार की भूमिकाः किसी भी संदर्भ में पश्चिमी धारणा स्वदेशी दृष्टिकोण में फिट नहीं बैठती है। उसकी मान्यता है कि बाजार को एक साधन बनना होगा न कि लोगों का स्वामी। बाजार का आकार जितना छोटा होगा, एक साधन के रूप में यह उतना ही बेहतर होगा। स्वदेशी दृष्टिकोण बाजार के आकार को सीमित करने के लिए प्रतिबद्ध है।

राज्य की भूमिकाः स्वदेशी दृष्टिकोण राज्य को राष्ट्र और उसके हितों की रक्षा के लिए प्राथमिक साधन और सभी अंतर-राष्ट्रीय मामलों के संबंध में एक अवशिष्ट साधन के रूप में देखता है। राष्ट्रीय हितों की रक्षा करने के अलावा यह सुनिश्चित करना होगा कि व्यापार और वाणिज्य धर्म के अनुरूप हो।

व्यक्ति, राज्य, बाजार और समुदाय/समाज/परिवार के बीच व्यवस्थाः स्वदेशी व्यक्ति परिवार, समुदाय, धर्म और समाज को श्व्यवहारश (भौतिक जीवन) को बनाए रखने के साधन पुरुषार्थ के अनुरूप देखता है।

स्वदेशी जीवन धर्म पर आधारित हैः स्वदेशी का मानना है कि केवल कानून का शासन सामाजिक अंत:क्रियाएँ अपर्याप्त है। भारत में जीवन का उच्चतर क्रम प्रचलन में रहा है; सभी गैर-आधिकारिक सामुदायिक और सामाजिक लेन-देन आज भी जीवन के इस उच्च सिद्धांत धरमपरक होते हैं। 'धर्म' - एक प्राचीन भारतीय अवधारणा है जिसे धारण किया जाए वह धर्म है। अपने व्यापक अर्थ में, इसका वास्तविक जीवन के सभी पहलुओं जैसे व्यक्तिगत सामाजिक वैश्विक का पोषण करना है। स्वदेशी भारत की जीवंत परंपरा है और स्वधर्म स्वदेशी का मूल है। यद्यपि सतही पश्चिम-केंद्रित भारतीय बाहरी

आवरण के नीचे दबी हुई यह अभी भी सबसे बड़ी स्थायी शक्ति और भारतीय समाज, अर्थव्यवस्था और राजनीति का मूल है।

स्वदेशी विचार के आवश्यक तत्वों को संक्षेप में इस प्रकार प्रस्तुत किया जा सकता है:

स्वदेशी का अर्थ है जिसमें अपने देश और समाज के प्राकृतिक, मूल और लाभकारी तत्वों को आत्मसात किया जाता है। यह बात प्रौद्योगिकी, अर्थशास्त्र के साथ-साथ राजनीति और संस्कृति पर भी लागू होती है। यह दूरस्थ की तुलना में पड़ोस को प्राथमिकता देता है। यह सामाजिक-आर्थिक वितरण प्रणाली के रूप में परिवार, समुदाय और समाज को नवीनीकृत और निर्भर करता है। यह इन पारंपरिक संस्थानों को राज्य और बाजार द्वारा प्रतिस्थापित नहीं करता है। यह राष्ट्रवाद को स्वीकार करता है। स्वदेशी अर्थशास्त्र को उसकी पूर्व परिभाषा में पुनर्स्थापित करता है जो वर्तमान में भी अर्थव्यवस्था का शब्दकोश अर्थ इंगित करता है।

22. अखिल भारतीय अधिवक्ता परिषद्

अखिल भारतीय अधिवक्ता परिषद्, सोसायटी अधिनियम 1960 के तहत एक पंजीकृत सोसायटी है, यह पूरे देश में काम कर रहा है। वर्ष 1992 में अपनी स्थापना के बाद से परिषद् देश और न्यायपालिका की प्रभावशीलता और मानकों में सुधार के लिए अधिवक्ताओं के दिलों में भारतीय मूल्यों को पुनर्जीवित करने और आदर्शवाद को स्थापित करने के उद्देश्य से काम कर रही है। परिषद् को भारत के कुछ सबसे प्रमुख कानूनी दिग्गजों से जुड़ने का विशेषाधिकार प्राप्त है, जिनमें न्यायमूर्ति रामा जोइस (सेवानिवृत्त) श्री यू. आर. ललित, वरिष्ठ अधिवक्ता, श्री उत्तम चंद इसरानी, वरिष्ठ अधिवक्ता, न्यायमूर्ति प्रवथ राव, (सेवानिवृत्त) न्यायमूर्ति शामिल हैं। वी. एस. कोकजे (सेवानिवृत्त) और कई अन्य।

7 सितंबर 1992 को, नई दिल्ली में अखिल भारतीय अधिवक्ता परिषद् का उद्घाटन करते हुए, दत्तोपंत जी ठेंगड़ी ने अधिवक्ता परिषद् के कार्यकर्ताओं के साथ पुनरुत्थान भारत के अपने दृष्टिकोण को साझा किया। न्याय प्रणाली की प्रभावकारिता के बारे में चिंतित होकर, उन्होंने अंतर्राष्ट्रीय

श्रम संगठन के विभिन्न सम्मेलनों के गैर-अनुसमर्थन और कार्यान्वयन, समान नागरिक संहिता को विकसित करने के प्रयासों की कमी, बढ़ती अलगाववादी प्रवृत्तियों, अनुच्छेद 48 के गैर-कार्यान्वयन के मुद्दे पर प्रकाश डाला। संविधान, सस्ता और शीघ्र न्याय की अनुपलब्धता और न्यायाधीशों की कमी आदि। परिषद् ने देश भर में सेमिनार, कार्यशालाएं और शैक्षिक कार्यक्रम आयोजित करने की योजना बनाई है जिसमें कानून और समाज का ज्ञान रखने वाली प्रतिष्ठित हस्तियों को परिषद् के सदस्यों के साथ अपने अनुभव और ज्ञान साझा करने के लिए आमंत्रित किया जाता है। परिषद् ने देश में नए न्याय केंद्र (कानूनी सहायता केंद्र) स्थापित करके दरवाजे पर न्याय की अपनी नीति को क्रियान्वित करने की भी योजना बनाई है।

परिषद् न्याय वितरण प्रणाली और लोगों के कल्याण के लिए कानून बनाने की प्रक्रिया में योगदान देती है। परिषद् बड़े पैमाने पर समाज के सामने आने वाली समस्याओं और विशेष रूप से समाज के हाशिए पर रहने वाले वर्ग पर विशेष ध्यान देने के साथ न्याय वितरण प्रणाली के समाधान के लिए गैर-पक्षपातपूर्ण दृष्टिकोण के साथ काम कर रही है। अधिवक्ता परिषद् सामाजिक और सांस्कृतिक प्रभाव वाले विभिन्न कानूनी मुद्दों पर कानूनी बिरादरी का ध्यान आकर्षित कर रही है।

वस्तुतः अखिल भारतीय अधिवक्ता परिषद्, वकीलों का एक निकाय है जिसकी संबद्ध राज्य निकायों के माध्यम से सभी राज्यों और केंद्र शासित प्रदेशों में अपनी इकाइयाँ हैं। देश के हर हिस्से से वकीलों का पर्याप्त प्रतिनिधित्व सुनिश्चित करने के लिए परिषद् की राष्ट्रीय कार्यकारिणी और राष्ट्रीय परिषद् की वार्षिक बैठक देश के विभिन्न हिस्सों में आयोजित की जाती है। राष्ट्रीय सम्मेलन प्रत्येक 3 वर्ष के बाद आयोजित किया जाता है, जिसमें देश के सभी हिस्सों से सदस्य भाग लेते हैं। परिषद् नियमित आधार पर सम्मेलन, संगोष्ठियां और व्याख्यान आयोजित करती है। जिसमें संवैधानिक, राष्ट्रीय, सामाजिक, कानूनी, पारिवारिक और बड़े पैमाने पर समाज को प्रभावित करने वाले अन्य मुद्दों पर चर्चा की जाती है। जिसका उद्देश्य अधिवक्ताओं को उनके पेशे में बेहतर ढंग से सुसज्जित करना और इस उद्देश्य की पूर्ति के लिए बेहतर सक्षम बनाना है। बार एसोसिएशन के युवा

सदस्यों के लाभ के लिए, परिषद् अपने 'सतत शिक्षा कार्यक्रम' के तहत सभी न्यायालय परिसरों में अध्ययन मंडल आयोजित करती है। परिषद् त्रैमासिक पत्रिका, न्यायप्रवाह प्रकाशित करने सहित विभिन्न शैक्षणिक और बौद्धिक गतिविधियों में भी लगी हुई है, जो हाल के निर्णयों, नए कानूनों, न्याय वितरण प्रणाली और भारतीय मूल्यों आदि पर प्रतिष्ठित हस्तियों के लेख प्रकाशित करती है।

सामाजिक न्याय

मूलतः कानूनी प्रणाली को वंचितों और वंचितों की जरूरतों के प्रति अधिक उत्तरदायी होना आवश्यक है, परिषद् गांवों और शहरी मलिन बस्तियों में रहने वाले लोगों को मुफ्त कानूनी सहायता प्रदान करने के लिए अधिवक्ता परिषद् न्याय केंद्र चलाती है। परिषद् ने समाज के वंचित वर्ग के अधिकारों और हितों की रक्षा के लिए कई सार्वजनिक/सामाजिक हित याचिकाएँ भी दायर की हैं।

इंडोसेन्ट्रिक कानूनी प्रणाली

अधिवक्ता परिषद् का मान्यता है कि संविधान निर्माताओं ने वैचारिक रूप से देखा जाये तो कोई नया संविधान शुरू नहीं किया था। उन्होंने केवल औपनिवेशिक कानूनी प्रणाली, औपनिवेशिक कानूनों को ही आगे बढ़ाया और उनकी प्रक्रियाओं को बरकरार रखा। इसलिए कह सकते हंग कि राजनीतिक नियंत्रण में केवल बाहरी परिवर्तन तो हुए लेकिन हमारी सामाजिक व्यवस्था, हमारी आर्थिक व्यवस्था या हमारी कानूनी व्यवस्था में कोई भी आवश्यक परिवर्तन नहीं हुआ। अधिवक्ता परिषद् इसके विकास के लिए प्रयासरत है।

23. राष्ट्रीय सेवा भारती

यह एक अखिल भारतीय स्वैच्छिक सेवा संगठन है। इसका कार्यक्षेष्त्र वे बस्तियाँ है, जिन्हें लोग सामन्यतः कच्ची, गंदी एव पिछडी व उपेक्षित बस्तियो के नाम से पुकारते है। सेवा भारती का लक्ष्य है– उन लोगों में जो विभिन्न कारणो से वंचित रह गये हैं, स्वाभिमान का संचार कर, उसे

स्वावलम्बी बनाना तथा सेवा प्रक्रिया से समाज में सामाजिक समरसता का भाव जाग्रत करना।

महात्मा गाँधी के जन्म दिवस के अवसर पर 2 अक्टूबर 1979 को दिल्ली में सेवा भारती की स्थापना हुई। इसके माध्यम से मलिन बस्तियों के लोगों के स्वाभिमान को जाग्रत किया गया और उन्हें उनके सपनो की ओर अग्रसर किया गया। अशोक सिंघल और बाला साहब देवरस की प्रेरणा से उनके आदेशानुसार संघ के प्रचारक श्री विष्णु कुमार और अनेक वरिष्ठ स्वयंसेवकों के प्रयासों से बालबाड़ी और बाल संस्कार केंद्र बस्तियों में शुरू हुए। सेवाभारती के कार्यकर्ताओं की टोलियाँ विभिन्न झुग्गी- बस्तियों में सेवा और समर्पण की ज्योति लेकर समरसता और सद्भाव के लक्ष्य को लेकर आगे चली है। सेवा भारती द्वारा किए गए इन कार्यों के प्रभाव स्वरूप बस्ती में संपर्क, पहचान, प्रेम बाधा जिसका सफल परिणाम यह हुआ कि साधन मिलते गए और कार्य भी बढ़ते गए।

सेवा भारती के माध्यम से बस्तियों में शिक्षा, संस्कार, स्वावलंबन, स्वास्थ्य सामाजिक सुरक्षा सम्बन्धी योजना के विस्तार के लिए बाल वड़ी, संस्कार केन्द्रम, सिलाई केंद्र, कोचिंग सेंटर इत्यादि प्रकल्पों की शुरुआत की गई। राष्ट्रीय सेवा भारती देश में पिछडे एवं अभावग्रस्त लोगों के बीच शिक्षा, स्वास्थ्य, सामाजिक एवं स्वावलंबन के विभिन्न प्रकल्पों के द्वारा तथा स्वैच्छिक संस्थाओं, समर्पित कार्यकर्ताओं के सहयोग से सुदृढ़, समरस समाज का निर्माण करना। राष्ट्रीय स्तर पर सेवा भारती का पंजीकरण 8 दिसम्बर 2003 को हुआ। आज देशभर में 1246 संस्थाएं राष्ट्रीय सेवा भारती से संबद्ध होकर आपस में मिलकर सेवा कार्य कर रही हैं।

उद्देश्य

सेवा भारती का उद्देश्य है राष्ट्रीय विचार वाली पंजीकृत स्वयंसेवी संस्थाओं और समर्पित कार्यकर्ताओं के सामूहिक प्रयास द्वारा देश के पिछड़े, पीड़ित और अभावग्रस्त बंधुओं को शिक्षित, स्वावलंबी और सशक्त कर सुदृढ़, समरस एवं संस्कारित समाज का निर्माण करने में सक्रिय सहयोग करना। इस उद्देश्य की पूर्ति हेतु अपने साथ आये स्वयंसेवी संगठनों को

राष्ट्रीय मंच प्रदान करने के साथ-साथ उनमें जागरण, सहयोग, प्रशिक्षण एवं अध्ययन जैसी गतिविधियों के माध्यम से सामूहिकता का भाव जागृत कर संस्थाओं के कौशल विकास के कार्य वर्ष 2003 से ही जारी है। देश में सक्रिय सेवा संस्थाओं को सहयोग, अध्ययन तथा विभिन्न प्रशिक्षण कार्यक्रमों के द्वारा उन्नत समाज की संरचना में सहभागी बनने के लिए प्रेरित करना और उनमें सामूहिकता का भाव जागरण कर राष्ट्रीय मंच प्रदान करना। समाज को इस प्रकार आकार देना कि प्रत्येक व्यक्ति को अपना जीवन जीने का अवसर मिले। इसके अतिरिक्त इसका उद्देश्य है युवाओं को कौशल प्रशिक्षण प्रदान करना, समुदाय में बुजुर्गों और निराश्रित लोगों की सहायता करना, लोगों को गरीबी से बाहर निकालना और उनके परिवारों के लिए वर्तमान और भविष्य के लिए महत्वपूर्ण और स्वस्थ जीवन बनाना समाज को इस प्रकार आकार देना कि प्रत्येक व्यक्ति को अपना जीवन जीने का अवसर मिले और परिवेश को बदलने की क्षमता प्राप्त हो। युवाओं को कौशल प्रशिक्षण प्रदान करना और समुदाय में बुजुर्गों और निराश्रित लोगों की सहायता करना। लोगों को गरीबी से बाहर निकालना और उनके परिवारों के लिए वर्तमान और भविष्य के लिए महत्वपूर्ण और स्वस्थ जीवन बनाना, असहाय लोगों के विकास और स्थिरता के लिए लड़ना और उनके बुनियादी मानवाधिकारों की रक्षा करना एवं सहिष्णुता, आशा और सामाजिक न्याय की दुनिया बनाना।

2003 में स्थापना वर्ष से ही राष्ट्रीय सेवा भारती विभिन्न प्रकार के सामाजिक अध्ययनों के आधार पर प्रशिक्षण कार्यक्रम करती आई है। अनेक संस्थायें इन प्रशिक्षणों से लाभान्वित हुई है और उनके कार्यकर्ताओं के कौशल तथा सेवा कार्यों में गुणात्मक वृद्धि हुई है। समय-समय पर इस प्रकार के प्रशिक्षण वर्गो के साथ यथोचित साहित्य भी प्रकाशित किया जाता है।

राष्ट्रीय सेवा भारती ने अपने कार्य को मुख्यतः चार प्रकार की गतिविधियों पर केन्द्रित किया-

जागरणः राष्ट्रीय सेवा भारती जागरण हेतु कई प्रकार की गतिविधियां संचालित की जाती हैं। इनमें प्रमुख है प्रकाशन। इसके तहत ई-बुलेटिन

पत्रिका का मासिक प्रकाशन किया जाता है और 'सेवा साधना' का वार्षिक अंक किसी न किसी खास बिन्दु पर केन्द्रित रहता है। 'सेवा दिशा' का पांच वर्ष में एक बार व 'सेवा कुंज' में अपने साथ जुड़ी सेवा संस्थाओं के सफल और प्रेरक प्रयोगों की जानकारी प्रकाशित की जाती है। साथ ही कुछ अन्य पुस्तकों तथा जागरण हेतु डिजिटल साम्रगी का प्रकाशन किया जाता है। जागरण का ही एक अन्य प्रमुख अंग है सेवा संगम का आयोजन। सभी प्रांतों में समविचारी सेवा संस्थाओं को एकजुट करते हुए समय समय पर सेवा संगम आयोजित किये जाते हैं और पांच वर्ष में एक राष्ट्रीय सेवा संगम आयोजित किया जाता है।

सहयोगः इसके अंतर्गत प्रतिवर्ष दो ऐसे बिन्दुओं को चिन्हित किया जाता है, जिनके कारण कार्य करने में कठिनाई हो रही है। फिर उन बिन्दुओं पर उन सभी संस्थाओं और उस विषय के विशेषज्ञों तथा यदि संभव हो सके तो सरकारी अधिकारियों को साथ बैठाकर विचार-विमर्श कर समाधान निकालने का प्रयास होता है। इसी प्रकार देशभर में चल रहे स्वयं सहायता समूहों को एकजुट करते हुए उन्हें दृढ़ता प्रदान की जा रही है। साथ ही इस प्रयोग को मजबूत करने के लिए देशभर में उनके विस्तार हेतु कार्यक्रम संचालित किये जाते हैं। नये प्रकल्प प्रारंभ करने और उन्हें व्यवस्थित करने तथा प्रभावी बनाने के लिए "वैभवश्री" प्रकल्प (स्वयं सहायता समूह) पुस्तिका तैयार की गयी है। अभी तक 23 प्रान्तों में वैभवश्री प्रकल्प चल रहे है।

प्रशिक्षणः कार्यकर्ता प्रशिक्षण और संबद्ध संस्थाओं के प्रतिनिधियों के प्रशिक्षण हेतु विशेष प्रयास किये जाते हैं। ये प्रशिक्षण वर्ग देशभर में आयोजित किये जाते हैं। प्रशिक्षण का दूसरा महत्त्वपूर्ण बिन्दू है कॉरपोरेट सोशल रिस्पॉसीबिलिटी यानि सी.एस.आर के संबंध में प्रशिक्षण। सी.एस. आर. के तहत सेवा प्रकल्पों को वित्तीय मदद मिल सकती है। राष्ट्रीय सेवा भारती की सी.एस.आर समिति विभिन्न स्थानों पर प्रशिक्षण वर्ग आयोजित किए जाते हैं।

अध्ययनः देशभर में विभिन्न सामाजिक समस्याओं को लेकर अध्ययन कार्य चल रहे हैं। पिछले दिनों सुदूर पूर्वांचल के राज्यों से आकर देश के

विभिन्न छात्रावासों में रहने वाले विद्यार्थियों के अपने स्वयं के जीवन तथा उनके माध्यम से उनके अपने गांव अथवा आसपास के क्षेत्र में आने वाले परिवर्तन को लेकर एक अध्ययन किया गया। अध्ययन प्रारंभ करने से पूर्व 18-19 मार्च 2017 को नई दिल्ली में एक महिला प्रशिक्षण वर्ग आयोजित किया गया, जिसमें कार्यकर्ताओं को 15 से 35 आयु वर्ग की महिलाओं की सदस्थिति पर अध्ययन हेतु व्यावहारिक प्रशिक्षण प्रदान किया गया।

सेवा भारती की सेवागाथा-

राष्ट्रीय स्वयंसेवक संघ तथा राष्ट्रीय सेवा भारती के कार्यकर्ताओं द्वारा सेवा के माध्यम से समाज परिर्वतन के सफल प्रयोग देश भर में किये है। इन प्रयोगों की सच्ची कथाओं को समाज के सामने लाने के लिए सेवागाथा की www.sewagatha.org वेबसाईट का निर्माण किया गया है। देश में सेवा द्वारा परिवर्तन के उत्तम सेवा कार्यों को जनसामान्य के सामने प्रस्तुत करने के लिए 26 एपिसोड का निर्माण किया गया। 'समर्पण' नामक इस धारावाहिक का दूरदर्षन (DD1) पर प्रति-रविवार प्रातः 10 बजे प्रसारण किया गया है।

दृष्टि

सेवा भारती 'देश को परम वैभव पर ले जाना' की दृष्टि से कार्य कर रही है। सेवा भारती का दूरदर्शी दृष्टिकोण शुद्ध सेवा उद्देश्य के साथ सामाजिक सेवा पृष्ठभूमि और सरकारी क्षेत्र के लोगों की मदद से समाज के सबसे कमजोर समूह के स्वास्थ्य, भूख और शिक्षा का उत्थान करना है।

24. हिन्दू जागरण मंच

राष्ट्र-विरोधी तत्त्वों की घुसपैठ, तोड़फोड़, अराजकता, अपहरण, उपद्रव इत्यादि जैसी घातक गतिविधियों पर सतर्क दृष्टि रखने के लिए विभिन्न प्रान्तों में भिन्न-भिन्न मंच बनाये गये हैं, जैसे - दिल्ली में हिन्दू मंच, तमिलनाडु में 'हिन्दू मुन्नणी', महाराष्ट्र में 'हिन्दू एकजुट' इत्यादि। राष्ट्रीय भावना के विकास के लिए ये मंच कुछ समारोहों का आयोजन भी करते हैं।

25. प्रज्ञा भारती

यह बौद्धिक स्तर पर राष्ट्रवादी चिन्तकों का संगठन है। राष्ट्रविरोधी प्रवृत्तियों की चुनौती से निपटने के लिए प्रज्ञा भारती स्थापित किया गया है। 1979 में कलकत्ता में इस संगठन की स्थापना की गई थी। प्रज्ञा भारती पिछले तीन दशकों से राष्ट्र निर्माण, भारतीय राजनीति, बौद्धिक संपदा और संस्कृति जैसे क्षेत्रों में व्यापक कार्य कर रही है। इन क्षेत्रों में राष्ट्रवादी भावना पैदा करके, भारत न केवल वास्तव में सनातन धर्म का प्रतीक बन सकता है, बल्कि दुनिया भर में सनातनियों के लिए एक स्थायी निवास स्थान भी साबित हो सकता है।

प्रज्ञा भारती जागरूकता फैलाने में सक्रिय रूप से कार्य करती है और साथ ही बौद्धिक राष्ट्रवादियों को समान विचारधारा वाले लोगों को अपने विचार और राय व्यक्त करने के लिए एक मंच प्रदान करती है। इस दिशा में प्रज्ञा भारती ने गोलमेंज सम्मेलन, समूह चर्चा, सेमिनार, वेबिनार और विचार-मंथन सत्र आयोजित किए हैं, जिनका मूल विचार राष्ट्रवादी विचारों को बढ़ावा देना है।

कार्य

दर्शन को उजागर करें:-

प्राचीन भारतीय प्रतिभा द्वारा विकसित उदात्त दर्शन और मनुष्य, उसके पर्यावरण और ब्रह्मांडीय प्रक्रिया के बीच मौलिक जैविक संबंध की अवधारणा पर आधारित भारतीय समग्र दृष्टिकोण प्रस्तुत करना।

आगे बढ़ने की सोच:-

मानव के जीवन और कल्याण पर असर डालने वाले अर्थशास्त्र, राजनीति, इतिहास, नैतिकता, वैज्ञानिक और तकनीकि अनुप्रयोगों के बारे में लोगों के बीच विचार-प्रक्रिया विकसित करना।

समाज को पुनः उन्मुख करें:-

वर्तमान सामाजिक संरचना का विश्लेषण, मूल्यांकन और उपयुक्त रूप से पुनः उन्मुखीकरण करना।

सद्भाव बहाल करनाः-

आधुनिक विज्ञान और प्रौद्योगिकी को प्रकृति और उच्च मानवीय मूल्यों के साथ सामंजस्य स्थापित करना।

निष्ठा का विस्तारः-

अपने देश, लोगों, संस्कृति और संपूर्ण मानव जाति के प्रति लोगों की सोच को संकीर्णता से सर्वव्यापी निष्ठा तक बढ़ाना।

एकता को मजबूत करेंः-

देश की एकता और अखंडता के लिए हानिकारक प्रवृत्तियों से लड़ने के लिए राष्ट्र के संकल्प को मजबूत करना।

1997 से राष्ट्रवादी पत्रिका के रूप में भारतीय प्रज्ञा शीर्षक से प्रज्ञा भारती ने पत्रिका प्रकाशित की है। प्रज्ञा भारती हैदराबाद से प्रकाशित राष्ट्रवादी भावना और सार्वभौमिक दृष्टिकोण वाली एक अंग्रेजी, मासिक बौद्धिक पत्रिका भारतीय प्रज्ञा प्रकाशित करती है। जिज्ञासुओं को एक समृद्ध मानसिक ज्ञान प्रदान करना, हमारी लोकतांत्रिक राजनीति को मजबूत करने के तरीके और साधन खोजना, राष्ट्रीय एजेंडे की अनिवार्यताओं को प्राथमिकता देने का प्रयास, एक सामंजस्यपूर्ण, प्रगतिशील और समृद्ध समाज का निर्माण करना, हमारी सनातन संस्कृति को आधुनिक विश्व के साथ जोड़ें, भारत के राष्ट्रीय पुनरुत्थान को उत्प्रेरित करना भारतीय प्रज्ञा का लक्ष्य है। इसके अतिरिक्त प्रज्ञा भारती को तेलुगु और अंग्रेजी दोनों में 15 से अधिक प्रकाशनों का श्रेय प्राप्त है।

प्रज्ञा पुरस्कार

पुरस्कार के द्वारा न केवल किसी भी व्यक्ति बल्कि संस्था को आगे और कुछ करने की प्रेरणा मिलती है। 15 वर्षों से प्रख्यात हस्तियों को प्रज्ञा भारती सम्मानित करती है। प्रत्येक वर्ष, एक प्रतिष्ठित व्यक्ति, जिसने एक अलग पहचान बनाई और देश के लिए महत्त्वपूर्ण योगदान दिया है उसे भारती द्वारा गुप्त रूप से प्रज्ञा पुरस्कार दिया जाता है।

26. विज्ञान भारती

विज्ञान भारती भारत की एक अशासकीय संस्था है। यह संस्था भारतीय ज्ञान-विज्ञान की पुनः प्रतिष्ठा और स्वदेशी विज्ञान एवं प्रौद्योगिकी के विकास के लिए गठित की गई है। यह वैज्ञानिकों की संस्था है जो भारत में स्वदेशी विज्ञान के विकास के लिए एक जीवंत आंदोलन के रूप में कार्यरत है। विज्ञान भारती की संस्थापना सन् 1992 में जबलपुर में हुई थी। इसका ध्येयवाक्य (मोट्टो) है – 'अविद्यया मृत्युं तीतर्वा विद्ययामृतमश्नुते'। (अर्थ : अविद्या द्वारा मृत्यु को पार करते हुए विद्या द्वारा अमरता को प्राप्त होता है।) इसका उद्देश है भौतिक एवं आध्यात्मिक विज्ञान का संश्लेषण करते हुए भारतीय विरासत को सुरक्षित रखना, विज्ञान एवं प्रौद्योगिकी के इस वर्तमान युग में राष्ट्रीय निर्माण के लिए स्वदेशी आन्दोलन में नई चेतना का संचार करना, आयुर्वेद, सिद्ध, ध्यान, जैविक कृषि, वास्तुविद्या वानिकी, खगोलविद्या, पर्यावरण आदि तथा इसी तरह के अन्य स्वदेशी विज्ञान एवं प्रौद्योगिकी को सक्रिय करना, सभी भारतीय भाषाओं में स्वदेशी चेतना के साथ विज्ञान आन्दोलन को सक्रिय करना, प्राचीन भारत के वैज्ञानिकों द्वारा आधुनिक ज्ञान-विज्ञान में किए गये अनन्य योगदानों के प्रति लोगों में जागरूकता फैलाना तथा युवा वैज्ञानिकों को अधिक सृजनशीलता और मौलिकता की ओर ले जाना आदि।

एक राष्ट्र के रूप में भारत को एक कल्याणकारी राज्य की दिशा में आगे बढ़ने में गंभीर चुनौतियों का सामना करना पड़ रहा है। चुनौतियों की प्रकृति को ध्यान में रखते हुए प्रौद्योगिकी के क्षेत्र में केवल तीव्र प्रगति ही उन चुनौतियों का सामना कर सकती है। इस संदर्भ में स्वदेशी भावना वाले विज्ञान आंदोलन में विज्ञान भारती की बड़ी भूमिका है।

प्रोफेसर के आई वासु के मार्गदर्शन में कुछ प्रतिष्ठित वैज्ञानिकों द्वारा स्वदेशी विज्ञान आंदोलन भारतीय विज्ञान संस्थान- (बेंगलुरु) में शुरू किया गया था। इस आंदोलन ने धीरे-धीरे गति पकड़ी और राष्ट्रीय उपस्थिति वाले संगठन के रूप में उभरा। 1991 (अक्टूबर 20-21) में नागपुर बैठक में अखिल भारतीय स्तर पर स्वदेशी विज्ञान आंदोलन शुरू करने का निर्णय लिया गया और इसे विज्ञान भारती नाम दिया गया। विज्ञान भारती की देश

भर के 22 राज्यों में इकाइयाँ और 4 राज्यों में संपर्क हैं। यह स्वायत्त संस्थानों, स्वतंत्र संगठनों और परियोजना संस्थाओं के माध्यम से 11 विभिन्न क्षेत्रों में काम कर रहा है:-

1. स्वदेशी विज्ञान के विकास के लिए एक जीवंत आंदोलन के रूप में
2. स्वदेशी भावना के साथ एक गतिशील विज्ञान आंदोलन के रूप में, जो एक ओर पारंपरिक और आधुनिक विज्ञान और दूसरी ओर प्राकृतिक और आध्यात्मिक विज्ञान को जोड़ता है।
3. राष्ट्रीय आवश्यकताओं के अनुरूप आधुनिक विज्ञान के साथ एक स्वदेशी आंदोलन के रूप में।

लक्ष्य और उद्देश्य

भौतिक और आध्यात्मिक विज्ञान के सामंजस्यपूर्ण संश्लेषण के साथ भारतीय विरासत का समर्थन करना।

राष्ट्रीय पुनर्निर्माण के उद्देश्य से विज्ञान और प्रौद्योगिकी के इस युग में स्वदेशी आंदोलन को फिर से जीवंत करना।

सभी भारतीय भाषाओं के लिए एक समान लिपि और वैज्ञानिक शब्दावली के विकास की दिशा में काम करना।

सभी भारतीय भाषाओं में और सभी स्तरों पर, जनसंचार माध्यमों के माध्यम से, स्वदेशी उत्साह के साथ विज्ञान आंदोलन को सक्रिय करना।

आधुनिक विज्ञान के विकास में प्राचीन भारत के अद्वितीय योगदान के बारे में जागरूकता फैलाना।

सभी पाठ्य पुस्तकों और पाठ्यचर्या पाठ्यक्रम में वैज्ञानिक विरासत के बारे में जानकारी शामिल करने के लिए शैक्षिक अधिकारियों से संपर्क करना।

संस्थाएँ/पहल

शक्ति- यह विज्ञान भारती द्वारा महिलाओं के लिए शुरू किया गया राष्ट्रीय आंदोलन है जो 2003 में कोच्चि (केरल) में स्थापित किया गया।

इसका गठन एक रचनात्मक आंदोलन के लिए भारत की महिला शक्ति को एकजुट करने की एक बड़ी इच्छा और दृढ़ संकल्प के साथ किया गया है। शक्ति भारतीय संस्कृति के आधार पर भारतीय नारीत्व की पवित्रता को कायम रखने का प्रयास करती है। विज्ञान और प्रौद्योगिकी को एक उपकरण के रूप में उपयोग करके महिलाओं का सामाजिक, सांस्कृतिक, बौद्धिक और आर्थिक सशक्तिकरण करना शक्ति का उद्देश्य और दृष्टिकोण है। यह संगठन आधुनिक विचारों के रूप में थोपी गई पश्चिमी संस्कृति के आगे झुके बिना महिलाओं की रचनात्मक क्षमता को फिर से जागृत करने के लिए शुरू किया गया है। शक्ति के अंतर्गत महिलाएं स्वयं की प्राप्ति के लिए अपने दायरे से बाहर आने का आग्रह करती है। यह महिलाओं को महिला सशक्तिकरण, अपनी सामाजिक चुनौतियों से साहसपूर्वक निपटने, आगे आने और और राष्ट्र निर्माण के नए युग का हिस्सा बनने के लिए कहता है। शक्ति का मुख्यालय कोच्चि में है और इसे स्वदेशी विज्ञान आंदोलन (विज्ञान भारती का केरल प्रभाग) द्वारा प्रचारित किया गया है, जिसने भारतीय विज्ञान, संस्कृति को सशक्त बनाने में महत्त्वपूर्ण योगदान दिया है।

नास्य- आयुर्वेद के छात्रों और युवाओं को एक साथ लाने और उन्हें इस विज्ञान पर शोध, अभ्यास और प्रचार करने के लिए प्रेरित करने के लिए विज्ञान भारती ने एक पहल का गठन किया । NASYA आयुर्वेद के लिए एक राष्ट्रीय आंदोलन है जिसका गठन 20 दिसंबर, 2008 को जयपुर में तीसरी विश्व आयुर्वेद कांफ्रेंस के दौरान किया गया था। देश के विभिन्न हिस्सों से आए हजारों छात्रों और युवाओं ने एक स्वर में NASYA के मिशन को फैलाने के लिए अपनी पूरी प्रतिबद्धता की घोषणा की। NASYA का गठन शास्त्रीय अध्ययन, नैदानिक अभ्यास और अनुसंधान जैसे तीनों स्तरों पर आयुर्वेद छात्रों और युवाओं के बीच उत्साह को फिर से हासिल करने के लिए किया गया है। इसने पूरे देश में 100 से अधिक संस्थानों के साथ संपर्क विकसित किया है और वर्तमान में 6000 से अधिक छात्र और युवा शोधकर्ता NASYA का हिस्सा हैं।

मामले में लाभ प्राप्त कर सकें। Tech4Seva जमीनी स्तर पर पहचाने गए मुद्दों के वैज्ञानिक और टिकाऊ समाधान प्रदान करने के लिए हितधारकों से प्रौद्योगिकी प्रदाताओं की रचनात्मक क्षमताओं को जुटाने में मदद करेगा।

मंडला- यह विज्ञान भारती की एक पहल है जिसका उद्देश्य समसामयिक विज्ञान और भारतीय विचारों को एक कठोर और आत्मनिर्भर तरीके से, ऑन्कोलॉजिकल के साथ-साथ ज्ञानमीमांसीय और मानक स्तरों पर जोड़ना है। इससे आगे बढ़कर, यह सत्य की खोज के बारे में सोचने के तरीके को फिर से परिभाषित करना चाहता है जैसा कि हम इसे आधुनिक विज्ञान में देखते हैं, इसे प्रकृति की विविधताओं और यहां तक कि विरोधाभासों के बारे में अधिक प्रतिबिंबित करते हुए, वास्तव में गैर-हठधर्मी और निष्पक्ष दृष्टिकोण की ओर बढ़ते हुए, अंतर्दृष्टि का उपयोग करते हुए। हमारी भारतीय विरासत. यह देश में राष्ट्रवादी विज्ञान आंदोलन को सुविधाजनक बनाने के विज्ञान भारती के व्यापक मिशन के अनुरूप है। इस पहल के लिए मंडला नाम चुना गया क्योंकि यह शब्द भारतीय विचार और आधुनिक विज्ञान के बीच एक प्राकृतिक पुल को समाहित करता है। मंडल प्रतीकों के ज्यामितीय विन्यास का प्रतीक है। इसका उपयोग हमारे भारतीय अतीत में विभिन्न स्थानों पर किया गया है, विदेश नीति और राजनीति से लेकर चाणक्य के राजमंडल तक, प्राच्य आध्यात्मिक परंपराओं और बौद्ध वास्तुकला तक।

विभाववाणी- यह संगठनों, शैक्षिक और अनुसंधान संस्थानों, सामाजिक वैज्ञानिकों और श्रमिकों और सामाजिक उद्यमियों का एक राष्ट्रीय संघ है। इसकी परिकल्पना राष्ट्र निर्माण के लिए विज्ञान-उन्मुख सामाजिक संगठनों और संस्थानों के सबसे बड़े जन आंदोलन के रूप में विकसित करने के उद्देश्य से की गई है।

IIWM- इंटरनेशनल इंस्टीट्यूट ऑफ वेस्ट मैनेजमेंट (IIWM) एक 'नॉट-फॉर-प्रॉफिट' संगठन है, जो 2009 में स्थापित विज्ञान भारती से प्रेरित है। IIWM का फोकस क्षेत्र ठोस और तरल अपशिष्ट प्रबंधन के क्षेत्र में है। IIWM की स्थापना भोपाल में विज्ञान और प्रौद्योगिकी मंत्रालय की परियोजना के रूप में की गई थी। यह सफल परियोजना अपशिष्ट प्रबंधन

गतिविधियों के क्षेत्र में प्रोत्साहन पैदा करने में सरकार का समर्थन करने के लिए एक पूर्ण संगठन के रूप में विकसित हुई।

IIWM सरकारी कार्यक्रमों, योजनाओं, कानूनों और 'ऑन फील्ड निष्पादन' के बीच अंतर को पाटने के लिए विभिन्न एजेंसियों के साथ काम करता है। संगठन सर्वश्रेष्ठ पेशेवरों की मेंजबानी करता है जो अपने योगदान के माध्यम से समाज में व्यापक बदलाव लाने में विश्वास करते हैं। IIWM संसाधन दक्षता, स्वच्छता, जल प्रबंधन, जलवायु परिवर्तन और ऊर्जा प्रबंधन के क्षेत्र में भी काम करता है। IIWM ने अपने योगदान के लिए कई सरकारी निकायों और औद्योगिक घरानों से व्यापक प्रशंसा और समर्थन हासिल किया है। संगठन का मुख्य उद्देश्य अपशिष्ट प्रबंधन पर विशेष ध्यान देने के साथ सतत विकास फैलाना है।

27. लघु उद्योग भारती

भारतीय आवश्यकताओं के लिए उपयुक्त लघु उद्योगों की कठिनाइयाँ दूर कर उन्हें विकास के सफल उपक्रम बनने में सहायता देने के लिए लघु उद्योग भारती की स्थापना 26 मई 1994 को नागपुर में की गई। इसके संस्थापक अध्यक्ष श्री अनन्त राव जी भिड़े थे। स्व रोजगार के साथ उद्यमिता को प्रोत्साहित करने के लिए देश के सतत विकास में जिसके परिणामस्वरूप माइक्रो और लघु उद्योगों के समग्र विकास में वृद्धि हुई है। यह अखिल भारतीय स्तर पर एकमात्र राष्ट्रीय व्यापी संगठन है। भारत के सभी राज्यों में लघु उद्योग भारती की इकाई कार्यरत है। देश भर में 510 जिले में 828 इकाई विभिन्न जिलों वोडिटी क्षेत्र में कार्यरत है। लघु उद्योग क्षेत्र में आने वाली समस्याओं को ध्यान में रखते हुए स्थानीय औद्योगिक संगठनों के साथ जिला, राज्य व राष्ट्रीय स्तर पर लघु उद्योग भारती निरंतर कार्य कर रहा है। राज्य सरकार व केंद्र सरकार को लघु उद्योग भारती द्वारा उद्योग हित में समय-समय पर उचित सुझाव देकर नीति निर्णायक में सहयोग किया जाता है तथा उद्योग सृजन स्वरोजगार आयात घटाते हुए निर्यात बढ़ाने श्रमिकों को रोजगार के साधनों में उपलब्धता बढ़ाने हेतु प्रयास भी किए जाते हैं। पर्यावरण संरक्षण जैसे कार्यों में भी लघु उद्योग भारतीय

अग्रिम भूमिका निभा रहे हैं। अखिल भारतीय स्तर पर वर्ष में तीन बार कार्य समिति तथा दो बार कार्य करने की बैठक विभिन्न स्थानों पर की जाती है। साधारण सभा का आयोजन भी प्रतिवर्ष किया जाता है। कोरोना काल में भी लघु उद्योग भारती की अधिकांश बैठक ऑनलाइन की गई। दिनांक 23 जुलाई 2022 को कर्णावटी (अहमदाबाद) में अखिल भारतीय अधिकारियों का अभ्यास वर्ग परम पूज्य सरसंचालक श्री माननीय मोहन भागवत के शांति में आयोजित किया गया।

लघु उद्योग भारती का राष्ट्रीय कार्यालय विश्वकर्मा भवन के नाम से बनकर कर तैयार हो चुका है। इस भवन निर्माण के उपरांत लघु उद्योग भारती के कार्यों में संख्यात्मक एवं गुणात्मक वृद्धि हुई है। इसी भवन में इसकी नियमित बैठकें, सेमिनार व कार्यशालाएं भी आयोजित होती रहती है। यह भवन निश्चय ही लघु उद्योग भारती के संगठन विस्तार व लघु उद्यमियों के विकास एवं विस्तार में महत्त्वपूर्ण भूमिका निभाएगा। इस उद्योग भारती की 'उद्योग टाइम्स' शीर्षक से एक मासिक पत्रिका भी प्रकाशित होती है। जिसमें संगठन की सभी गतिविधियाँ और योजनाएं समय-समय पर प्रकाशित होती रहती हैं। लघु उद्योग भारती के मूल भाव व योजनाओं में उद्यमशीलता को प्रोत्साहित करना, परिवार के रूप में उद्योग का सञ्चालन करना, छोटे और लघु उद्योग में स्वदेशी प्रौद्योगिकी को बढ़ावा देना, परम्परागत ग्रामीण उद्योगों को प्रोत्साहित करना व कुशलता के माध्यम से मानव संसाधनों की क्षमता निर्माण में वृद्धि करना इत्यादि शामिल है।

लघु उद्योग भारती की इकाइयों को सक्रिय रखने के लिए इकाई स्तर पर कई कार्य करते हैं जैसे-मासिक, स्थापना दिवस, विश्वकर्मा जयंती, होली/दिवाली/हिन्दू नववर्ष स्नेह मिलन कार्यक्रम, उद्यमी सम्मलेन व उद्यमी विकास कार्यक्रम। इसके अतिरिक्त इसके 4 आयाम भी है जिनका विस्तृत विवरण निम्नलिखित है:-

ग्रामशिल्पी:- ग्रामशिल्पियों के द्वारा मिट्टी के दीपक, मिट्टी के बर्तन, राखी, मिट्टी की मूर्तियां, कपड़े की झालर, रुई की बत्ती, कॉटन वेस्ट के उत्पादन, सेनेटरी नैपकिन, गुलाल, असम में बिहु त्योहार पर गगना, ढोल, फूल, गमछा, बिहार में मखाना, जूते एवं फुटवियर, केरल में बेस्ट फॉर

वेस्ट के सिद्धांत पर गलीचों का निर्माण, डोरमेंट जैसे उत्पादक को उत्पादन एवं विवरण में सहयोग किया जा रहा है। इस आयाम में राजस्थान, मध्य प्रदेश, छत्तीसगढ़, कर्नाटक, असम, बिहार केरल आदि राज्य में अच्छा कार्य चल रहा है। ग्राम शिल्प द्वारा निर्मित उत्पादों को विवरण में सहयोग हेतु बहुत ही प्रभाव ग्राम शिल्प मेला नवंबर 2022 में बेल गाड़ी कर्नाटक में संपन्न हुआ जिसमें स्थानीय हुए देश के अन्य भागों से शिल्प ग्रामीणों ने भाग लिया।

उत्पाद-समूहः- देश के विभिन्न राज्य में 20 से अधिक उत्पादक समूह, 1000 से अधिक उत्पादन बनाने गए हैं जैसे छात्र उद्योग सिलाई मशीन, इंजीनियरिंग कलपुर्जे, डीजल इंजन पार्ट्स बैरियर वॉरियर पार्ट्स, आदि इन समूह के द्वारा निर्यात बढ़ाने तथा आयात घटाने, गुणवत्ता बढ़ाने, उत्पादन लागत कम करने के निरंतर प्रयास किये जा रहे हैं। कुछ संस्थानों पर रक्षा प्रयोगशाला के माध्यम से सैन्य उत्पादन की प्रदर्शनी व कार्यशालाएं आयोजित कर इन सैन्य उत्पादों के स्थानीय उद्मियों द्वारा विकसित किए जाने के प्रयास किया जा रहे हैं। प्रत्येक उत्पादक के समूह का राष्ट्रीय स्तर के व्हाट्सएप ग्रुप बनाएं गए हैं।

महिला औद्योगिक विकासः- देश की आधी आबादी महिलाओं की है। महिलाएं सभी क्षेत्र में आगे आ रही है। उद्योग क्षेत्र में भी महिलाएं पुरुषों के मुकाबले अपने उद्योग को बहुत ही प्रभावी तरीके से संचालित कर रही है। महिलाओं को उद्योग क्षेत्र में बढ़ावा देने के लिए लघु उद्योग भारती द्वारा अलग से जिला स्तर पर महिला इकाई का गठन किया जा रहा है। अभी तक देश में 35 सिपाहियों के माध्यम से 2550 महिलाओं को गठन से जोड़ा गया है। महिलाओं को उद्योग क्षेत्र में आगे बढ़ाने का प्रयास किया जा रहा है।

स्वरोजगारः- इसके माध्यम से युवाओं को स्वयं का उद्योग स्थापित कर रोजगार प्रदाता बनाने का प्रयास किया जा रहा है। इस हेतु उद्योग प्रशिक्षण कार्यक्रम, मशीन, वित्त सहयोग, विभिन्न कार्यशालाओं के माध्यम से उद्योग क्षेत्र में उत्पादन, विपणन, गुणवत्ता, उत्पादन लागत घटाने की जानकारी दी जाती है। महिलाओं स्वावलंबन राजस्थान के पाली शहर में

सिलाई केंद्र, लाख की चूड़ी कार्य का सौंदर्यीकरण, मेंहंदी प्रशिक्षण, ब्यूटी पार्लर एवं कंप्यूटर प्रशिक्षण के प्रकल्प द्वारा 3000 से अधिक महिलाओं को प्रशिक्षित किया। 2200 महिलाओं को ₹3000 अग्रिम राशि व 1100 की मासिक किस्त पर सिलाई मशीन उपलब्ध करवायी गई इसके प्रति महिला परिवार मासिक आय 20000 तक पहुंच गई है। भारत सरकार द्वारा संयुक्त राष्ट्र संघ को 2023 मिलेट MILLET YEAR या मोटा अनाज वर्ष घोषित करवाया। लघु उद्योग भारती जोधपुर प्रान्त ने G-20 राजगार समूह की बैठक में 29 देशों व 8 विश्वव्यापी संगठनों के समक्ष मोटे अनाजों का जीवान्त प्रदर्शन किया।

व्यवस्था परिवर्तन में लघु उद्योग भारती महत्त्वपूर्ण भूमिका निभा रहा है। वर्तमान में चल रही व्यवस्था में समाज हित और राष्ट्र हित में क्या और कैसे परिवर्तन हो सकते हैं। इस पर भी लघु उद्योग कार्य कर रहा है। साथ ही व्यवस्था परिवर्तन में कैसे सहयोगी भूमिका निभा सकता है।

क्षेत्रीय सम्मेलनः- लघु उद्योग भारती प्रारंभ काल से ही विस्तार हो रहा है। बढती इकाई नूर सदयों के संख्या का एक साथ मिलना असंभव था। ऐसे में पूरे देश को 8 भागों में बांटा गया। लघु उद्योग भारती के निम्न क्षेत्रीय सम्मलेन हुए-

1. पूर्व भाग- झारखण्ड
2. उत्तर भाग प्रथम-आगरा उत्तर प्रदेश
3. दक्षिण भाग- कोयम्बटूर तमिलनाडू
4. पश्चिम भाग प्रथम- मुंबई महाराष्ट्
5. पश्चिम भाग द्वितीय- कर्नावटी गुजरात
6. मध्य भाग प्रथम- किशनगढ़ राजस्थान
7. मध्य भाग द्वितीय- कटनी मध्यप्रदेश
8. उत्तर भाग द्वितीय- जम्मू-कश्मीर

लघु उद्योग भारती को कई बड़ी सफलताएं भी प्राप्त हुई है। वस्त्र मंत्रालय भारत सरकार द्वारा लघु उद्योग भारती को विकास आयुक्त के पैनल में कैटेगरी-1 में स्थान दिया गया है, जल शक्ति मंत्रालय भारत सरकार के

केन्द्रीय भू-जल प्राधिकरण द्वारा लघु उद्योग भारती को उद्योगों की वाटर ऑडिट हेतु अधिकृत एजेंसी नियुक्त किया गया है और रक्षा मंत्रालय भारत सरकार द्वारा प्रथम बार निजी क्षेत्र के सहयोग से रक्षा-प्रदर्शनी चेन्नई में आयोजित की गयी थी उसमें भी लघु उद्योग भारती की महत्त्वपूर्ण भूमिका रही है।

28. सहकार भारती

उत्पादक, वित्तरक और ग्राहक के सम्बन्धों का समन्वय कर सहकारिता के द्वारा अर्थव्यवस्था को पुष्ट करने के लिए बनायी गयी संस्था। इस संगठन की स्थापना 1989 में की गई थी। **सहकार भारती**, सहकार के क्षेत्र में राष्ट्रीय स्वयंसेवक संघ का एक आनुषांगिक संगठन है। यह पंजीकृत अशासकीय संस्था है। सन् 1978 में गणेश चतुर्थी के दिन पुणे में सहकार-भारती की स्थापना की गई थी। सहकारिता के आंदोलन को जनकल्याणकारी स्वरूप देकर और अधिक मजबूती प्रदान करने के उद्देश्य से 11 जनवरी 1978 को मुम्बई (महाराष्ट्र) में 'सहकार भारती' नामक सामाजिक संस्था की स्थापना हुई। इसके संस्थापक अध्यक्ष स्व. माधवराव गोडबोले थे, जिन्होने सन् 1935 में सांगली में जनता सहकारी बैंक की शुरुआत की थी। श्री सतीश मराठे सहकारिता क्षेत्र में एक गैर सरकारी संगठन सहकार भारती के संस्थापक सदस्य हैं। वह सहकारी क्षेत्र में अध्ययन और अनुसंधान करने के लिए भारतीय कंपनी अधिनियम, 2013 की धारा 8 के तहत पंजीकृत एक फाउंडेशन, सेंटर फॉर स्टडीज एंड रिसर्च इन को-ऑपरेशन के संस्थापक निदेशक हैं। सहकार-भारती उत्पादक, वितरक और ग्राहक के सम्बन्धों का समन्वय कर सहकारिता के द्वारा अर्थशासन को पुष्ट करने के लिए बनायी गयी संस्था।

सहकार भारती का मूलमंत्र- बिना संस्कार नहीं सहकार पृठभूमि एवं इतिहास भारत में सहकारिता 1894 से आरम्भ हुई, ऐसा कहा जाता है। कारण तब वडोदरा में प्रथम सहकारी संस्था गठित हुई। भारत के स्वाधीन होने के बाद भारत की सरकार ने सहकारिता को एक जनोपयोगी कार्य समझकर इसे बढ़ाने में पर्याप्त रुचि ली। आर्थिक मदद देकर इसे खूब

प्रोत्साहित किया। परिणामस्वरूप सहकारिता का प्रचार गांव-गांव तक हो गया। आज देश में साढ़े छह लाख सहकारी संस्थाएं हैं, जिनसे इक्कीस करोड़ लोग जुड़े हैं। विश्व की सहकारिता का एक चौथाई भाग भारत में विभिन्न सहकारी संस्थाओं से जुड़ा हुआ है। सहकारिता की विभिन्न विधाएं भी देश में आरम्भ हो गईं। साख, गृह निर्माण, उपभोक्ता भंडार, यातायात, मुद्रण, मछुआरे, कर्मचारी, जुलाहे, क्रय-विक्रय, चीनी उद्योग, वस्त्र-उद्योग, बैंक इत्यादि सभी क्षेत्रों में सहकारी संस्थाएं कार्यरत हैं। सरकारी उत्साह एवं प्रोत्साहन के कारण धीरे-धीरे सहकारी संस्थाएं सरकार-निर्भर हो गईं। ग्रेवाल समिति ने अपनी रिपोर्ट में कहा था कि भारत में सहकारिता आन्दोलन पूर्णतः असफल हो गया है। रिपोर्ट में आगे कहा गया कि इस आन्दोलन को सफल जरूर बनाना चाहिए, क्योंकि सहकारिता द्वारा ही सामान्य व्यक्ति का आर्थिक उत्थान सम्भव है। ऐसे समय में राष्ट्रीय स्वयंसेवक संघ के कुछ कार्यकर्ताओं ने मिलकर सहकार भारती की स्थापना की। सहकार भारती सहकारी समितियों और सहकारी समितियों का एकमात्र अखिल भारतीय संगठन है। इसमें ग्रामीण और शहरी दोनों क्षेत्रों में, निस्वार्थ सहकारी समितियों का एक मजबूत और समर्पित कैडर और सहकारी समितियों की एक श्रृंखला बनाने की परिकल्पना की गई है जो सहकारी आंदोलन के ज्ञान का प्रसार करेगी जो वर्तमान परिस्थितियों में केवल उत्थान के 'रक्षक' के रूप में कार्य कर सकती है।

दृष्टि

हमारे देश में, सहकारी आंदोलन को त्वरित, संतुलित, न्यायसंगत और टिकाऊ विकास के लिए विकेंद्रीकृत और श्रम प्रधान अर्थव्यवस्था के प्राथमिक उपकरणों में से एक के रूप में बनाया जाना चाहिए। इसके अतिरिक्त सहकारी आंदोलन के लाभों के बारे में जनता को जागरूक करने और सहकारी आंदोलन को वास्तव में कमजोरों और वंचितों की ढाल बनाने की सख्त जरूरत है, पर सहकार भारती की दृष्टि केन्द्रित है।

उद्देश्य

इस दृष्टि से, आत्मनिर्भर और आत्मनिर्भर सहकारी संस्थानों के निर्माण के लिए जनता को सशक्त बनाने के लिए नियमित अंतराल पर प्रशिक्षण शिविर, व्याख्यान श्रृंखला, सेमिनार, सम्मेलन आदि आयोजित करने और सहकारी संस्थानों को स्वायत्त रखने और उन्हें बाहरी नियंत्रण और राजनीतिक हस्तक्षेप से बचाने के लिए प्रतिबद्ध है। भविष्य में सहकारी समिति की शाखाएं खोलना और जनता को सहकारी आंदोलन और सहकार भारती के बारे में जागरूक करना, विभिन्न प्रकार की आवश्यकता आधारित सहकारी समितियों को बढ़ावा देने, बनाने और चलाने के लिए राष्ट्रीय, राज्य, जिला, तालुका और ग्राम स्तर पर लोगों को प्रोत्साहित करना, सहकारी समितियों को उनके परिचालन संबंधी मुद्दों को दूर करने के लिए तकनीकि-आर्थिक क्षेत्रों में सलाहकार सेवाएं प्रदान करना, सहकारी समितियों के प्रचार, गठन और कामकाज से संबंधित राज्य और केंद्र सरकारों, आर.बी.आई, नाबार्ड, एन.एच.बी, सी.बी.डी.टी, नीति आयोग और राज्य और राष्ट्रीय स्तर पर अन्य संस्थानों के समक्ष मामलों का प्रतिनिधित्व करना, विशेष रूप से सहकारी, सामाजिक, आर्थिक क्षेत्रों से संबंधित विभिन्न क्षेत्रों में अनुसंधान, अध्ययन और सर्वेक्षण को प्रोत्साहित करना, कार्यान्वित करना, ग्रामीण और आदिवासी क्षेत्रों में सामाजिक-आर्थिक स्थितियों में सुधार के लिए परियोजनाएं शुरू करना और सहायता करना। सहकारी आंदोलन के माध्यम से विशेष रूप से पिछड़े लोगों और क्षेत्रों को उनकी सामाजिक और आर्थिक स्थिति में सुधार करने में मदद करने के लिए कोई अन्य कार्य करना सहकार भारती की योजना है।

गतिविधियाँ

अपने उद्देश्यों की पूर्ति के लिए सहकार भारती बिना-लाभकारी आधार पर निम्नलिखित में से कोई भी गतिविधि कर सकती है: जैसे-

1. लोगों और सहकारी आंदोलन से जुड़े सभी लोगों को निर्देश, मार्गदर्शन, शिक्षित और प्रबुद्ध करने के लिए सेमिनार, सम्मेलन, बैठकें, शिविर, सत्र, व्याख्यान आदि आयोजित करना।

2. सहकारी आंदोलन के उद्देश्यों को आगे बढ़ाने के लिए पत्रों, लेखों, पत्रिकाओं, रिपोर्टों, पुस्तकों आदि को प्रकाशित, मुद्रित, प्रसारित और वितरित करना।
3. फिल्में, फोटोग्राफ, पोस्टर आदि तैयार करना और उनकी प्रदर्शनी की व्यवस्था करना।
4. सामाजिक, आर्थिक और सहकारी क्षेत्रों से जुड़े सभी लोगों को उनकी आवश्यकताओं के अनुसार विभिन्न विषयों में सशक्त बनाने के लिए शैक्षिक और प्रशिक्षण संस्थानों की स्थापना करना।
5. परियोजनाओं, सर्वेक्षणों, अध्ययन और अनुसंधान को शुरू करने के लिए प्रकोष्ठों, शाखाओं, कार्यालयों आदि का निर्माण करना।

29. अखिल भारतीय ग्राहक पंचायत

अखिल भारतीय ग्राहक पंचायत ग्राहकों का प्रबोधन और संगठन कर अर्थव्यवस्था में सुधार के लिए बनायी गयी संस्था है। अखिल भारतीय ग्राहक पंचायत की स्थापना 1974 में पुना में हुई। ग्राहकों तथा उपभोक्ताओं के हितों का चिन्तन करने वाले इस संगठन को श्री विन्दुमाधव जोशी ने प्रारम्भ किया। इस संगठन का मूल उद्देश्य ग्राहक को अपने अधिकारों के प्रति जागरूक करना एवं उसे उचित मूल्य पर अच्छी गुणवत्ता, सही नाप, विक्रय उपरांत सेवा एवं अच्छा व्यवहार दिलवाना है। उपभोक्ता संरक्षण अधिनियम, 1986 लागू करवाना, इस संगठन की सबसे बड़ी उपलब्धि रही है।

इस संस्था ने विभिन्न क्षेत्रों जैसे पेट्रोलियम पदार्थो में कम मात्रा मिलना, मिलावट, अधिक पैसा लेना, समय पर ग्राहक को सुविधा उपलब्ध न करवाना इसी तरह टेलीफोन, मोबाईल, इंटरनेट उपभोक्ताओं से मनमाना शुल्क वसूलने एवं उचित सेवा प्रदान न करने के मामले, बिजली उपभोक्ताओं का शोषण इत्यादि विषयों पर सेमिनार आयोजित किए हैं एवं इसके सुपरिणाम ग्राहकों के हित में आए है। अब बस, ऑटो में यात्रियों से दुर्व्यवहार, किराना व्यापारियों द्वारा चिल्लहर के स्थान पर चॉकलेट या अन्य उत्पाद देना, दवा व्यवसायियों द्वारा कम स्टैंडर्ड की दवाईयां बेचना इन

विषयों को लेकर संगठन उपभोक्ताओं को जागरूक करने के लिए जनजागरण अभियान छत्तीसगढ़ में भी प्रारंभ करने जा रहा है।

हर ग्राहक को सुरक्षा, चयन, सुनवाई, क्षतिपूर्ति प्राप्त करने का अधिकार है। इसके लिए उपभोक्ता अदालतों को गठन किया गया है। 20 लाख तक की खरीददारी पर ग्राहक जिला उपभोक्ता फोरम में शिकायत दर्ज कर सकता है। राज्य स्तरीय उपभोक्ता फोरम में 1 करोड़ तक की खरीददारी पर शिकायत की जा सकती है। इससे अधिक राशि के लिए राष्ट्रीय आयोग का गठन किया गया है।

1. बड़े पैमाने पर उपभोक्ताओं और विशेष रूप से सदस्यों को पुस्तकों, पत्रिकाओं, पत्रक, वीडियो कैसेट और अन्य जन मीडिया जैसे विभिन्न माध्यमों से शिक्षित करना और उन्हें उनके अधिकारों और जिम्मेदारियों के बारे में जागरूक करना और उपभोक्ता प्रतिरोध आंदोलन को मजबूत करना।
2. उपभोक्ताओं की सहायता करना उपभोक्ताओं को बाजार में किसी भी अस्वास्थ्यकर प्रथा के खिलाफ अपने हितों की रक्षा करने और अपने अधिकारों को स्थापित करने के लिए हरसंभव प्रयास करने की आवश्यकता है।
3. व्याख्यानों, बैठकों, सेमिनारों, प्रदर्शनियों, वृत्तचित्रों और सभी संभावित जनसंचार माध्यमों की व्यवस्था करके विशेष रूप से सदस्यों और सामान्य रूप से बड़े पैमाने पर उपभोक्ताओं तक जानकारी का प्रसार करना।
4. उपभोक्ता आंदोलन के 'भारतीय ग्राहक नीति' को सक्रिय करने के लिए अनुसंधान केंद्र स्थापित करना और उच्च शिक्षा केंद्रों का संचालन करना, स्कूलों, कॉलेजों और विश्वविद्यालयों में ऐसे केंद्र शुरू करना और उन्हें प्रोत्साहित करना और सहायता करना।
5. जहां भी आवश्यक हो, 'पंचायत' के नाम पर अदालतों में मुकदमें और कार्यवाही जैसे कानूनी उपायों से उपभोक्ताओं की शिकायतों को हल करना।

6. विभिन्न उपभोक्ता गतिविधियों के माध्यम से मूल्य संरचना, वितरण और विपणन स्थितियों को सही करने के प्रयास करके राष्ट्र की मदद करना।
7. सामान्य रूप से उपभोक्ताओं और विशेष रूप से इसके सदस्यों के सामाजिक-आर्थिक कल्याण के लक्ष्य को प्राप्त करने के लिए अन्य सभी कदम उठाना।
8. पूरे देश में उपभोक्ताओं के अधिकारों की सुरक्षा के लिए मुख्य रूप से प्रयास करना।
9. उपभोक्ताओं को उनके अधिकारों के लिए लड़ने के लिए संगठित करना।

उपभोक्ताओं के अधिकारों की स्थापना में, 'पंचायत' लाभ के उद्देश्य से काम नहीं करेगी और यह केवल उनके हितों की रक्षा करने में मदद करेगी।

जो उपरोक्त संदर्भित धर्मार्थ और सामाजिक उद्देश्यों में मदद करने वाले अन्य सभी कार्य करके पंचायत के पदाधिकारी कोई भी राजनीतिक चुनाव नहीं लड़ेंगे। सोसायटी की सभी आय, कमाई, चल या अचल संपत्तियों का उपयोग और उपयोग इसके लक्ष्यों और वस्तुओं को बढ़ावा देने के लिए किया जाएगा जैसा कि मेंमोरेंडम ऑफ एसोसिएशन में निर्धारित है और उस पर कोई लाभ प्रत्यक्ष या अप्रत्यक्ष रूप से भुगतान या हस्तांतरित नहीं किया जाएगा। लाभांश, बोनस लाभ के माध्यम से या किसी भी तरीके से सोसायटी के वर्तमान या पूर्व सदस्यों को या वर्तमान या पूर्व सदस्यों में से किसी एक या अधिक के माध्यम से दावा करने वाले किसी भी व्यक्ति को। सोसायटी के किसी भी सदस्य का सोसायटी की किसी भी चल या अचल संपत्ति पर कोई व्यक्तिगत दावा नहीं होगा या इस सदस्यता के आधार पर कोई लाभ नहीं कमाएगा।

30. विश्व विभाग

संघ के कार्य भारत के बाहर विश्व के लगभग 47 देशों में चल रहे है। भिन्न-भिन्न 27 देशों में 'भारतीय स्वयंसेवक संघ', 'हिन्दू स्वयंसेवक

संघ', 'हिन्दू सेवा संघ' अथवा 'सनातन धर्म स्वयंसेवक संघ' की शाखाएं लगती हैं। 20 देशों में संघ-मण्डली जैसी गतिविधियाँ हैं। इन सब कार्यों का संयोजन राष्ट्रीय स्वयंसेवक संघ का विश्व-विभाग करता है। संघ के ही कुछ कार्यकर्ताओं ने 'फ्रेण्ड्स ऑफ इण्डिया सोसाइटी इण्टरनेशनल' का भी गठन कर रखा है जो विदेशों में भारत-हित-रक्षा के लिए कार्यरत है।

31. सक्षम

दिव्यांगों के सर्वांगीण विकास के विषय पर तत्कालीन मा. सरकार्यवाह राष्ट्रीय स्वयंसेवक संघ श्री सुरेश जी (भैयाजी) जोशी तथा अखिल भारतीय सेवा प्रमुख श्री सुहाषराव हीरेमैथ से चिंतन व मन के आर्गेनाईजेशन दौरान भैयाजी जी जोशी ने आग्रह किया कि भविष्य में एक राष्ट्रीय स्तर पर umbrella बनाया जाए।

5 मार्च 2008 शिवरात्रि के दिन काशी में संपन्न हुई बैठक में इस संगठन का बनना तय हुआ। संगठन के निर्माण में सभी प्रकार की विकलांगताओं को ध्यान में रखते हुए उसनके सर्वांगीण विकास पार आधारित योजनायें बनाई गई। इस नवीन संगठन के नाम पर भी चिंतन-मनन हुआ। तब जाकर समदृष्टि, क्षमता विकास एवं अनुसंधान मंडल नाम तय किया गया जिसका लघु नाम ही सक्षम है।

समाज विविधताओं से भरा हुआ है। इसी को ध्यान में रखते हुए यह भी माना जा सकता है कि इस विविधता में समाज का हर एक मनुष्य शामिल है फिर वह चाहे किसी भी जाति, धर्म या भाषा से ही सम्बंधित क्यों न हो। सक्षम का भी यही मानना है कि विकलांगता भी इसी विविधता और प्रकृति का ही एक अंग है। विकलांगों के सहभागिता से न केवल विकलांग समाज का बल्कि पूरे राष्ट्र का विकास संभव है। सक्षम ऐसे समाज और वातावरण निर्माण के लिए प्रतिबद्ध है। साथ ही समाज और जीवन के विविध क्षेत्रों में विकलांग या दिव्यांग समरसता का अनुभव करे तथा स्वावलंबन, आत्मसम्मान और गरीमा के साथ जीवन यापन कर सके, इसके लिए भी सक्षम प्रतिबद्ध है।

अपने इन्ही लक्ष्यों की सिद्धि के 20 जून 2008 को सक्षम की स्थापना

की गई। यह एक राष्ट्रीय संगठन है जो दिव्यांगों के सर्वांगीण विकास एवं उनके सशक्तिकरण के लिए कार्य करता है। इस कार्यों की सिद्धि के लिए और अपनी बात सभी जनोब तक प्रेक्षित करने के लिए यह संगोष्ठियों, कार्यशालों एवं जिला, प्रांत एवं राष्ट्र स्टार पर मे कार्यक्रमों का आयोजन करता है। इसके अतिरिक्त खेल, कला, साहित्य, अनुसन्धान, युवा एवं रोजगार आयामों के माध्यम से भी सक्षम अपने लक्ष्य की और अग्रसित है।

आर.पी.डी अधिनियम, के अंतर्गत 21 प्रकार की विकलांगताओं को सक्षम ने सुचारू रूप से चलाने के लिए 7 प्रकोष्ठों की रचना की है। जिसमें दृष्टिबाधित, श्रवणबाधित, बुद्धिबधित, अस्थिबाधित, कुष्ठबाधित, रक्त्बाधित एवं मानसिक रुग्णता शामिल है। प्रत्येक प्रकोष्ठ चार विषयों को लेकर चलता है। जो निम्नलिखित हैः

शिक्षाः दिव्यांगों की आवश्यकताओं को ध्यान में रखते हुए विभिन्न प्रान्तों में विद्यालयों एवं छात्रावासों का संचालन किया जा रहा है। इसमें सभी दिव्यांग जनों की आवश्यकताओं को ध्यान में रखते हुए विभिन्न साधनों का भी इंतजाम किया जाता है। इसके अतिरिक्त कंप्यूटर के माध्यम से भी प्रशिक्षण दिया जाता है।

स्वास्थ्यः दिव्यांगों के शारीरिक विकास हेतु भी सक्षम कार्य करता है। उसके लिए वह विभिन्न प्रकार के चिकित्सा-शिवरों का आयोजन करता है।

स्वावलंबनः दिव्यांगों को सक्षम और स्वावलंबी बनाने के लिए भी सक्षम कार्य कर रहा है। इसके लिए वह अनेक गतिविधियों का संचालन करता है। दिव्यांगजन के लिए कौशल-विकास केंद्र, व्यावसायिक प्रशिक्षण केंद्र तथा लघु उत्पादन केंद्र चलाए जाते हैं। सक्षम निजी तथा सरकारी क्षेत्र में रोजगार उपलब्ध करवाने के लिए रोजगार-केन्द्रित प्रशिक्षण तथा कार्यशालाओं का आयोजन भी करता है।

सामाजिक विकासः दिव्यांगों के अधिकार, सम्मान तथा प्रतिष्ठा के संरक्षण एवं संवर्धन के लिए सक्षम कार्य करता है। यह कार्य सक्षम विभिन्न क्रिया-कलापों के माध्यम से करता है। इस प्रकार उनका क्षमता-विकास भी किया जाता है।

विकलांगता निवारण: विकलांगता निवारण के लिए सक्षम समय-समय पर जागरूकता के कार्य क्रमों का आयोजन करता है। साथ ही शीघ्र पहचान तथा उपचार के लिए भी सक्षम कार्य करता है। इसके लिए CAMBA, प्रणव, धीमहि, प्राणदा आदि प्रकल्प कार्यरत है।

सक्षम की कार्यपद्यतिः

सक्षम दिव्यान्गाता के क्षेत्र में कार्य करने वाला संगठन है। लक्ष्य प्राप्ति के सुदृढ़ सा गठन एवं स्वयंप्रेरित, अनुशाषित व क्षमतावान कार्यकर्ताओं की आवश्यकता होती है। किसी भी संगठन को चलाने के लिए कार्यप्रणाली, प्रशिक्षण, बैठक और अधिवेशन को सुचारू रूप से चलाना भी आवश्यक होता है। सक्षम ने इस संदर्भ में जिला, प्रान्त व राष्ट्रीय स्तर पर प्रशिक्षण, बैठक व अधिवेशन की योजना भी करता है। इसमें जिले से लेकर राष्ट्रीय स्तर तक कार्यकर्ताओं के प्रशिक्षण की व्यवस्था की जाती है।

32. अखिल भारतीय पूर्व सैनिक सेवा परिषद्

यह राष्ट्र को समर्पित पूर्व सैनिकों (ई.एस.एम) का एक अखिल भारतीय संगठन है। अखिल भारतीय पूर्व सैनिक सेवा परिषद् (ए.बी.पी.एस.एस.पी) रैंक और सेवा के भेदभाव के बिना, पूर्व सैन्य कर्मियों को 'गैर-राजनीतिक मंच' पर एक साथ लाने में सक्रिय रूप से शामिल है। हमारा प्रयास उनके अंतर्निहित अनुशासन, सामूहिक सकारात्मक ऊर्जा, समर्पण और कर्तव्य के प्रति समर्पण, प्रतिभा और अनुभव के अलावा, राष्ट्र और समाज के हित में सर्वोच्च क्रम की देशभक्ति को शामिल करना है, जिसमें पूरे भारत विशेष रूप से, सुदूर/ग्रामीण क्षेत्रों के ई.एस.एम के परिवार भी शामिल हैं। ए.बी.पी.एस.एस.पी का प्रबंधन 'प्रबंध समिति' नामक एक केंद्रीय निकाय द्वारा किया जाता है, जिसके अध्यक्ष वर्तमान में लेफ्टिनेंट जनरल वीके चतुर्वेदी, पी.वी.एस.एम, ए.वी.एस.एम, एस.एम. हैं। प्रत्येक राज्य इकाई एक अलग इकाई है और केंद्रीय निकाय से संबद्ध है। ग्रामीण क्षेत्रों में विकास खंड स्तर और शहरी क्षेत्रों में शहरों और कस्बों तक पहुंचने की योजना के साथ कई जिलों में इसकी संरचनाएं हैं।

राष्ट्रीय चेतना, राष्ट्र एवं समाज की सेवा के मूल्यों से प्रेरित एक पूर्व सैनिक संगठन की आवश्यकता लंबे समय से महसूस की जा रही थी। परिणामस्वरूप, 1992 में उत्तर प्रदेश में 'पूर्व सैनिक सेवा परिषद्' की अवधारणा की कल्पना की गई। यह विचार इतना जीवंत था कि यह जंगल की आग की तरह फैल गया। सैनिक परिषद् का पहला अखिल भारतीय सम्मेलन नवंबर 1995 में आयोजित किया गया था। इसे सोसायटी पंजीकरण अधिनियम के तहत अखिल भारतीय पूर्व सैनिक सेवा परिषद् (ए.बी.पी. एस.एस.पी) के शीर्षक के साथ 14 सितंबर 1999 को दिल्ली में एक अखिल भारतीय निकाय के रूप में पंजीकृत किया गया था। राष्ट्र की सेवा – राष्ट्रीय एकता, सद्भाव और इसकी आंतरिक सुरक्षा के लिए एक संसाधन के रूप में ई.एस.एम (पूर्व सैनिकों) का उपयोग करना।

उद्देश्य–

सामाजिक चुनौतियों के प्रति रचनात्मक दृष्टिकोण – विशेष रूप से दूरदराज/ग्रामीण क्षेत्रों में शैक्षिक कौशल, स्वास्थ्य देखभाल, स्वच्छता और सामाजिक उत्थान को बढ़ाने/विकसित करने के लिए अनुशासित और समर्पित ईएसएम बल का उपयोग करना।

पूर्व सैनिकों का सम्मानजनक पुनर्वास – उनके परिवारों और उनके आश्रितों की भलाई और कल्याण के अलावा सम्मान और सम्मान के साथ ई.एस.एम के पुनर्वास की देखभाल करना और सेवानिवृत्त जीवन में उनकी समस्याओं को हल करने के लिए अत्यधिक प्रयास करना।

उपलब्धियाँ–

2002 में पश्चिमी थिएटर में राष्ट्रीय लामबंदी के दौरान, सैनिक परिषद् को युद्ध में हताहत हुए लोगों को उनके परिजनों (एन.ओ.के) तक पहुंचाने की जिम्मेदारी सौंपी गई थी, जिसे ए.बी.पी.एस.एस.पी ने बहुत अच्छे से निभाया। जम्मू-कश्मीर के अस्पतालों और अन्य जगहों पर इलाज करा रहे कारगिल युद्ध के हताहतों को हर संभव सहायता प्रदान की। कारगिल शहीदों के परिवारों के मुखिया को वित्तीय सहायता और 'सम्मान पत्र' प्रदान

करना। उच्च शिक्षा/व्यावसायिक पाठ्यक्रमों के लिए ई.एस.एम के बच्चों को हर साल मेरिट कम मीन्स छात्रवृत्ति। हर साल जरूरतमंद ई.एस.एम की विधवाओं को वित्तीय सहायता प्रदान करना।

अखिल भारतीय पूर्व सैनिक सेवा परिषद् (ए.बी.पी.एस.एस.पी) ने मुख्य रूप से देखभाल के लिए वर्ष 2001 में सैनिक परिवार कल्याण न्यास (एस.पी.के.एन) के नाम से एक ट्रस्ट बनाया। पूर्व सैनिकों के परिवारों का कल्याण, विशेष रूप से, जिन्होंने युद्ध/विद्रोह विरोधी अभियानों के दौरान अपने प्राणों की आहुति दी, साथ ही उन लोगों का भी, जिनकी मृत्यु हो चुकी है।

गतिविधियाँ-

ट्रस्ट पूर्व सैनिकों (ई.एस.एम) के बच्चों को उनकी निरंतर कॉलेज शिक्षा के लिए और योग्य बच्चों को पेशेवर/तकनीकि शिक्षा के लिए वित्तीय सहायता प्रदान करता है। इस प्रयोजन के लिए, ईएसएम के पात्र बच्चों को अलग-अलग राशि की छात्रवृत्तियाँ दी जाती हैं, जिसमें युद्ध/विद्रोह के दौरान हताहत हुए लोगों के बच्चों और उन पूर्व सैनिकों के बच्चों को प्राथमिकता दी जाती है जिनकी मृत्यु हो चुकी है। ट्रस्ट आवश्यकतानुसार गरीब ईएसएम, उनकी विधवाओं और आश्रितों को वित्तीय सहायता प्रदान करता है।

ट्रस्ट का प्रबंधन-

ट्रस्ट की देखरेख, प्रशासन और नियंत्रण एक न्यासी बोर्ड द्वारा किया जाता है जिसमें एक अध्यक्ष, एक उपाध्यक्ष, एक सचिव, एक कोषाध्यक्ष और ट्रस्टी शामिल होते हैं। ट्रस्टी 3 साल के बाद स्वचालित रूप से सेवानिवृत्त हो जाते हैं, जब तक कि दोबारा नियुक्त न किया जाए। अधिकांश ट्रस्टी पूर्व सैनिक (ई.एस.एम) हैं।

नेताजी आजाद हिन्द फौज स्मारक न्यास

नेताजी आजाद हिंद फौज स्मारक न्यास को अखिल भारतीय पूर्व सैनिक सेवा परिषद् (ए.बी.पी.एस.एस.पी) द्वारा प्रायोजित किया गया था।

न्यास की उत्पत्ति अप्रैल 1997 में मोइरंग (मणिपुर) से दिल्ली के लाल किले तक ए.बी.पी.एस.एस.पी के एक दर्जन कार्यकर्ताओं द्वारा की गई ध्वज यात्रा से हुई। लाल किले के परिसर के भीतर प्रभावशाली और गहरे प्रतीकात्मक ध्वजारोहण समारोह का समापन हुआ। नेताजी सुभाष चंद्र बोस और उनकी भारतीय राष्ट्रीय सेना (आई.एन.ए) की स्मृति को बनाए रखने के लिए डिजाइन की गई गतिविधियों में सार्थक रूप से शामिल होने का संकल्प और स्वतंत्र भारत के लिए नेताजी के दृष्टिकोण को साकार करने के उद्देश्य से कार्यक्रम चलाना।

सान्या सन्देश

यह ई.एस.एम तक पहुंचने के लिए ए.बी.पी.एस.एस.पी द्वारा प्रकाशित एक द्विमासिक पत्रिका है जो उनके और उनके परिवारों के लिए उपयोगी और दिलचस्प पठन सामग्री के साथ-साथ उनसे संबंधित समाचार और विचारों का समृद्ध मंच प्रदान करती है।

सैन्य मातृ शक्ति (एस.एम.एस)

भारत ने विशेष रूप से 2014 के मध्य से सभी क्षेत्रों में खुद को एक राष्ट्र के रूप में विकसित करने का संकल्प लिया है। इस उद्देश्य को प्राप्त करने के लिए, सामाजिक कार्यक्रमों में देश की महिला शक्ति को एकीकृत करना आवश्यक है – जो ऊर्जा का एक बड़ा स्रोत होने के अलावा, परिवार और समाज का आधार। तदनुसार, ए.बी.पी.एस.एस.पी ने 'सैन्य मातृ शक्ति (एस.एम.एस)' नामक महिला लोगों का एक संगठन बनाने का निर्णय लिया। इसने 14 अप्रैल 2006 से कार्य करना प्रारंभ किया। इसका उद्देश्य है महिलाओं को वास्तव में स्वस्थ और मजबूत बनाना और उन्हें अच्छे मूल्यों (संस्कारों) से भरना, इसके अलावा, उन्हें आत्मनिर्भर और स्वतंत्र बनाने के लिए सशक्त बनाना।

कार्यक्रम/गतिविधियाँ

विकलांग और मृत सैनिकों के परिवारों की देखभाल और कल्याण के लिए उपयुक्त परिवारों का चयन और नामांकन करना और समय-समय पर इसकी निगरानी करना।

महिला लोक (मातृ शक्ति) को ए.बी.पी.एस.एस.पी द्वारा आयोजित सभी महत्वपूर्ण कार्यों में भाग लेने में सक्षम बनाने के लिए, जैसे- विजय दिवस (16 दिसंबर), नेताजी सुभाष चंद्र बोस जयंती (23 जनवरी), आजाद हिंद फौज दिवस (14 अप्रैल), वगैरह।

महिला लोक (मातृ शक्ति) के सशक्तिकरण के लिए आवश्यक प्रशिक्षण प्रदान करना, जैसे- निहत्थे युद्ध, मार्शल आर्ट, इसके अलावा, खिलौना बंदूक के साथ-साथ धनुष और तीर से निशाना लगाना और शूटिंग करना।

महिला लोगों (मातृ शक्ति) के बीच जागरूकता पैदा करने के लिए विभिन्न महत्वपूर्ण स्वास्थ्य देखभाल और कल्याण मुद्दों पर डॉक्टरों द्वारा बातचीत की व्यवस्था करना।

ए.बी.पी.एस.एस.पी के उद्देश्यों की पूर्ति के लिए कोई अन्य गतिविधि करना।

संगठन

किसी भी संगठन के लक्ष्यों और उद्देश्यों की पूर्ति के लिए कार्यबल के रूप में कार्य करने के लिए व्यक्तियों का होना आवश्यक है। कार्यबल के समुचित उपयोग के लिए, यह आवश्यक है कि वे समय-समय पर एक साथ मिलें, जिसके परिणामस्वरूप न केवल सदस्यों का आपसी परिचय होता है, बल्कि बेहतर समझ और सहयोग और सद्भाव में वृद्धि होती है। इसलिए, समय-समय पर मिलना-जुलना एस.एम.एस की कार्यप्रणाली का एक महत्वपूर्ण आधार है।

एस.एम.एस के सदस्यों की कम से कम 100 मिनट की अवधि के लिए साप्ताहिक बैठकें आयोजित करने की योजना बनाई गई है। यह सुनिश्चित किया गया है कि एकता की इस प्रणाली को 'शक्ति-पुंज' कहा जाता है। ये साप्ताहिक कार्यक्रम न केवल दिलचस्प हैं बल्कि उनसे संबंधित महत्वपूर्ण प्रासंगिक मुद्दों के बारे में जागरूकता बढ़ाने में मदद करते हैं और इस प्रकार वास्तव में उनके लिए उपयोगी साबित होते हैं। महिला सदस्यों को स्वस्थ, मजबूत और आत्मनिर्भर बनाने के साथ-साथ उनमें अच्छे संस्कार (संस्कार) डालने का प्रयास किया जाता है।

आयोजन

यह हर साल 23 जनवरी को अखिल भारतीय पूर्व सैनिक सेवा परिषद् (ए.बी.पी.एस.एस.पी) की राज्य/प्रांत इकाइयों द्वारा नेताजी सुभाष चंद्र बोस की जयंती मनाने के लिए युवा पीढ़ी के बीच उनके जीवन के बारे में जागरूकता बढ़ाने के उद्देश्य से नेताजी सुभाष जयंती मनाई जाता है। स्वतंत्रता आंदोलन में उनका महत्वपूर्ण योगदान।

आजाद हिन्द फौज दिवस (14 अप्रैल)- नेताजी सुभाष चंद्र बोस के नेतृत्व में आजाद हिंद फौज (भारतीय राष्ट्रीय सेना) ने भारत से ब्रिटिश शासकों के प्रस्थान में तेजी लाने में महत्वपूर्ण भूमिका निभाई थी। ए.बी.पी. एस.एस.पी हर साल 14 अप्रैल को 'आजाद हिंद फौज दिवस' मनाता है।

मोइरांग यात्रा (14 अप्रैल)- मोइरांग मणिपुर में वह स्थान है जहां 1944 में द्वितीय विश्व युद्ध के दौरान भारतीय राष्ट्रीय सेना (आई.एन.ए) का मुख्यालय स्थित था। आई.एन.ए ने वर्तमान मणिपुर के चूड़ाचांदपुर, मोइरांग और इंफाल के महत्वपूर्ण स्थानों पर कब्जा करके भारत की मुख्य भूमि पर शक्तिशाली ब्रिटिश सेना को परास्त कर दिया था। इस ऐतिहासिक जीत का जश्न मनाने के लिए आई.एन.ए ने 14 अप्रैल 1944 को मोइरांग स्थित अपने मुख्यालय पर त्रि-रंग (स्वतंत्र भारत का ध्वज) फहराया।

कारगिल यात्रा (जून)- ए.बी.पी.एस.एस.पी हर साल जून में श्रीनगर से कारगिल (लद्दाख) तक एक सप्ताह की यात्रा करता है। रक्षा बलों के तीनों विंगों के ईएसएम ने 1947 के बाद से विभिन्न अभियानों, विशेष रूप से 1971 के भारत-पाक युद्ध और 1999 के कारगिल ऑपरेशन में शहीदों को विभिन्न युद्ध स्मारकों पर जाकर श्रद्धांजलि देने के लिए श्रीनगर-द्रास-कारगिल का दौरा किया।

विजय दिवस (16 दिसंबर)- 'विजय दिवस' भारत-पाक युद्ध-1971 के दौरान सशस्त्र बलों की महान जीत की याद में मनाया जाता है। यह 16 दिसंबर 1971 की बात है जब पूर्वी पाकिस्तान (अब बांग्लादेश) में पाकिस्तानी सेना द्वारा अब तक के सबसे बड़े आत्मसमर्पण के परिणामस्वरूप लगभग 93000 पाकिस्तानी सैनिकों को युद्धबंदी बना लिया गया था।

एबीपीएसएसपी ने पहली बार 1996 में इस जीत का जश्न मनाने की पहल की जब भारत के राष्ट्रपति ने इंडिया गेट पर अमर जवान ज्योति पर हमारे रक्षा बलों के शहीदों को श्रद्धांजलि देकर कार्यक्रम का आरम्भ किया। राष्ट्रीय सुरक्षा के महत्तव के बारे में जागरूकता, साथ ही हमारी रक्षा सेवाओं के बारे में ज्ञान प्रदान करना और हमारे देश के नागरिकों के मन में गर्व पैदा करना, इस दिन को मनाने का मुख्य उद्देश्य है।

33. सीमा जागरण मंच

राष्ट्रीय सीमाओं की सुरक्षा के प्रश्न को सीमावर्ती देशों की विस्तारवादी नीतियों ने और अधिक जटिल बना दिया है। देश की समुचित वृद्धि एवं विकास के लिए 15106.7 कि.मी. का निर्माण किया गया है। लम्बी भूमि तथा 7516.6 कि.मी. लम्बी समुद्री सीमाओं की सुरक्षा सुनिश्चित करना नितांत आवश्यक है। यह राष्ट्रीय सुरक्षा तंत्र की भी जिम्मेदारी है। समाज को सीमा सुरक्षा के प्रति संवेदनशील, जागरूक, संगठित और देशभक्ति से प्रेरित हुए बिना सीमा सुरक्षा का कार्य अधूरा है। इस उद्देश्य की पूर्ति के लिए 'सीमा' जागरण मंच 1985 से कार्य कर रहा है। भारत की सभी सीमांत भूमि और तटीय राज्यों में मंच के कार्य का विस्तार है।

उद्देश्य

सीमा जागरण मंच के उद्देश्यों में सीमा संघोष देश की सीमाओं के प्रति, सीमा प्रहरियों के प्रति, आम जनता के प्रति सीमावर्ती क्षेत्रों में रहने वाले लोगों के प्रति है। यह सम्मान और आतिथ्य की भावना पैदा करने का एक प्रयास है।

वास्तव में, सीमा जागरण मंच का 'राष्ट्र रक्षा रूपी यज्ञ' सीमा घोषणा एक कलमबद्ध यज्ञ है जो देश की आंतरिक सुरक्षा की रक्षा करता है। यह देशवासियों को सुरक्षा और सीमा सुरक्षा से जुड़े विषयों पर जागरूक करने का कार्य कर रहा है। देश की सुरक्षा सिर्फ सीमा पर खड़े प्रहरियों की जिम्मेदारी नहीं है, बल्कि देश का प्रत्येक नागरिक की भी देश है। इसके द्वारा प्रकाशित पत्रिका देश के लोगों में सीमा के प्रति जन जागरूकता पैदा करने का काम करती है।

'सीमा संघोष' अपने नाम की तरह ही अपने उद्देश्य को दर्शाता है। जैसा कि कहा जाता है, 'जहाँ न पहुँचे रवि, वहाँ पहुँचे कवि'। भारत जैसे विशाल देश में, अगर कोई ऐसी भूमि है जिसके बारे में कम जानकारी है लेकिन उसका सबसे महत्त्वपूर्ण स्थान है, तो वह है; देश की सीमाएं वहां के स्थानीय निवासी, वहां तैनात सैन्य बल, वहां के गांव, वहां की नदियां, वहां के पहाड़ और वहां के रेगिस्तान हैं। वे अपने समस्त देशवासियों को कुछ बताना चाहते हैं, उनकी अलौकिकता, सुंदरता, चट्टान जैसे साहस, नदी की मिठास और जंगल की हरियाली के बारे में। साथ ही सीमा जागरण मंच वीरान गाँव के बारे में, सीमा पर घुसपैठ के बारे में, दुश्मनों की कुटिल चालों के बारे में, अवैध तस्करों के बारे में और लम्बे समय से उनकी उपेक्षा के बारे में चेतावनी देता है।

सीमा आंदोलन इन सबके पक्ष में आवाज उठाता है। यह पूरे देश और देशवासियों को वास्तविकता से परिचित कराने का काम करता है। सीमा आंदोलन का मुख्य उद्देश्य देश और देशवासियों में सीमाओं के प्रति जनजागरूकता पैदा करना है। सीमा संघोष न सिर्फ देशवासियों के सामने सीमाओं के सामरिक, आर्थिक, सामाजिक-राजनीतिक और सबसे बढ़कर सामरिक महत्त्व को दर्ज करती हैं, बल्कि देश के हर वर्ग को अपनी सीमाओं और सीमाओं से एक ऐसे सूत्र में बांधने का कार्य भी करती है।

सीमा घोषणा का उद्देश्य देश की सीमाओं और देशवासियों के बीच संबंध स्थापित करना है, ताकि भारत अपनी सीमाओं, लोगों को सक्षम, मजबूत और आत्मनिर्भर बना सके। सीमा नारा सीमा पर नए बदलावों का आह्वान है। सीमा और सीमावर्ती लोगों के प्रति जनजागरण का अभियान है। सीमा की रक्षा में हुए हर बलिदान को श्रद्धांजलि है। साथ ही प्रतीक है बलिदान की भावना का। यह सक्षम भारत की सुरक्षित और समृद्ध सीमाओं का नारा है।

सीमा जागरण मंच के कार्यक्रम

महोत्सव का आयोजन - सीमा सुरक्षा बलों के साथ रक्षाबंधन एवं दीपावली कार्यक्रम आयोजित।

भारत माता पूजन कार्यक्रम – विशेषकर युवाओं के साथ।

विजयादशमी उत्सव – सीमांत नागरिकों के बीच शक्ति पूजन के कार्यक्रम।

स्थापना दिवस (राम नवमी) – सामाजिक जागरूकता के कार्यक्रम।

तटीय क्षेत्रों में मत्स्य पूजन, समुद्र पूजन, व्यास पूजन, नाव प्रतियोगिता कार्यक्रम।

सीमांत क्षेत्रों में वंचित परिवारों के मेंधावी छात्रों को न्यूनतम शुल्क पर छात्रावास सुविधा प्रदान करना।

अन्य गतिविधियां –

सीमा सुरक्षा संकल्प तिरंगा यात्रा, विभिन्न खेल प्रतियोगिताएं और विभिन्न स्थानों पर सेना भर्ती तैयारी शिविरों का आयोजन।

सीमाओं के प्रति एकजुटता की भावना पैदा करने के लिए सीमा दर्शन जैसे कार्यक्रम आयोजित करना।

परंपराओं का सजीव प्रचार-प्रसार, विरासत स्थलों का पुनरुद्धार और रोजगार उपलब्ध कराने के उद्देश्य से विभिन्न प्रकार के सांस्कृतिक मेंलों का आयोजन करना।

सीमा सुरक्षा का आह्वान

भारत के सम्मान और संप्रभुता को बचाए रखने के लिए सीमाओं की सुरक्षा अत्यंत आवश्यक है। देश की सीमा माँ के वस्त्र के समान है और इसकी रक्षा करना पुत्र का पहला कर्तव्य है। हमारे पूर्वजों एवं मनीषियों ने ऐसा किया था। उन्होंने महत्त्व को समझा और उसके पालन के लिए सर्वस्व न्यौछावर कर दिया। वें चुनौतियों के सामने भी सुरक्षित रहे। वर्तमान समय में एक बार फिर से भारत की सामरिक स्थिति पर आक्रमण हो रहा है।

34. भारतीय शिक्षण मंडल

भारतीय शिक्षण मंडल की स्थापना 1969 में हुई। शिक्षा की गुणवत्ता हेतु विषय वस्तु, पद्धति तथा विधि को भारत केंद्रित बनाने के उद्देश्य से इसकी स्थापना की गई ताकि शिक्षित व्यक्ति सांस्कृतिक रूप से अभारतीय

ना रहे। संगठन का उद्देश्य 100 प्रतिशत साक्षरता के साथ ही मन, वचन, कर्म से भारतीय नागरिक तैयार करना है। 26 मार्च, 1969 के दिन देश के देशभर से एकत्रित शिक्षा क्षेत्र में समर्पित 21 मनीषी व महान शिक्षाविद एक साथ बैठे थे। श्री मुकुंदराव कुलकर्णी बैठक के संयोजक थे। वे महाराष्ट्र की विधान परिषद् में शिक्षक विधायक भी थे। उन्होंने मुंबई इन सब शिक्षाविदों को शिक्षा पुनः भारतीयकरण कैसे हो, इस पर विचार करने के उद्देश्य से एकत्रित किया गया था। शिक्षा की सांस्कृतिक जड़ों और भारत की ऐतिहासिक अनुभूति के संदर्भ में शिक्षा जैसे विषयों पर वर्षों तक कार्य करने वाले वरिष्ठजन बैठक में उपस्थित थे। संघ के तत्कालीन माननीय सरकार्यवाह श्री बालासाहेब देवरस जी भी इस बैठक में उपस्थित थे। इस प्रकार, बैठक में शिक्षा के भारतीयकरण की रूपरेखा तैयार हुई और भारतीय शिक्षण मंडल की स्थापना का निर्णय हुआ। 19 अप्रैल, 1969 को भारतीय शिक्षण मंडल का पंजीकरण हुआ।

पूर्ण मंडल की अवधारणा

आज भारतीय शिक्षण मंडल की स्थापना को लगभग 54 वर्ष पूर्ण हो गये हैं। भारतीय कालगणना में 48 वर्ष का बड़ा महत्त्व है। किसी भी संकल्प की साधना को निर्बाध (बिना किसी बाधा के) अखंड 12 वर्ष तक करने को 'एक तप' अथवा 'तप पूर्ति' कहा जाता है। ऐसे दो तप होने पर उसे 'अर्ध मंडल' कहते है। और चार तप पूर्ण होने पर उसे 'पूर्ण मंडल' कहते हैं। पूर्ण चर्चा के उपरांत 23 से 25 दिसंबर 2017 को गुवाहाटी में हुई भारतीय शिक्षण मंडल की प्रांत प्रमुख बैठक में यह अंतिम निर्णय लिया गया कि हम भारतीय दृष्टिकोण से सिंहावलोकन का उत्सव श्पूर्ण मंडलश नाम से मनाएंगे। साथ ही यह भी निर्णय लिया कि युगानुकूलता शनित्य नूतन, चिर पुरातन भारतीय संस्कृति की विशेषता है। इसी युगानुकूलता का परिचय देते हुए तय किया गया कि 48 से लेकर 50 तक दो वर्ष यह सिंहावलोकन का उत्सव श्पूर्ण मंडल से स्वर्ण जयंती (PMSJ) मनाया जाएगा। यह संगठनात्मक आत्मावलोकन, सामूहिक सिंहावलोकन पर्व होगा। इस वर्ष (इ. स. 2018) की रामनवमी से यह उत्सव प्रारंभ किया गया जो अगले दो वर्ष तक चलेगा। आजकल की गणना इ. स. के अनुसार 2020

की रामनवमी तक और भारतीय कालगणना विक्रम संवत् के अनुसार 2075 की रामनवमी से 2077 की रामनवमी तक श्पूर्ण मंडल से स्वर्ण जयंती उत्सव मनाने का निर्णय है। पूर्ण मंडल से स्वर्ण जयंती के समय संगठन का सामूहिक अवलोकन करना है कि मंडल अपने कार्य में कहाँ तक पहुंचा। जब हम शिक्षा में भारतीयता की बात कहते हैं तो हमें यह भी देखना होगा कि शिक्षा में भारतीयता के किन मूल तथ्यों पर हमारा आग्रह है।

भारतीय मानकों पर शिक्षा

भारत में रहने वाले प्रत्येक व्यक्ति के अंदर भारतीयता, सनातन धर्म, वैदिक संस्कृति, भारतीय संस्कृति जीवंत है। भारतीयता का यह स्वभाव, आचरण व्यवस्था में दृष्टिगत नहीं होता। व्यक्तिगत जीवन में, समाज में भारतीय कालगणना और व्यवस्था में अवैज्ञानिक अंग्रेजी कालगणना यह विसंगति है। ऐसा ही धर्म के बारे में भी है। समाज आज भी धर्म को मानता है और धर्म से चलता है। एक सामान्य व्यक्ति धर्म को नहीं तोड़ना चाहता। किंतु व्यवस्था में धर्म का कोई मूल्य नहीं। यहां धर्म को उपासना पद्धति अथवा अंग्रेजी के religion के रूप में प्रयोग नहीं किया जा रहा हैं। भारत में कर्तव्य को व स्वभाव को धर्म कहा गया। अपने गुणों के स्वभाव के अनुसार समाज में व्यवहार करना अर्थात कर्तव्य का पालन करना धर्म है। सनातन धर्म में इसे ही जीवन-व्यवहार में परंपरा के रूप में प्रस्थापित करने का कार्य हुआ है। लाखों वर्षों से सनातन धर्म इसी अवधारणा पर टिका हुआ है। लेकिन भारतीय शिक्षा पद्धति में धर्म को दिग्भ्रमित करने वाली व्याख्या कर धर्म को शिक्षा से अलग कर दिया गया है। जीवनदृष्टि, सिद्धांत और व्यवहार इन तीन स्तरों भारतीय ऋषियों ने भी कार्य किया। सारे चराचर जगत में एक ही चौतन्य कार्य कर रहा है यह एकात्म जीवनदृष्टि है। सब एक है, सब समान है। हमारे यहां 'पांडित्य' की यही परिभाषा है। भगवद्‌गीता में कहा है पंडितः समदर्शिनः अर्थात जो समान रूप से सबको देखता है वह पंडित है। यह जीवन की दृष्टि है एकात्म जीवनदृष्टि। यह जीवनदृष्टि सिद्धांत के रूप में हमने व्यवहार में उतारी। 'आत्मवत् सर्वभूतेषु यः पश्यतिस' अर्थात जो अपने जैसा ही सारे प्राणिमात्र को देखता है वही वास्तविकता में देखता है। चलते-चलते यदि अनायास ही किसी वस्तु को

पैर लग जाए तो संस्कार वश उसे वंदन कर हम क्षमा मांगते हैं। यह जो 'चौतन्य चराचर में, कण-कण में व्याप्त है' वाला सिद्धांत है, उसका व्यवहार है। अत्यंत बीहड़ जंगलों में रहने वाले हमारे वनवासी भाई भले ही वेद पढ़ें भी नहीं होंगे, संस्कृत जानते भी नहीं होंगे किंतु यह जीवनदृष्टि उनके भी व्यवहार में है। उनके अपनी भाषा के मंत्र हैं। बिना प्रार्थना किए वे पेड़ की टहनी भी नहीं तोड़ते क्योंकि उन्हें पता है पेड़ में भी चौतन्य है। परंतु आज व्यक्ति सिद्धांत में एक है और व्यवहार में अलग है। हर बात में व्यक्ति भारतीय मानकों के विपरीत चलते हुए दिखाई देते हैं। इसका कारण है कि उसकी शिक्षा समाज से सम्बद्ध नहीं है।

अनुभवजन्य शिक्षा

भारतीय शास्त्रीय संगीत सीखने के लिए संगीत विद्यालय में संगीत की शिक्षा स्वर-ताल के ज्ञान से प्रारंभ होती है। उसमें सामान्य रागों का अभ्यास कराया जाता है। स्वरों की अनुभूति हो जाने के बाद ही संगीत का इतिहास सिखाया जाता है। यह भारतीय शिक्षा पद्धति है। केवल संगीत ही नहीं, भारतीय पद्धति से ज्योतिष सीखना है तो सबसे पहले आपको ग्रहों का पूरा अध्ययन करना होगा। नक्षत्र दर्शन से ज्योतिष विद्या शुरू होती है। पारंपरिक वैद्य के पास वैद्य की सीखने जाएंगे तो अध्ययन हेतु आयुर्वेद की चरक संहिता या सुश्रुत संहिता नहीं पढ़वाई जाएगी। छह महीने तक तो तीन ऊंगलियां कलाई पर रखकर नाड़ी परीक्षा सीखनी होगी। छह महीने में जब नाड़ी के द्वारा 09 बात, पित्त, कफ का भेद समझ में आने लगेगा तब रोग, मल, सप्तधातु आदि के बारे में अध्ययन प्रारंभ होगा। पहले अनुभूति फिर शरीर रचना (दंजवउल) आदि का अध्ययन। अनुभूति ही ज्ञान है यह भारतीय शिक्षा शास्त्र का मूल सिद्धांत है। अनुभूति से ही ज्ञान होता है यह भारतीय शिक्षा शास्त्र है। भारतीय शिक्षण मंडल का शिक्षा में भारतीयता लाने का अभिप्राय है व्यावहारिक जीवनतत्व शिक्षा व्यवस्था में प्रतिष्ठित करना। मुकुंदराव कुलकर्णी, रामस्वरूप भारद्वाज, श्रीराम मंत्री, दीनानाथ बत्रा, लज्जाराम तोमर जी जैसे अपना पूरा जीवन भारतीय शिक्षा शास्त्र के लिए समर्पित करने वाले कार्यकर्ताओं के तप के कारण आज भारतीय शिक्षण मंडल उन्नत स्तर पर है। 24 वर्ष पूर्व गुरुकुल शुरू करने से पहले

भारतीय शिक्षण मंडल के विद्वान शिक्षाविदों ने 6 वर्ष तक प्रति सप्ताह बैठकर गुरुकुल के विषय में स्वाध्याय और अध्ययन किया। उसके 6 साल की तपस्या के बाद गुरुकुल की स्थापना हुई। आज गुरुकुलों के संदर्भ में भारतीय शिक्षण मंडल प्रमुख स्रोत संस्था बनकर उभरा। भारतीय मानकों में कालगणना करते समय अंग्रेजी के कैलेंडर, महीनों और दिनों का प्रयोग करते हैं। जबकि नेपाल जैसे छोटे से देश में गणना विक्रम संवत् के आधार पर होती है। वहां महीनों के नाम चैत्र वैशाख हैं। वहां साप्ताहिक अवकाश शनिवार को रहता है क्योंकि शनि महाराज को आराम देने की अवधारणा है। हमने रविवार को अवकाश रखा क्योंकि अंग्रेजों ने हमें सिखाया। रविवार सूर्य का दिन है, जो शास्त्रों के अनुसार सबसे अधिक ऊर्जा देने वाला दिन है। लेकिन हम उस दिन अवकाश रखते हैं क्योंकि अंग्रेजों ने इसे प्रारंभ किया था। अपनी चर्च जाने की सुविधा को देखते हुए। हम अपने देश का नाम भी भूलते जा रहे हैं।

हमारे देश का नाम है भारत किसी भी संज्ञा का अनुवाद नहीं होता लेकिन भारत को अंग्रेजी में 'भारत' कहने की बजाय इंडिया कहा गया। हमने भी उसे ही अपना लिया। स्वतंत्रता के इतने वर्षों बाद भी हम 'भारत' और 'इंडिया' के द्वैत से उबर नहीं पाए हैं। शिक्षण मंडल में अंग्रेजी भाषा में भी 'भारत' का ही प्रयोग करते हैं, अंग्रेजों द्वारा दिए गए दासता के प्रतीक उस अंग्रेजी नाम का प्रयोग नहीं करते। भारतीय शिक्षण मंडल की तपस्या है भारतीयता को व्यवहार और व्यवस्था दोनों में स्थापित करना। अनुभूति पर आधारित शिक्षा शास्त्र हमारे प्रत्येक विद्यालय, महाविद्यालय में लागू हो, यह भारतीय शिक्षण मंडल का काम है। शिक्षण मंडल के कार्य के पांच सोपान हैं अनुसंधान, प्रबोधन, प्रशिक्षण, प्रकाशन और इन चारों के लिए संगठन। इन सबके माध्यम से भारतीय जीवनदृष्टि की पुनः प्रतिष्ठा अपेक्षित है। शिक्षाविदों में भारतीय जीवनदृष्टि विकसित करने का कार्य भारतीय शिक्षण मंडल ने किया है।

आज भारतीय शिक्षण मंडल के प्रयासों के कारण ही व्यावसायिक शिक्षा (Vocational) महत्त्वपूर्ण हो गयी। आज उसे कौशल शिक्षा (Skill Education) कहते हैं। अनुभूति पर आधारित शिक्षा होनी चाहिए। अतः

विद्यालयी बालको को भी हाथ से काम कर अनुभव प्राप्त करने हेतु व्यवसायों का प्रशिक्षण देना आवश्यक है। 1986 में भारतीय शिक्षण मंडल के प्रयास से नई शिक्षा नीति में यह समाविष्ट किया गया। यह बड़ा दृष्टि परिवर्तन है। मेंकॉले ने अपने पिता को लिखे पत्र में कहा था कि हमने नौकर निर्माण करने वाली शिक्षा पद्धति बनाई है। हमने इस दृष्टि में परिवर्तन करने के लिए कहा- 'शिक्षा नौकर बनाने के लिए नहीं, स्वामी बनाने के लिए है।' व्यक्ति सुयोग्य होगा, अपने आप में परिपूर्ण बनेगा, जो चाहे वह कर सकें, ऐसा स्वावलंबी, समर्थ, योग्य नागरिक शिक्षा व्यवस्था तैयार होगा, तो वह केवल नौकरी के पीछे नहीं भागेगा अपितु नौकरी देने वाला बनेगा। यह दृष्टिकोण भारतीय शिक्षण मंडल के प्रयास से आज व्यवस्था में भी आ गया।

Start Up India के नाम से उद्यमिता (Entrepreneurship) शिक्षा व्यवस्था का एक प्रमुख अंग बना है। यह दृष्टि परिवर्तन भारतीय शिक्षण मंडल के शिक्षाविदों का शिक्षा व्यवस्था में महत्त्वपूर्ण योगदान है। भारतीय विज्ञान परंपरा को लेकर जागरण भी शिक्षण मंडल का लक्ष्य है। भारत के विज्ञान को हम भारतीय ही स्वीकार नहीं करते थे। भारतीय परंपराओं को विज्ञान विरोधी मानने की एक मानसिक दासता आ गयी थी। भारतीय शिक्षण मंडल के प्रयासों से प्राचीन वैज्ञानिकों के बारे में आज स्वीकार्यता हुई है। आर्यभट्ट, भास्कराचार्य, वराहमिहिर, सुश्रुत, चरक आदि के बारे में सर्वप्रथम भारतीय शिक्षण मंडल के कार्यकर्ताओं ने अनुसंधान कर लेखन किया। स्वदेशी विज्ञान के बारे में अनुसंधान हुए। 1969 में स्थापना के तुरंत बाद प्रारंभिक वर्षो में ही 1974-75 में भारतीय शिक्षण मंडल की तरफ से इस प्रकार की पुस्तिकाएं निकाली गई। इस आंदोलन में से 'विज्ञान भारती' के नाम से एक नया संगठन खड़ा हो गया। किंतु विषय के दृष्टि परिवर्तन का प्रारंभ भारतीय शिक्षण मंडल ने किया।

आज भारत के पांच भारतीय प्रौद्योगिकी संस्थानों (आय. आय. टी.) में 'संधि' प्रकल्प के अंतर्गत संस्कृत साहित्य में विज्ञान विषय पर शोध हो रहा है। इसलिए वह दृष्टि जो केवल अपवादात्मक रूप से समाज में ही थी, उसे व्यवस्थागत करने के कार्य में भारतीय शिक्षण मंडल को सफलता प्राप्त हुई।

हिन्दू नवसंवत्सर को मनाने का संगठनात्मक प्रयास भारतीय शिक्षण मंडल ने प्रारंभ किया। अनेक वर्षों तक भारतीय शिक्षण मंडल के संगठन मंत्री, बाद में उपाध्यक्ष भी रहे श्री धर्मनारायण अवस्थी जी हमारे वयोवृद्ध तपस्वी कार्यकर्ता हैं। 'इतिहास की भारतीय जीवनदृष्टि' इस विषय पर सबसे पहले काम भारतीय शिक्षण मंडल ने शुरू किया। राष्ट्रीय अधिवेशनों में 'भारतीय इतिहास को भारतीय जीवनदृष्टि से देखा जाना चाहिए' इतिहास का भारतीय दृष्टि से पुनर्लेखन किया जाए, यह शिक्षण मंडल के सप्तसूत्रों में से एक बिंदु था। आज अखिल भारतीय इतिहास संकलन समिति के नाम से एक पूरा आंदोलन और भारतीय इतिहास दृष्टि से काम करने वाले हम इतिहासकारों का एक दल खड़ा हो गया। इसका मूल कहीं न कहीं भारत शिक्षण मंडल के आंदोलन में है।

भारतीय शिक्षण मंडल ने जो काम किया, आज वह स्वदेशी जागरण मंच के रूप में एक नए संगठन और आंदोलन के रूप में चल रहा है। ऐसे अनेक व्यवस्थागतिकरण के मौलिक कार्य भारतीय शिक्षण मंडल ने किए। आज भारतीय शिक्षण मंडल के कार्यकर्ताओं के सामने यह चुनौती है कि समाज में व्याप्त संस्कार शिक्षा व्यवस्था में कैसे लागू हो। दूसरा बिंदु है अनुभूति पर आधारित शिक्षा एक अत्यंत गौरवशाली वैज्ञानिक शिक्षा पद्धति हमारे पास गुरुकुल शिक्षा के रूप में हजारों हजार वर्षों से रही है। इसी से भारत माता सदैव जगगुरु रही है।

हमें करना क्या है

भारतीय शिक्षण मंडल के सामने पूर्ण मंडल के अवसर पर आगे की दृष्टि से तैयारी करने के लिए एक तो संख्या बल और दूसरा गुणवत्ता, ज्ञान बल, ये दोनों सामर्थ्य इतना बढ़ाने की आवश्यकता है कि समाज उससे मार्गदर्शन लेने को तैयार हो। आज शिक्षण मंडल के सामने दो चुनौतियां हैं। एक तो अपनी पारंपारिक शिक्षा व्यवस्था को समाज में पुनःस्थापित करना उसे इतना आकर्षक बनाना कि वह उनके लिए शोभाचार (Fashion) बन जाये। कोई बात शोभाचार बन जाती है तो लोग बिना सोचे-समझे उसके पीछे पागल होते हैं। गुरुकुल में जाना शोभाचार बनेगा तब सारा समाज

उसके पीछे भागेगा। भारत की पारंपारिक शिक्षा व्यवस्था में इतनी गुणवत्ता है कि बहुत कम प्रयासों से उसको शोभाचार बनाया जा सकता है। हमारा लक्ष्य है एक तो गुरुकुल युगानुकूल बनें और समाज में प्रतिष्ठित हो। नालंदा जैसे बड़े-बड़े गुरुकुल बनें पुनः सारा विश्व गुरुकुल में शिक्षा लेने के लिए आए, वह शोभाचार बन जाए और दूसरी ओर आय. आय. टी. जैसे संस्थान गुरुकुल की शिक्षा पद्धति को अपनाएं। गुरुकुल की अनुभूतिजन्य, लचीली व्यक्तिगत ध्यान देने वाली अध्ययन केंद्रित (Learning centric) आनंद केंद्रित (Joy Oriented) तथा आचार्य केंद्रित (Guide Centric) शिक्षा पद्धति के तत्व यूनिवर्सिटी, पब्लिक और प्राइवेट स्कूलों की शिक्षाविधि (Pedagogy) में समाविष्ट हों। ये दोनों काम आगामी चुनौती है। इस हेतु संकल्प लेना है।

सर्वव्यापीकरण का संकल्पः

(क) भौगोलिक रूप से सर्वव्यापी बनाने का अर्थ है जो अभी भी अछूते प्रदेश और जिले हैं वहां पहुंचना और अधिक से अधिक इकाइयां गठित करना।भौगोलिक सर्वव्यापीकरण सबसे पहला कार्य है शिक्षण मंडल को : सभी अर्थों में सर्वव्यापी बनाना भौगोलिक रूप से सभी राज्यों के सभी शासकीय जिलों (revenue districts) में भारतीय शिक्षण मंडल पहुंचाना, यह हमारा संकल्प होना चाहिए। पूरे देश में लगभग 650-700 के बीच में शासकीय जिले हैं। प्रत्येक जिले में शिक्षण मंडल की इकाई बनाने के लिए संकल्प लेना है।

(ख) शैक्षिक सर्वव्यापीकरण प्राथमिक शिक्षा के उच्चतर शिक्षा तक जो : विभिन्न स्तर हैं उन सभी स्तरों के कार्यकर्ताओं का संगठन में समावेश। साथ ही शिक्षा की विभिन्न विशेष विद्या शाखाएं जैसे चिकित्सा (Medicine) विधि (Law) कृषि (Agriculture) अभियांत्रिकी (Engineering) आदि में भी संपर्क कर कार्यकर्ता बनाना। पारंपारिक और आधुनिक दोनों में ही सभी प्रकार के शिक्षा संस्थानों तक पहुंचना। शिक्षा जगत में सर्वव्यापीकरण हेतु 'विश्वविद्यालय इकाई' के गठन का निर्णय किया है। प्रारंभ में पूर्ण मंडल की अवधि में सभी सरकारी विश्वविद्यालयों में इकाई बनाने का लक्ष्य सामने रखा है।

(ग) सामाजिक सर्वव्यापीकरण समाज के सभी वर्गों का भारतीय शिक्षण मंडल के कार्य में स्त्री-पुरुष, जाति वर्ण, उपासना पद्धति के आधार पर समाज में व्याप्त सभी भेदों को ध्यान में रखकर सभी प्रकार के कार्यकर्ताओं का समावेश वनवासी, गिरिजनवासी ग्रामवासी, नगरवासी सभी अपेक्षित हैं।

परिणामकारी कार्य का संकल्पः

(क) अनुसंधान प्रकोष्ठः अनुसंधान का कार्य इस प्रकार के कार्यों में सर्वाधिक महत्त्वपूर्ण कार्य है। इस विषय में आज समाज को बहुत अपेक्षाएँ है। वर्तमान विषयों में भारतीय जीवनदृष्टि से भविष्योन्मुखी अनुसंधान तथा प्राचीन भारतीय ज्ञान परंपरा में अनुसंधान दोनों स्तरों पर प्रोत्साहन हेतु एक सर्वव्यापी अभियान की आवश्यकता को देखते हुए 'Research वित Resurgence Foundation' की स्थापना की गई है। इस न्यास द्वारा शासन, विश्वविद्यालय तथा उद्योग जगत में होने वाले अनुसंधान को देशहित में केंद्रित करने का कार्य किया जाएगा।

(ख) शैक्षिक प्रकोष्ठः शैक्षिक प्रकोष्ठ द्वारा भारतीय दृष्टिकोण से पाठ्यचर्या और पाठ्यक्रमों का निर्माण किया जाता है। विश्वविद्यालय स्तर पर 43 विषयों में अध्ययन समूह (Board of Studies) बनाये गये हैं। भारत केंद्रित पाठ्यक्रम तैयार कर विश्वविद्यालयों में लागू किए जा चुके हैं।

(ग) शालेय प्रकल्पः इस प्रकल्प का उद्देश पारंपारिक शिक्षा पद्धति को समाज में लागू करना है। इसके माध्यम से भारतीयता के व्यावहारिक तत्व को अधिक से अधिक शिक्षा संस्थानों तक पहुंचाने का कार्य किया जाता है। शिक्षा संस्थानों हेतु 'गुणवत्ता सुधार आयोजन (सुगुणा) Educational Quality Improvement (EQIP) बनाया गया है। इसके माध्यम से 4 आनंद शालाओं का संचालन किया जाता है। शिक्षकों हेतु शशिक्षक स्वाध्याय, अभिभावकों के लिए 'अभिभावक उद्‌बोधन', संस्थाचालकों, प्रबंधकों तथा शिक्षाधिकारियों हेतु 'संस्थाचालक परामर्श' तथा छात्र-छात्राओं हेतु 'विद्यार्थी विकसन'। इसके साथ ही संगीत, खेल, शारीरिक शिक्षा, कला, पर्यावरण, स्वच्छता आदि विषयों पर छोटी-छोटी किंतु प्रभावी गतिविधियों का संचालन शालेय प्रकल्प में किया जाता है।

(घ) गुरुकुल प्रकल्पः गुरुकुल प्रकल्प के माध्यम से पारंपारिक शिक्षा संस्थानों को पोषित करना है। शालेय प्रकल्प में आधुनिक शिक्षा संस्थानों में पारंपारिक तत्वों को बढ़ावा देना है। गुरुकुल प्रकल्प के माध्यम से शिक्षा में भारतीयकरण का समग्र लक्ष्य प्राप्त करना। इसके अंतर्गत तीन कार्य किए जाते हैं (1) युवानुकूल गुरुकुल प्रारंभ करने में प्रेरणा एवं परामर्श प्रदान करना (2) पूर्व से संचालित गुरुकुलों को संगठित कर युगानुकूलता की ओर अग्रेसर करना तथा (3) सुयोग्य आचार्यों का संवर्द्धन करना। आने वाले सालों में गुरुकुल को मुख्य धारा की शिक्षा बनाने में इस प्रकल्प की महत्त्वपूर्ण भूमिका होगी।

(च) प्रकाशन विभागः भारतीय शिक्षा मंडल दृष्टि, विचार एवं सिद्धांतों के स्थायित्व हेतु प्रकाशन भी करता है। प्रत्येक प्रांत, इकाई तथा कार्यकर्ता का इसमें योगदान अपेक्षित है। इसके अतिरिक्त नियतकालिकों के अधिकाधिक सदस्य बनाना, साहित्य विक्रय की सुगठित व्यवस्था विकसित करना, प्रांत में कम से कम एक वार्षिक प्रकाशन प्रारंभ करना तथा लेखकों को सूचीबद्ध कर प्रेरित करना आवश्यक है।

(छ) महिला प्रकल्प शिक्षा के साथ संस्कार भी आवश्यक है। यदि संस्कारों के साथ शिक्षा देनी है तो सर्वप्रथम गुरु मां है। इसलिए महिला प्रकल्प को और प्रभावी बनाना महिला प्रकल्प के अंतर्गत संस्कार दृष्टि का विकास करना अधिक से अधिक माताओं और बहनों को जोड़कर साप्ताहिक मंडल प्रारंभ करने होंगे।

(ज) युवा आयाम समाज में दृष्टि परिवर्तन के लिए एक बहुत बड़ा बौद्धिक संघर्ष सामने दिखाई देता है। भारतीय दर्शन व परंपरा वैज्ञानिक और कल्याणकारी होते हुए भी मानसिक दासता शीघ्र और सहजता से समाप्त नहीं होगी। विनम्रता के साथ किंतु दृढ़ता से और विशुद्ध अध्ययन एवं तर्कबुद्धि के साथ संघर्ष करने वाले बौद्धिक योद्धाओं का दल खड़ा करना, जो भारतीय शिक्षा एवं संस्कृति के मूल तत्व को व्यापकता प्रदान कर सकें यह युवा आयाम का कार्य है। इन सारे कार्यों को दृढ़ करने का संकल्प लेना पड़ेगा।

3. कार्यकर्ता निर्माण: भारतीय शिक्षण मंडल के माध्यम से अधिक से अधिक कार्यकर्ताओं को जोड़ा जाता है और सभी कार्यों में अन्य किसी संसाधन को भी जोड़ा जाता है। यह तीसरा संकल्प कार्यकर्ता निर्माण सबसे बड़ा कार्य है।

(क) सदस्यता अभियान को ध्यान में रखते हुए अधिक से अधिक कार्यकर्ता निर्माण के लिए संकल्प लिया गया है कि पूरे देशभर में पांच लाख सदस्य होंगे। अधिक से अधिक लोगों को भारतीय शिक्षण मंडल से जोड़ना यह कार्यकर्ता निर्माण का संकल्प है। अधिक कार्यकर्ता बने अर्थात अधिक लोग समय दें।

(ख) पूर्णकालिक कार्यकर्ता संगठन की रीढ़ की हड्डी है। अधिक से अधिक समय देने वाले और कुछ समय देने वाले कार्यकर्ता चाहिए। प्रचारक, विस्तारक, वानप्रस्थी, शिक्षाव्रती यह जो पूर्णकालिकों का दल है उन सबकी संख्या भी बढ़ानी है। आज कई उच्चशिक्षित युवा भारतीय शिक्षण मंडल से विस्तारक के रूप में जुड़ रहे हैं। अब इ. स. 2023 में वह संख्या 25 पर पहुंची है। पूर्ण मंडल की अवधि में लक्ष्य है कि ऐसे दो वर्ष, चार वर्ष, पांच वर्ष देने वाले अधिक लोग तथा अधिक समय देने वाले कुछ लोग ऐसे दोनों प्रकार के कार्यकर्ताओं का निर्माण करना।

(ग) अभ्यास वर्ग: सभी स्तरों पर कार्यकर्ताओं के क्षमतावर्धन के लिए अभ्यास वर्ग आयोजित करने होंगे। जिला, प्रांत, क्षेत्र आदि भौगोलिक स्तरों पर अभ्यास वर्गों के साथ ही अलग-अलग आयामों के अभ्यास वर्ग लगाना कार्य जितना बढ़ेगा उतनी ही अधिक क्षमतावान कार्यकर्ताओं की आवश्यकता पड़ेगी। इसकी नियमित, सुनियोजित व्यवस्था तथा प्रशिक्षण भी संकल्प का ही हिस्सा है। ये सभी पूर्ण मंडल के लिए व्रत संकल्प है। राष्ट्रीय पुनरुत्थान के चलने वाले विभिन्न कार्यक्रमों की नींव के रूप में भारतीय शिक्षण मंडल कार्य कर रहा है।

खंड 'घ'

स्वयंसेवकों की छह गतिविधियाँ

1. सामाजिक समरसता मंच

बाबा साहेब अम्बेडकर जन्म शताब्दी के अवसर पर पुणे में, दिनांक 14 अप्रैल 1983 को सामाजिक समरसता मंच की स्थापना की। यह सुखद संयोग था कि इसी दिन परम पूजनीय डॉक्टर जी का जन्मदिन वर्ष-प्रतिपदा भी था। "सामाजिक समरसता के बिना सामाजिक समता असम्भव है।" इस ध्येय वाक्य का उद्घोष कर, श्रद्धेय दत्तोपंत जी ने, हिन्दू समाज की अत्यन्त पीड़ादायक व्याधि के उपचार का मार्ग प्रशस्त किया। श्रद्धेय ठेंगड़ी जी को, पूज्य बाबा साहब अम्बेडकर के निकट सानिध्य का सौभाग्य प्राप्त हुआ था। पूज्य बाबा साहब के हृदय की पीड़ा को समझने का महान अवसर प्राप्त हुआ था। सर्वसमावेशी सनातन हिन्दू धर्म के अधिष्ठान पर हिन्दू समाज की एकात्मता के महान कार्य को सम्पादित करने के लिए सामाजिक समरसता मंच के माध्यम से मार्गदर्शन प्रारम्भ किया। भारतीय समाज अपने प्रारंभिक काल से जातिभेद, ऊँच-नीच, अस्पृश्यता जैसे सामाजिक दोषों से ही ग्रस्त रहा है। इन्हें समाप्त करने के लिए कई महापुरुषों एवं मनीषियों ने प्रयास किए है लेकिन यह पूरी तरह से आज भी समाप्त नहीं हो पाया है। हिंदुत्व का मूल आधार 'वसुधैव कुटुंब' है जिसका अर्थ है पूरी धरती एक परिवार है। इसलिए यहाँ मानव मात्र में भेद करना न केवल अनुचित है,अपितु निंदनीय भी है। ऐसे में समाज को एक रस में

पिरोने की आवश्यकता को महसूस करते हुए सामाजिक समरसता जैसे विषय पर विचार किया गया।

सामाजिक समरसता गतिविधि

जब से सामाजिक समरसता मंच की स्थापना की गई तब से इस शब्द का चलन सार्वजनिक मंच पर होने लगा। श्रीगुरूजी तथा पंडित दीनदयाल उपाध्याय के चिंतन में भी समरसता शब्द का प्रयोग मिलता है। बंधुता के बिना सामाजिक समरसता नहीं हो सकती। समरसता किसी कानून से नहीं, संस्कार और व्यक्ति निर्माण से आ सकती है। राष्ट्रीय स्वयंसेवक संघ 99 वर्ष से इसी कार्य में लगा है। समता और समरसता से युक्त समाज की स्थापना भारत का प्राचीनकाल से लक्ष्य रहा हैं। भारत में राजनीतिक और सामाजिक दासता समाप्त करने के लिए सामाजिक समता का प्रयोग किया गया हैं। कई कारणों से हिन्दू समाज में विषमताओं का जन्म हुआ। अधिकारों का विषम बटवारा हुआ। राज्य करने का अधिकार किन्हीं विशिष्ट जातियों को दिया गया। बहुसंख्यक लोगों को सेवा कार्य में ही लगाया गया। समाज में अस्पृश्यता व छूआ-छूत जैसी घोर निंदनीय बुराईयों का बोल था। मंदिर, कुआँ व श्मशान का प्रयोग जातीय आधारित किया गया। इसके पीछे धर्म की मान्यता दी गई। यह व्यवस्था अपरिवर्तनीय मानी गई। इन सामाजिक बुराईयों के विरोध में समय-समय पर अनेक महापुरूषों ने आवाज उठाई व समाज सुधार के आंदोलन चलाए। जिससे कालांतर में सामाजिक व राजनीतिक समता आई। इनमें महात्मा ज्योति राव फूले, नारायण गुरू, डॉ. आंम्बेडकर का नाम विशेष रूप से लिया जाता है। प्राचीनकाल में जो व्यवस्थाएं निर्मित हुई वह उस काल के अनुरूप तैयार की गई। जाति व्यवस्था व छूआ-छूत का विचार करें तो ध्यान में आएगा कि वर्तमान परिस्थिति में इसकी कोई आवश्यकता नहीं हैं और यह मानव जाति पर कलंक हैं। अनुसूचित जाति व वंचित समाज के बंधु किसी की कृपा नहीं चाहते हैं, सिर्फ बराबरी व सम्मान का स्थान चाहते हैं। और वह भी अपने पुरूषार्थ से ही।

सामाजिक समरसता गतिविधि के महत्त्वपूर्ण बिन्दु

हिन्दू समाज के महापुरूष सम्पूर्ण समाज के लिए हैं। इसलिए आवश्यक है कि महापुरूषों की जयंती सर्वसमाज मिलकर मनाए, विशेषकर भगवान महर्षि वाल्मीकि जी, संत रविदास जी, बाबा साहेब अम्बेडकर जी, गुरुनानक जी, उक्त सभी महापुरूषों की जयंती पर अपने परिवार में प्रबोधन, सामूहिक दीप प्रज्वलन, महापुरूष के विषय में विमर्श/संस्मरण आदि का वाचन। अपने घरों में हिन्दू समाज की सभी जातियों के बन्धुओं, भगीनियों के लिए समान व्यवहार का अभ्यास जैसे एक समान पात्र, बैठने का स्थान आदि का घर के सदस्यों से आग्रह। अपने घरों में होने वाले मांगलिक कार्यक्रमों में अपने आस-पास के परिचित आदि अनुसूचित समा बन्धुओं को आमंत्रित कर यथा योग्य आदर सत्कार करना। अनुसूचित समाज के एक वंचित परिवार को गोद लेकर उस परिवार की शिक्षा, स्वास्थ्य, योग्य चिंता करना। रोजगार, सामाजिक मान सम्मान आदि की यथा आरक्षण एक समाज उत्थान की वैधानिक व्यवस्था है अपने बन्धु बाँधवों को आगे बढ़ाने की, इसलिए अनावश्यक बहस से दूर रहना। भूल कर भी किसी जाति के लिए अशोभनीय शब्द न कहें इसका प्रत्येक समय ध्यान दें। महापुरूषों की जीवनियों का वाचन, विषेशकरः संत रविदास जी, अम्बेडकर जी। दरअसल, समरसता व्यवहार है इसलिए इसे अपने व्यवहार में सहजता से लाना होगा। भागदौड़ से भरे जीवन में मूल्यों और संस्कारों को न भूलें। शहर में रहते हुए भी गाँव की मिट्टी और संस्कारों को न भूलें। अपने मोहल्ले के मंदिर को परस्पर सहयोग से जीवंत बनायें। यहाँ पुस्तकालय स्थापित करें। बड़े बुजुर्गों के बैठने का स्थान बनावें। मंदिर को संस्कृति का केन्द्र बनावें। 16 संस्कारों की व्यवस्था पंडित जी के माध्यम से प्रत्येक घर में हो इसकी व्यवस्था सामूहिक प्रयास से करें।

2. कुटुंब प्रबोधन

कुटुंब का सीधा-सा अर्थ है परिवार और प्रबोधन का अर्थ है जगाना। इस प्रकार कुटुंब प्रबोधन का अर्थ हुआ परिवार को जगाना लेकिन यहाँ परिवार को जगाना मात्र कह देने से इसका उद्देश्य पूर्ण नहीं होता। यह

कुटुंब प्रबोधन का अर्थ है लोगों को परिवार की ईकाई में बांधते हुए उनमें भारतीय सामूहिकता और भारतीय संस्कृति के संस्कार जगाना। वर्तमान समय में पश्चिमी के अन्धानुकरण के कारण भारतीय परिवार व संस्कृति का विघटन हो रहा है। ऐसे में भारतीय संस्कृति का प्रचार-प्रसार कारन कुटुंब प्रबोधन का मुख्य उद्देश्य है। यह गतिविधि परिवार को एकजुट करने के लिए बनाई गई है जिसके अंतर्गत परिवार को एकजुट किया जाता है अर्थात आज प्रत्येक परिवार का सदस्य इस भाग दौड़ जिंदगी में अपने परिवार को भूलता जा रहा है इसलिए संघ ने इसे अपनी जिम्मेदारी समझते हुए इस गतिविधि का निर्माण किया है जिसके माध्यम से परिवार का प्रत्येक सदस्य एकजुट हो ओर परिवार पर आने वाली कोई भी समस्या हो, उसका निवारण परिवार का प्रत्येक सदस्य मिलकर उसे अपनी जिम्मेदारी समझकर उसका हल निकाले और प्रत्येक परिवार में आ रही सभी समस्या का हल हो, ऐसा करने के लिए संघ ने ये अपनी जिम्मेदारी समझते हुए इस समस्या का समाधान निकाला है। आज यह गतिविधि प्रत्येक परिवार तक पहुँच रही है ऐसा संघ का मानना है। कुटुंब प्रबोधन के माध्यम से संघ समाज के विभिन्न परिवारों के बीच बेहतर तालमेंल, परस्पर सहयोग और सौहार्द कायम करने का कार्य करता है। इसके अंतर्गत स्वयंसेवकों को सप्ताह में कम से कम एक दिन अपने परिवार व मित्रों के साथ भोजन करने के अलावा समाजिक, सांस्कृतिक एवं अन्य कई मुद्दों पर विचार विमर्श भी किया जाता है। इसमें विभिन्न जाति, पन्थ, समुदाय इत्यादि भाग लेते हैं। दत्तात्रेय होसबाले कहते हैं- "राष्ट्र की सबसे छोटी इकाई कुटुंब बलवान व अतुलनीय शक्ति वाली है। सैकड़ों वर्ष तक अन्य मतावलंबियों के आक्रमण के कारण हमने अपनी धरती खोई। सांस्कृतिक जीवन को पूरी तरह नष्ट करने का प्रयास हुआ किंतु इस दीर्घकालीन संक्रमण काल में कुटुंब व्यवस्था बरकरार रही। इसलिए इसे मजबूत करने की जरूरत है।" इसे मजबूत करने के माध्यम के रूप में ही कुटुंब प्रबोधन को आधार बनाया गया। इसके माध्यम से संघ परिवार को जोड़ने का कार्य कर रहा है।

3. गौसेवा

गाय केवल दूध प्रदान करने वाली पशु नहीं है। इसमें यह बताया जाता है कि गाय के गोबर व मूत्र से बेरोजगारी से आगे बढ़ते हुए रोजगार के अवसर प्राप्त किए जा सकते है। वर्तमान समय में जैविक कृषि के के अभाव में मानव संस्कृति व सभ्यता खतरे में है। इसलिए अगर इस खतरे से पार उतरना है तो दैनिक जीवन में गोबर, गौ मूत्र व बैल आधारित कृषि को अपनाना होगा। सुरेश भैय्या जी जोशी जी ने कहा है "गौ रक्षा, गौ संवर्धन एक तपस्या है जिसके साधकों का मार्ग निष्कंटक रहे, इस हेतु सभी गौ भक्तों, समाज शास्त्रियों, राजनेताओं के साथ धार्मिक, सामाजिक और सांस्कृतिक संगठनों को कार्य करना पड़ेगा। कानून से अधिक महत्त्वपूर्ण गौ रक्षा हित समाज का संकल्पबद्ध होना है।" यह गतिविधि गौ सेवा के लिए बनाई गई है। इसका मुख्य उद्देश्य है गौ सेवा, गोबर से निर्मित उत्पाद, कृषि के लिए गोबर और गो-मूत्र का प्रयोग कैसे करें। संस्कृत में विशेष गोमंत्र सिखाया जाता है यह मंत्र लोगों को सिखाने का उद्देश्य यह है कि उनके अंदर गाय के संरक्षण के लिए भाव पैदा हो सकें। इस गतिविधि द्वारा एक प्रदर्शनी का भी आयोजन किया जाएगा जिसमें लोगों को गाय से संबधिंत सूचनाएं दी जाती है। उन्हें बताया जाता है कि गौ संरक्षण क्यों जरूरी है।

4. धर्मजागरण गतिविधि

धर्म को आधार मानकर विश्वकल्याण के लिए आर.एस.एस कार्य करता है। 1925 में अपनी स्थापना दिवस के समय से ही राष्ट्रीय स्वयंसेवक संघ हिन्दू समाज के जागरण के लिए निरंतर प्रयास कर रहा है। धर्म जागरण राष्ट्रीय स्वयंसेवक संघ की गतिविधि है। इसके अंतर्गत देशभर में कई परियोजनाएं एवं प्रकल्प संचालित हैं, जो समाज की अंतर्धाराओं की पहचान करते हुए उनमें समन्वय करने और उनमें हिंदुत्व का भाव जागृत करने के प्रयासों में संलग्न है। वैसे तो सभी गतिविधियाँ समाज में परिवर्तन के उद्देश्य से बनाई गई है इसलिए धर्मानुरूप आचरण करने वाला समाज निर्मित करना धर्मजागरण गतिविधि का उद्देश्य है। इस गतिविधि के माध्यम

से अपने धर्म का जागरण कैसे करना है और अपनी संस्कृति को कैसे बढ़ावा देना है, इसके अंतर्गत शामिल है। धर्म और संस्कृति के प्रति समाज के लोगों की आस्था बनी रहे। सभी छल दंभपूर्ण असामाजिक कार्य रुकें। राष्ट्र सुरक्षित रहे इसके लिए धर्म जागरण समन्वय का कार्य करता है। इसका उद्देश्य हिन्दुओं को एकजुट करना और उन्हें उनकी परम्पराओं और संस्कृति के बारे में जागरूक करना है। यह गतिविधि एक प्रकार से हिन्दुओं के अन्य धर्मों में धर्मांतरण को रोकती है और लोगों को फिर से हिन्दू धर्म में परिवर्तित करने के लिए भी प्रतिबद्ध है। धर्मांतरण हिन्दू समाज की बड़ी समस्या के रूप में सामने आ रही है। इसलिए संघ का काम है हिन्दुओं को अपने धर्म के प्रति जागृत करना।

5. समग्र ग्राम विकास गतिविधि

22 सितम्बर 2012 को ग्रामवासियों ने श्री सिद्धेश्वर ग्राम विकास समिति के नाम से एक समिति का गठन किया व नियमित बैठ कर गाँव की समस्याओं व उनके समाधान पर विचार शुरू किया। 2012 में अपनी स्थापना के बाद सबसे पहले तो गाँव की स्वच्छता पर जोर दिया गया। गाँव में घर-घर संपर्क कर समिति के सदस्यों ने स्वच्छता की प्रेरणा दी। गाँव हमारा तो इसे स्वच्छ रखना हम सबका उत्तर दायित्व और देखते देखते गाँव निखरने लगा। सब ग्रामवासी बिना किसी भेदभाव के एकत्रित होकर मंदिर में महाआरती करते है। भारतीय संस्कृति गांवों में ही बसती है यानि गांवों का विकास देश का विकास है। ग्राम विकास अपनी स्वयं की शक्ति के आधार पर होना चाहिए। इस मूलभूत चिंतन को ध्यान में रखकर राष्ट्रीय स्वयंसेवक संघ की प्रेरणा से चलाई जा रही गतिविधि 'ग्राम विकास' के द्वारा गाँव को उन्नतशील बनाने के प्रयत्न किये जा रहे है। ग्राम विकास का कार्य सबसे पहले ग्राम वासियों की सोच से प्रारम्भ होता है। प्रभात गाँव वह है, जहाँ सभी निःस्वार्थ भाव से बिना भेदभाव काम करते हैं। मनुष्य यदि दृढ़ निश्चिय करे तो माटी से अमृत निकाल सकता है, कल्पवृक्ष की जैसा हम सोचते हैं, वैसा सब हो जाता है। देव दानवों के मध्य स्वर्ग तक सीढ़ी बनाने की कथा सुनाकर बताया कि बिना दूसरों को हानि पहुँचाए, अपना स्वार्थ छोड़कर और भेदों को हटा कर काम करना ही ग्राम विकास है। वर्ष 2013 में ग्रामविकास का चक्र कुछ और गति से चला।

नियमित गाँव का हितचिंतन करते करते समिति ने वर्ष 2014 में जैविक खेती की ओर रुख किया। 10 कृषकों ने 20 एकड़ में जैविक खेती प्रारम्भ की। 2015 में ग्राम समिति ने तय किया कि अब समय आ गया है जब आसपास के गाँवों को भी हमारे गाँव में आये सकारात्मक परिवर्तन की जानकारी हो, ताकि वे भी स्वावलंबन द्वारा ग्राम विकास तथा ग्राम विकास द्वारा राष्ट्र निर्माण की दिशा में आगे बढ़ें। इस हेतु से ग्रामोत्सव के आयोजन का निर्णय लिया गया। लगातार बैठकों का आयोजन हुआ, जिसमें सम्पूर्ण कार्यक्रम की रचना पर विचार किया गया व हरेक के दायित्व निर्धारित हुए। सारे गाँव में युद्ध स्तर पर स्वच्छता अभियान चलाया गया। दीवार लेखन द्वारा इसे अधिकाधिक प्रचारित किया गया। समिति के सदस्यों द्वारा दो बार घर-घर संपर्क किया गया।

6. पर्यावरण संरक्षण गतिविधि

राष्ट्रीय स्वयंसेवक संघ की अखिल भारतीय प्रतिनिधि सभा में आर. एस.एस सरकार्यवाह श्री भैयाजी जोशी ने संघ कार्यकर्ताओं से विभिन्न सकारात्मक सामाजिक पहलों और गतिविधियों के साथ अधिक संपर्क बनाने का आह्वान किया। आर.एस.एस की सर्वोच्च निर्णय लेने वाली संस्था ए.बी.पी.एस 2019 द्वारा लिए गए प्रमुख निर्णयों में से एक पर्यावरण संरक्षण के लिए एक नई पहल थी। ए.बी.पी.एस की तीन दिवसीय बैठक के दौरान आयोजित एक संवाददाता सम्मेलन में, राष्ट्रीय स्वयंसेवक संघ के सरकार्यवाह श्री भैया जी जोशी ने संघ के नए पर्यावरण कार्यक्रम की आधिकारिक घोषणा की। श्री भैया जी जोशी ने कहा "आर.एस.एस का काम एक निश्चित स्तर पर पहुंच गया है और अब हमें लगता है कि काम के विस्तार के मामले में एक बड़ी छलांग लगाने का समय आ गया है। आरएसएस ने पर्यावरण संरक्षण और संरक्षण के क्षेत्र में एक नई पहल करने का निर्णय लिया है" आर.एस.एस की नई पहल के बारे में विस्तार से बताते हुए उन्होंने कहा कि संघ तीन प्रमुख क्षेत्रों- जल संरक्षण और जल प्रबंधन, वृक्षारोपण और उपयोग को खत्म करने की पहल के माध्यम से पर्यावरण संरक्षण और संरक्षण के क्षेत्र में समाज के साथ विभिन्न गतिविधियाँ करेगा। कार्यकारी मंडल ने पर्यावरण संबंधी चिंताओं को दूर करने के लिए एक

एकीकृत दृष्टिकोण विकसित करने के लिए एक समर्पित टीम नियुक्त करने का भी निर्णय लिया था, जिसे बाद में प्रतिनिधि सभा में लागू किया गया था। हालाँकि चिंताएँ वैश्विक हैं, कई बार समाधान स्थानीय भू-सांस्कृतिक दृष्टिकोण और पारंपरिक ज्ञान में निहित होते हैं। सामाजिक भागीदारी समस्याओं का समाधान करते समय विभिन्न दृष्टिकोणों का एकीकरण सुनिश्चित करेगी। संघ ने आर.एस.एस के वरिष्ठ प्रचारक और पूर्व केंद्रीय कार्यालय संगठन सचिव, झंडेवाला, श्री गोपाल आर्य को नव निर्मित 'पर्यावरण विभाग' की जिम्मेदारी सौंपी है। वर्तमान में वह 'पर्यावरण विभाग' के राष्ट्रीय संयोजक हैं।

जागरूकता:

एक सामाजिक समूह गोदावरी नदी संसद का गठन किया गया है जो लोगों को इसमें शामिल होने के लिए आमंत्रित करता है। 2020 में स्वतंत्रता दिवस के अवसर पर नांदेड़ जिले में प्रदूषित जल निकायों के बारे में जानकारी एकत्र करने के लिए जन भागीदारी की अपील की गई थी। कई लोगों ने भाग लिया और प्रदूषित जल निकायों के बारे में जानकारी प्रदान की। उन्हें गोदावरी नदी संसद की ओर से ई-प्रमाण पत्र देकर सम्मानित किया गया था। फेसबुक, व्हाट्सएप आदि जैसे विभिन्न सोशल मीडिया प्लेटफार्मों पर लगभग 1000 लोग इस समूह में शामिल हुए। जल प्रदूषण के कारणों पर शोध अध्ययन किया गया, प्रदूषण का मुख्य कारण एक वर्ष में 9000 टन घरेलू रासायनिक क्लीनर है। यह लोगों को काफी पसंद आ रहा है, लोगों में इसके प्रति जागरुकता बढ़ी है।

बायो-एंजाइम तैयार करने के लिए फूलों, फलों, सब्जियों के जैविक कचरे का उपयोग किया जाता हैं। देश में पर्यावरण की स्थिति को लेकर सरकार व समाज के साथ-साथ राष्ट्रीय स्वयंसेवक संघ (आर.एस.एस) भी चिंतित है। इसके संरक्षण के लिए जो भी उपाय हो सके, इसके लिए संघ ने समाज के साथ मिलकर काम करने का निर्णय लिया है। संघ के पर्यावरण संरक्षण गतिविधि ने एक सप्ताह तक प्रकृति वंदन कार्यक्रम करने का निर्णय लिया है। इसकी शुरुआत रविवार को वृक्षा बंधन कार्यक्रम से की गई।

जैव उपचार का परिणामः

गोदावरी बायोटेक उद्योग नियमित अंतराल पर गोदावरी नदी के नमूने एकत्र करता है और पानी में घुली ऑक्सीजन का विश्लेषण करता है। बहुत दिलचस्प निष्कर्ष सामने आ रहे हैं। पिछले कुछ वर्षों से फरवरी में 5 पीपीएम घुलित ऑक्सीजन जून की शुरुआत में 0 से 2 पीपीएम तक कम हो गई है। इस वर्ष बायो रेमेडिएशन लागू करने के बाद जून की शुरुआत में 5 पीपीएम घुलित ऑक्सीजन बढ़कर 7 पीपीएम हो गई है। कोई शैवालीय प्रस्फुटन नहीं पाया गया और पानी का रंग हल्का हरा ही आया। लोग खुद बदलाव देख सकते हैं, पानी में कोई गंध नहीं, कोई गहरा हरा रंग नहीं।

सन्दर्भ ग्रन्थ सूची

एक नाथ रानेडे, संघ साधना
जितेन्द्र वीर गुप्ता, हिन्दू जीवन-वानप्रस्थ व्यवस्था
बाल शास्त्री हरदास, वैदिक राष्ट्र दर्शन (भाग-4)
बाल शास्त्री हरदास, वैदिक राष्ट्र दर्शन (भाग-2)
बाल शास्त्री हरदास, वैदिक राष्ट्र दर्शन (भाग-3)
इस शरद हेबालकर, संघ पर न्यायालय (क्या कहते हैं)
डॉ. लक्ष्मीलाल, भारतीय संस्कृति का विश्व संचार हिन्दू संस्कृति और सत्तावादी राजनीति
हो.वे.शेषाद्रि, हिन्दू राष्ट्र क्यों
डॉ. हरिशचन्द्र, राष्ट्रीय स्वयंसेवक संघ एक परिचय
प्राप्त पंकज, हमारी संस्कृति और रामचरित्रमानस
मृत्युंजय भारत (राष्ट्रीय सांस्कृतिक निबन्ध)
हो.वे. शेषाद्रि, हिन्दू विजय-युग प्रवर्तक
डॉ. कृष्णकुमार बवेजा, श्रीगुरुजी व्यक्तित्व एवं कृतित्व
हो.वे.शेषाद्रि, श्रीगुरुजी
संकलन, सर्वोच्च न्यायालय का ऐतिहासिक निर्णय
गिरिलाल जैन, नकली सेम्युलरिज्म बनाम राष्ट्रीयता
विवेक सत्यार्थी, कम्युनिज्म बेनकाब
संकलन, हिन्दू नवोत्थान (अयोध्या का संदेश)
श्री माधवराय गोलवलकर, समाधान (श्रीगुरुजी के पत्रकार सम्मेलन एवं साक्षात्कार)

दत्तोपन्त ठेंगडी, नयी चुनौतियां-शाश्व सिद्धान्त
मा.स. गोलवलकर, मैं साधारण स्वयंसेवक
हो.वे.शेषाद्रि, योग एवं सामाजिक अनिवार्यता हमारे साधु सन्त (भाग-4)
डॉ. गौरीनाथि रस्तोगी, मार्क्सवाद : उत्थार और पतन
चि.वा. केलकर, सावरकर विचार दर्शन (संक्षिप्त)
ना.ह.पालकर, डॉ. हेडगेवार चरित्र
प्रो. राजेन्द्र सिंह, चिन्तन आक्रमण प्रेरणा
उत्तमराव कानिटकर, हिन्दुत्त आज और कल;
कुप्प.सी.सुदर्शन, अनेकता में एकता
कुप्प.सी.सुदर्शन, संघर्ष सब मार्चों पर
कुप्प.सी.सुदर्शन, दिग्विजय हिन्दुत्व
कृष्ण बिहारी प्रणात, विजयी पुरखों की परम्परा
श्री मा.गो.वैद्य, सुगम संघ
मा. रज्जू भैय्या, संघ कार्य तथा विविध विषय
डॉ. के. ब. हेडगसंध, संघ तत्व और व्यवहार
प्रभावकर बलवत्तदाणी, संघ दर्शन
संकलित, हिन्दू राष्ट्र क्यों
संकलित, स्वदेशी अपनाएं
संकलित, सामाजिक न्याय
पं. दीनदयाल उपाध्याय, राष्ट्र चिन्तन
डॉ. प्र.ग. सहस्त्र बुद्धे, स्वदेश चिन्तन
देवेन्द्र स्वरूप, राष्ट्रीय अखण्डता
संकलनकर्ता - कौशलेन्द्र, राष्ट्रीय स्वयंसेवक संघ और राष्ट्रीय परिदृश्य
डॉ. शिवकुमार अस्थाना, भारत की सांस्कृति साम्राज्य
संकलित/सम्पादित, राजस्व, संघ - लक्ष्य और कार्य
ब. नं. जोग, हिन्दू-मूस्लिम एकता : भ्रम और निवारण
गिरिश चन्द्र मिश्र, महापुरुषों की छाया में - प्रेरकसंस्मरण
प्रताप नारायण मिश्र, काशी विश्वनाथ मन्दिर : निर्माण और विध्वंस
मा.स.क., गोलवकर, राष्ट्र सेवा के व्रती हम

प्रो. राजेन्द्र सिंह, भारतीय ज्ञान विज्ञान की संसार को देन
कृप्प.सी.सुदर्शन, अखण्ड हिन्दू जीवन प्रवाह
कुप्प.सी.सुदर्शन, संघ की सफलता का रहस्य
हो.वे.शेषाद्री, उजाले की ओर
हो.वे. शेषाद्री, धर्म निरपेक्षता की सही संकल्पना
सुरेश सोनी, हमारी सांस्कृतिक विचारधारा के मूल स्त्रोत
मूलचन्द अजमेरा, श्रीगुरुजी- रेखा चित्र दर्शन
संकलित, मन्दिर वहीं बनाने की शपथ क्यों है हमारी
डॉ. के.पी. अग्रवाल, अस्पृश्यता और हिन्दू समाज
हिंदू धर्म का एक सर्वेक्षण - क्लाउस के क्लोस्टरमेयर
अयोध्या और उसके बादः हिंदू समाज के समक्ष मुद्दे - कोएनराड एल्स्ट
अयोध्या द फिनाले - विज्ञान बनाम धर्मनिरपेक्षता, उत्खनन बहस - कोएनराड एल्स्ट
डॉ. हेडगेवार की जीवनी (हिन्दी) - प्रो. राकेश सिन्हा बिजनेस ऑफ फ्रीडम - संदीप सिंह
साम्यवाद अपनी ही कसौटी पर (हिन्दी) - डी. बी. ठेंगडी हिंदू धर्म, हिंदुत्व और धर्मनिरपेक्षता - पी.डी. मैथ्यू, एस.जे. हिंदू मंदिर, उनका क्या हुआ–सीताराम गोयल
मैं हिंदू कैसे बना - एक आत्मकथा - सीताराम गोयल http://www-भारतवाणी.org/books/hibh
इंडियन एक्सप्रेस (01-06-2008) - कोलकाता रनवे पुनः संरेखण के बारे में कहानी इंडियन एक्सप्रेस (09-09-09) - सिंधु से भारत तक - प्रो. दिलीप के. चक्रवर्ती
18वीं सदी में भारतीय विज्ञान और प्रौद्योगिकी - धर्मपाल एकात्म मानववाद - दीनदयाल उपाध्याय
जम्मू कश्मीर की अनकही कहानी - के सी अग्निहोत्री कहानी कम्युनिस्टों की - संदीप देव
कश्मीर - अतीत और वर्तमान, रहस्य को उजागर करना - एम. एल. कौल
कोएनराड एल्स्ट की इंडोलॉजी साइट - http://koenraadelst.भारतवाणी.org/

माला उमागलेले डॉक्टर जी (मराठी) – रमेश पतंगे हिंदू धर्म में नकारात्मकता – कोएनराड एल्स्ट
अब यह बताया जा सकता है – ए.एन. बाली
संघ, विजन और लक्ष्य – एच. वी. शेषाद्रि
संघ: उत्साही? एनगोट? – फादर कुंडुकुलम
श्री गोलवलकर गुरुजी – जीवन चरित्र (हिन्दी) – रंगा हरि श्री गुरुजी समग्र – गुरुजी के सम्पूर्ण कार्य
श्री गुरुजी – उनका दृष्टिकोण और लक्ष्य – भौतिकी के श्री गुरुजी समग्र ताओ का सारांश – फ्रिटजॉफ कैप्रा
खूबसूरत पेड़ – धर्मपाल मुगल साम्राज्य – आर सी मजूमदार
भगवा स्वस्तिक: हिंदू 'फासीवाद' की धारणा – कोएनराड एल्स्ट संगठनों में मानवीय प्रतिक्रिया को समझना – प्रबंधन परिप्रेक्ष्य के साथ राष्ट्रीय स्वयंसेवक संघ का एक अध्ययन – डॉ. –साधना सतीश मोध, दिसंबर – 2003
www.gurujigolwalkar.com
प्राचीन संस्कृतियों और परंपराओं के प्रथम अंतर्राष्ट्रीय सम्मेलन की कार्यवाही – 2003
भारतीय इतिहास की परम्पराएँ (हिन्दी) – बाबासाहेब आप्टे द्वारका का खोया शहर – एस. आर. राव
भारतीय मुसलमान, वे कौन हैं – के.एस. लाल फिर से उठो हे भारत – फ्रेंकोइस गौटियर
कश्मीर मेरी जमी हुई अशांति – जगमोहन
ज्योति जला निज प्राण की (हिन्दी) – माणिकचन्द्र वाजपेयी एवं श्रीधर पराडकर
प्राचीन भारत में विज्ञान और प्रौद्योगिकी – विज्ञान भारती, मुंबई मिथक = मिथ्या: हिंदू पौराणिक कथाओं की एक पुस्तिका – देवदत्त पटनायक तीसरा रास्ता – डी. बी. ठेंगडी
एकात्म मानववाद – डॉ. महेश शर्मा (डीआरआई) हिंदू अर्थशास्त्र – के. जी. बोकारे

भारत में मुस्लिम शासन की विरासत - के एस लाल कश्मीर - हार या जीत - प्रोफेसर बलराज मधोक दादरा नगर हवेली मुक्ति - विकिपीडिया पर दस्तावेज

1946: द ग्रेट कलकत्ता किलिंग्स एंड नाओखाली नरसंहार - दिनेश चंद्र, अशोक दासगुप्ता

www.gurujigolwalkar.com
http://www.hindunet.org/hinduhistory/sarasvani&
www.sanghparivar.org
www.haindavkeralam.org
http://www.drpvvartak.com
http://www.hindunet.org
http://www.RSS.org
www.sanghparivar.org
www.haindavkeralam.org
http://www.drpvvartak.com
www.gurujigolwalkar.com
https://www.bjp.org
https://rashtriyasewabharati.org/en/
http://vhpsewa.org/index.php?m=page_view&p =work_chart.php
www.vidyabharti.net
www.indianredcross.org
www.sewausa.org
www.sphereindia.org.in
www.ndma.gov.in
www.ndmindia.nic.in
http://www.osdma.org
http://www.organiser.org
http://www.oxfamindia.org
http://www.rss.org
https://www.savethechildren.in
www.rashtriyasewa.org
http://www.sewainternational.org
www.vhp.org
www.kalynashram.in

http://www.hindunet.org
http://www.RSS.org,
www.sanghparivar.org
www.haindavkeralam.org
http://www.drpvvartak.com
www.hindubooks.org
www.hssworld.org
http://crs-org/countries/india
www.sewaaustralia.org
www.rashtrasevikasamiti.org
https://www.abrsm.in
https://kalyanashram.org/hindi
https://abvp.org
https://vidyabharti.net
https://bvpindia.com
http://www.nmomh.com
http://sahityaparishad.in
https://arogyabharti.org
https://shikshautthan.org
https://abisy.in
https://bharatiyakisansangh.org
http://www.sanskarbhartimunger.org
https://www.samskritabharati.in
https://swadeshionline.in
http://www.bsmbharat.org/an.introduction.aspx
ए०के० नारायण, 'इन्डियन आर्कियोलॉजिकल रिव्यू'
'एफ० ई० पार्जीटर 'द पुराण टैक्सट् ऑफ द डायनिस्टीज ऑफ द कलि एज'
आर०सी० मजूमदार, 'द एज ऑफ इम्पीरियल युनिटी'
डी०सी० सरकार, 'सेलेक्ट इन्सक्रिप्शंस',
वी० ए० स्मिथ, 'ए क्लासिफाइड एण्ड डिटेल्ड कैटेलॉग ऑफ द गोल्ड क्वाइन्स ऑफ द इम्पीरियल गुप्त डायनैस्टी ऑफ नार्दर्न इन्डिया' (लेख), 'जर्नल ऑफ एशियाटिक सोसाइटी ऑफ बंगाल'